国家社科基金青年项目（批准号：16CTJ009）
兰州财经大学丝绸之路经济研究文库

基于空间统计技术的中国制造业新常态发展路径研究

刘 明 著

中国财经出版传媒集团
中国财政经济出版社

图书在版编目（CIP）数据

基于空间统计技术的中国制造业新常态发展路径研究/刘明著． --北京：中国财政经济出版社，2020.11
（兰州财经大学丝绸之路经济研究文库）
ISBN 978-7-5223-0120-4

Ⅰ．①基… Ⅱ．①刘… Ⅲ．①制造工业-经济发展-研究-中国 Ⅳ．①F426.4

中国版本图书馆 CIP 数据核字（2020）第 200854 号

责任编辑：蔡　宾　　　　　　　责任校对：徐艳丽
封面设计：陈宇琰　　　　　　　责任印制：刘春年

基于空间统计技术的中国制造业新常态发展路径研究
JIYU KONGJIAN TONGJIJISHU DE ZHONGGUO ZHIZAOYE
XINCHANGTAI FAZHAN LUJING YANJIU

中国财政经济出版社 出版
URL：http://www.cfeph.cn
E-mail：cfeph@cfeph.cn
（版权所有　翻印必究）
社址：北京市海淀区阜成路甲 28 号　邮政编码：100142
营销中心电话：010-88191522　编辑中心电话：010-88190666
天猫网店：中国财政经济出版社旗舰店
　　网址：https://zgczjjcbs.tmall.com
北京财经印刷厂印刷　各地新华书店经销
成品尺寸：170mm×240mm　16 开　16 印张　238 000 字
2020 年 12 月第 1 版　2020 年 12 月北京第 1 次印刷
定价：56.00 元
ISBN 978-7-5223-0120-4
（图书出现印装问题，本社负责调换，电话：010-88190548）
本社质量投诉电话：010-88190744
打击盗版举报热线：010-88191661　QQ：2242791300

前　言

　　中国经济发展步入新常态，这是党的十八大之后国家决策层在充分认识国内经济发展现状与形势，并结合国际经济发展历史与当前国际经济环境所作出的科学论断。在新常态背景下，中国经济发展所面临的形势与环境更加复杂，经济政策的制定与实施将面临更多的风险与挑战，诸如产能、结构性、系统风险等问题，这些都是中央及地方政府关注的重点问题，也是学术界讨论的热点问题。实体经济作为经济发展的基础，被中央决策层认为是经济改革与发展的重中之重，供给侧结构性改革也正是在此背景下提出的。从学术的角度看，中国经济的宏观政策重点依托于凯恩斯主义和货币主义经济学，但近10年来中国经济发展经验表明，财政政策和货币政策在当前的经济环境下并非是促进经济持续快速发展的良药。扩张性财政政策的实施使实体经济部门出现了产能过剩、结构性失衡等问题，因此供给侧结构性改革的实施与推进势在必行，这也是适应新常态、引领新常态的重大举措。处于供给侧的制造业是实体经济的主体，制造业的发展体现着供给能力的发展，进而也代表生产力的发展水平。在新常态背景下，如何实现制造业的平稳发展与产业升级是一个值得关注的学术议题。从供给侧结构性改革的要求来看，降低制造业生产成本、提高生产率和促进制造业产业结构优化与升级是制造业改革发展的重点。从制造业的区域发展现状来看，空间分布和区域结构性差异是影响制造业发展的重要因素。因此，本书考虑从空间关系的角度研究中国制造业的区域联系、生产效率、产业结构优化等问题，并结合空间集聚、空间溢出、空间收敛和空间转移等特征和规律来探索发现中国制造业的发展路径。

本书结合当前中国经济发展的新常态背景，重点对中国制造业的空间依赖、空间转移和西部地区的产业承接策略进行系统研究，以探索中国制造业新常态下的发展路径。在对空间样本数据进行基础性分析与研究的基础上，以中国制造业空间收敛模型的科学构建与估计、空间溢出效应的科学分解与测度为手段，研究探索中国制造业的空间依赖规律。在此基础上探寻影响中国制造业空间地域转移和空间行业转移的因素和内在动力，展示制造业空间转移的路径和特征。通过结合西部地区具体省份的发展现状及产业背景，提出西部地区具有针对性和实践意义的承接制造业转移的策略。本书共有11章内容，整体上可以分为3部分：基础分析、空间效应分析和应用分析。

基础分析部分包括第1章和第2章。其中第1章是研究导论，在简述研究背景、现实意义和综述相关文献的基础上，框定了全本书的研究范围，阐释了研究内容的架构及各部分间的逻辑关系，规划了本书的研究路径。第2章从分析中国制造业发展现状和空间分布特征入手，运用描述性分析方法，对中国制造业的发展状况进行可视化分析，探索制造业的基本特征和规律。本章研究发现，中国制造业10余年来发展迅速，整体上表现出了良好的发展态势，对中国经济发展的带动作用明显。在空间层面上，中国制造业发展具有不均衡性，空间块状分布特征明显，基本上形成了长三角制造业圈、珠三角制造业圈和京津制造业圈3个明显的制造业发展经济圈；在西部地区的成都—重庆及周边省域的制造业发展也较为突出，形成了成渝制造业圈；西北地区和东北地区的制造业发展块状结构亦有显现。

空间效应分析部分主要是第3、4、5、6、7章，共5章内容。其中第3章研究了中国制造业的空间异质性问题。通过利用Moran指数对制造业的研究发现，制造业各主要指标在省域层面上都呈现出空间相关性。LISA指数分析结果表明，制造业空间关联密切程度和关联范围在逐步扩大，尤其中国经济进入新常态以来，制造业在省域间的相关程度更为密切，这支撑了建模分析的必要性。空间地理加权回归技术下的制造业生产函数表明，资本对制造业产出影响程度较大的地区主要集中在华北和东北，资本对产出影响程度较小的地区主要集中在华东和华南，劳动要素对制造业产出影响程度较大的区域集中在华东、华南和西南等人口密度普遍较大的地区。第4章对中国制造业的空间集聚问题进行了研究。通过对资本要素和劳动力要素的分析发现，中国制造业空间集聚度呈下降趋势，并且由基于空间区域面积而修正的 Ellison 和 Glaeser 的 γ 指数分析结论进一步加以证实。修正的 γ 指数还表明，在制造业的 30 个子行业中，大部分行业的空间集聚度都呈现出下降趋势。制造业空间扩散的动力是资本的逐利性，利润的数据分析结果也表明了这一点。第 5 章研究了中国制造业的空间溢出问题。本章在 C-D 生产函数的基础上设计了中国制造业投入要素空间溢出效应模型，并构造了空间溢出效应新的测度方法。通过对制造业空间溢出效应模型的估计和分析发现，在金融危机发生期间的 2007—2012 年，存在明显的资本溢出效应和员工技能溢出效应；在经济进入新常态的 2013—2017 年，资本的空间溢出效应明显。在相关研究的基础上设计了空间溢出效应的分解与测度方法，通过对空间溢出效应的分解测算发现，中国制造业的空间溢出效应主要体现为具有直接相邻关系的区域间的溢出，即相邻溢出效应，迂回溢出效应以及更复杂路径的溢出效应相对较弱。第 6 章分析讨论了中国制造业的空间收敛特征。本章分别从 σ 收敛、Barro 和 Sala-I-Martin 的时间 β 收敛以及在时间 β 收敛基础上进一步设计的空间 β 收敛和时空 β 收敛 4 个角度开展研究。综合对 4 个角度的研究过程和研究结果不难发现，在不同区域的研究中，由于考虑了时间因素，时空 β 收敛模型研究结果和时间 β 收敛模型研究结果更为接近，同时时空 β 收敛模型研究结果和空间 β 收敛模型研究结果差异性亦较小。就实证研究的整体结果来看，在 2007—2017 年的样本期中，中国制造业发展整体上呈现出明显的收敛趋势，同时新常态期间的收敛速度低于金融危机期间。就局部区域来看，虽然 4 类角度的研究结果略有差异，但主体结论仍是清晰的。首先，长三角经济圈制造业在金融危机期间和经济新常态期间都显示出明显的收敛状态，4 类研究视角的研究结果均支持这一结论。其次，珠三角经济圈制造业在金融危机期间和经济新常态期间也均呈现收敛状态，尤其是空间 β 收敛模型和时空 β 收敛模型研究结果显示支持这一结论，同时时间 β 收敛模型也显示，进入经济新常态以来珠三角经济圈制造业呈现出收敛性特征。再者，京津冀经济圈制造业的收敛性不甚明显，尤其是进入经济新常态以后。空间 β 收敛模型和时空 β 收敛模型显示，在金融危机期间京津冀经济圈制造业呈现出一定的收敛性，但进入经济新常态以后，时间 β 收敛模型以及时空 β 收敛模型均显示这一区域的制造业收敛速度有所下降。最后，川陕渝经济圈制造业发展的收敛性状在逐步体现。研究表明，在金融危机期间川陕渝经济圈的制造业几乎没有收敛的迹象，但进入经济新常态以来，包含时间视角的研究均认为这一区域制造业出现收敛性特征，且收敛的趋势在日趋增强。第 7 章根据 2001—2017 年中国 30 个省（直辖市、自治区）的制造业数据，运用协整法对中国各省份制造业的产能利用水平进行测度，并对产能利用情况展开分析。在考虑到各省份制造业之间存在产能转移、需求市场重叠以及产品销售竞争等问题的基础上，使用 Moran's I 指数从全局和局部两方面探测中国制造业产能利用率的空间相关性，进一步构建空间动态面板模型，研究影响中国制造业产能过剩的因素。研究得出如下结论：中国制造业的产能利用率不仅在时间上具有延续性，且在各省份间存在明显的空间相关性和异质性，即产能过剩会在地区间蔓延；东部地区制造业产能过剩问题不明显，中西部地区和东北地区产能过剩问题较为突出；中国制造业产能过剩主要受到进出口比重、政府干预程度、企业投资行为以及产业高级化的影响，但研发投入对制造业产能过剩的影响并不明显。

应用分析部分包括第 8、9、10 章的内容。其中第 8 章从空间角度对中国制造业产业结构问题进行了研究。通过设计产业结构空间相似性、辐射效应的测度方法，并在考虑空间相关性基础上设计产业结构演化模型，来研究中国制造业产业结构的空间相似度、空间辐射效应以及影响产业结构变动的因素。在空间分布上，制造业产业结构出现了北京、上海、广东、重庆 4 个优化省（市）域，并以 4 个优化省（市）域为中心，形成了 4 个制造业产业结构优化板块，且中心省（市）域的制造业产业结构优化带动周边省（市）域的产业结构优化，空间影响及辐射效应明显。通过构建产业结构影响因素模型发现，中国制造业产业结构空间依赖关系明显；并且对外开放程度是影响制造业产业结构调整的重要因素，对外开放程度越高，产业结构越趋于优化；同时 R&D 投入也是促使制造业产业结构优化的重要因素；人力资源结构目前对于制造业产业结构变动产生的影响并不明显。第 9 章测度和分析了 2007—2017 年中国制造业空间转移的趋势及其动力机制。首先根据产业份额的绝对变动，对制造业空间转移格局及演变特征进行初步探析，其次借助制造业区位熵的相对变动，测度分行业空间转移的特征，最后综合考虑生产要素、区位要素和全球化因素建立空间计量模型，探究各因素对不同类型制造业空间转移的作用机制。研究发现，东部和东北地区的制造业向中西部地区转移，其中向中部地区的转移最为明显；劳动密集型产业主要从东部向东北、中部地区转移，同时还存在区域内转移；资本密集型产业的转移主要集中在区域内，区域间的转移并不明显；技术密集型产业从东部和东北地区向中西部地区转移。从动力机制角度分析，交通条件是产业空间转移的重要推动力，而其他因素对不同类型制造业空间转移的影响效应存在差异，劳动力要素和市场规模是促进劳动密集型产业空间转移的重要因素；资本要素、技术创新和政策因素均能带动资本密集型产业和技术密集型产业的空间转移。第10章基于2013—2017年省级面板数据，首先从产业吸引力、产业支撑力和产业发展力3个视角构建西部地区承接制造业转移能力的指标评价体系，使用熵权TOPSIS法测度各地区的承接能力；再利用产业梯度系数及相对产业梯度系数分析各地区的优势产业和重点承接产业。研究得出如下结论：随着时间的推移，西部大部分地区的产业承接能力在逐渐增强，但地区间的承接能力存在较为显著的差异；西部地区承接的产业主要以劳动密集型和资源密集型产业为主。最后根据研究结论提出相应的政策建议。

第11章是全书的研究总结与展望，总结全书研究结论，发现新常态背景下中国制造业呈现出"空间扩散（集聚度降低）—空间溢出减小—空间收敛速度降低—存在产能过剩问题—产业结构优化—空间转移速度加快—西部地区承接转移能力增强"的发展路径，并提出经济新常态背景下中国制造业的发展对策。

制造业是实体经济的核心，是国民经济发展的引擎，在当前中国工业化阶段中处于关键地位。作为经济大国，中国的制造业发展在地域空间上存在不同但密切关联。本书搭建了新常态下中国制造业发展空间研究的内容框架，对制造业的空间集聚、空间溢出、空间收敛、产能、产业结构、空间转移等一系列紧密相关问题展开系统研究，得出相关研究结论。本书将空间统计技术和空间计量经济学研究方法应用于中国现实产业发展问题分析，形成本书研究的最重要特色。本书作为统计学学科国家社科基金项目研究成果，在方法上也有所突破，例如对产业空间溢出效应的测度、产业空间收敛的经济学阐释和空间收敛模型的构建等，都是本书研究的重要成果。

本书是国家社科基金青年项目"基于空间统计技术的中国制造业新常态发展路径研究"（批准号：16CTJ009）的研究成果，在此向国家社科规划办表示感谢。感谢中国人民大学统计学院赵彦云教授对本书研究给予的富有建设性的指导。感谢课题组成员对本书研究作出的贡献，他们是（按姓氏笔画排序）王节、王思文、王霞、毛晓蒙、乌日莎娜、邓光耀、张汝飞、黄恒君、蔡玉蓉、漆威。也感谢兰州财经大学丝绸之路经济研究院对本书的出版提供了资助。

我们的研究尚处于初步的探索阶段，尤其是区域及产业发展理论等方面的研究仍有待深入，因此恳请广大读者对本书提出批评意见，我们必将学习、吸收并加以改进。

刘　明

2020 年 7 月

目 录

第1章 绪论 …………………………………………………………（ 1 ）
  1.1 研究背景 ………………………………………………………（ 1 ）
  1.2 研究内容 ………………………………………………………（ 2 ）
  1.3 研究逻辑框架 …………………………………………………（ 6 ）

第2章 中国制造业空间分布现状描述 …………………………（ 17 ）
  2.1 中国制造业发展总体现状统计分析 …………………………（ 17 ）
  2.2 中国制造业空间分布特征统计分析 …………………………（ 25 ）
  2.3 中国制造业空间分布特征的形成原因研究 …………………（ 35 ）
  2.4 本章小结与启示 ………………………………………………（ 37 ）

第3章 中国制造业空间关系的探索性分析 ……………………（ 38 ）
  3.1 中国制造业空间相关性探测 …………………………………（ 39 ）
  3.2 中国制造业 GWR 模型分析 …………………………………（ 44 ）
  3.3 本章小结与启示 ………………………………………………（ 52 ）

第4章 中国制造业空间集聚特征研究 …………………………（ 53 ）
  4.1 空间集聚研究文献回顾 ………………………………………（ 54 ）
  4.2 中国制造业空间集聚的测度与分析 …………………………（ 55 ）

  4.3 中国制造业空间集聚趋势 …………………………………（63）
  4.4 本章小结与启示 ……………………………………………（66）

第5章 中国制造业空间溢出效应研究………………………………（67）
  5.1 空间溢出效应研究文献回顾 ………………………………（67）
  5.2 中国制造业空间溢出模型设定 ……………………………（69）
  5.3 空间溢出效应的测度方法 …………………………………（72）
  5.4 中国制造业空间溢出效应的实证分析 ……………………（77）
  5.5 本章小结与启示 ……………………………………………（85）

第6章 中国制造业的空间收敛性研究………………………………（88）
  6.1 收敛性研究文献回顾 ………………………………………（89）
  6.2 收敛性的机理分析及模型设计 ……………………………（91）
  6.3 中国制造业收敛性实证分析 ………………………………（99）
  6.4 本章小结与启示 ……………………………………………（115）

第7章 空间视角下的中国制造业产能过剩问题研究………………（120）
  7.1 产能过剩研究文献回顾 ……………………………………（121）
  7.2 机理分析与研究设计 ………………………………………（124）
  7.3 中国制造业产能问题实证分析 ……………………………（128）
  7.4 本章小结与启示 ……………………………………………（140）

第8章 空间视角下的中国制造业产业结构变动研究………………（143）
  8.1 产业结构研究文献回顾 ……………………………………（144）
  8.2 产业结构空间关系研究设计 ………………………………（145）
  8.3 中国制造业产业结构空间关系实证分析 …………………（148）
  8.4 本章小结与启示 ……………………………………………（159）

目 录

第 9 章 中国制造业空间转移趋势及其动力机制研究 ……… （161）
- 9.1 产业空间转移研究文献回顾 ……………………………… （162）
- 9.2 制造业空间转移理论机制和研究设计 …………………… （164）
- 9.3 中国制造业空间转移实证分析 …………………………… （170）
- 9.4 本章小结与启示 …………………………………………… （188）

第 10 章 西部地区承接制造业转移能力评价及承接策略研究 … （192）
- 10.1 承接产业转移研究文献回顾 ……………………………… （193）
- 10.2 承接制造业转移能力评价指标体系设计 ………………… （195）
- 10.3 西部地区承接制造业转移能力评价分析 ………………… （201）
- 10.4 西部地区承接重点产业的选择 …………………………… （206）
- 10.5 本章小结与启示 …………………………………………… （212）

第 11 章 总结、启示与展望 ……………………………………… （216）
- 11.1 研究结论 …………………………………………………… （216）
- 11.2 经济新常态下中国制造业发展的对策思路 ……………… （223）
- 11.3 研究不足与展望 …………………………………………… （230）

参考文献 ………………………………………………………… （232）

第1章 绪 论

1.1 研究背景

中国经济发展步入新常态,这是国家决策层在充分认识国内经济发展现状与形势,并结合国际经济发展历史与当前国际经济环境所作出的科学论断。在新常态背景下,中国经济发展所面临的形势与环境更加复杂,经济政策的制定与实施将面临更多的风险与挑战。诸如产能、结构性、系统风险等问题,这些都是中央及地方政府关注的重点问题,也是学术界讨论的热点问题。实体经济作为经济发展的基础,被中央决策层认为是经济改革与发展的重中之重,供给侧结构性改革也正是在此背景下提出的。从学术的角度看,中国经济的宏观政策重点依托于凯恩斯主义和货币主义经济学,但近10年来尤其是国际金融危机发生以来,中国经济发展经验表明,财政政策和货币政策在当前的经济环境下并非是促进经济持续快速发展的良药,扩张性财政政策的实施使得实体经济部门出现了产能过剩、结构性失衡等问题,因此供给侧结构性改革的实施与推进势在必行,这也是适应新常态、引领新常态的重大举措。处于供给侧的制造业是实体经济的主体,制造业的发展体现着供给能力的发展,进而代表生产力的发展水平。从世界范围内看,发达国家很重视制造业的发展,如美国"再制造业化"战略、德国的"工业4.0"等,从短期看这是其应对金融危机的举措,长期来看则体现了作为实体经济的制造业在国民经济发展中的战略地位。中国制造业的发展有着令人骄傲的一面,但发展质量和发达国家相比尚有很大差距,尤其是在经历了全球金融危机和欧债危机的冲击后,制造业遇到了各类制约其发展的问题。在新常态背景下,如何实现制造业的平稳发展与产业升级是一个值得关注的学术议题。从供给侧结构性改革的要求来看,降低制造业生产成本、提高生产效率和促进制造业产业结构优化与升级是制造业改革发展的重点。从制造业的区域发展现状来看,空间分布和区域结构性差异是影响制造业发展的重要因素。因此,本书考虑从空间关系的角度研究中国制造业的区域联系、生产效率、产业结构优化等问题,并结合空间集聚、空间溢出、空间收敛和空间转移等特征和规律来探索发现中国制造业的发展路径。

1.2 研究内容

1.2.1 研究视角

关于新常态下中国经济的发展,国内学术界已经形成一批有影响力的学术成果,例如刘伟和苏剑(2014)、金碚(2015)、李扬和张晓晶(2015)等人的研究,但这些研究主要集中在对宏观层面相关理论和政策的阐述上,鲜有以具体产业为研究对象并结合具体的研究方法而形成的学术成果。因此,本书主要从产业(制造业)空间依赖、空间结构布局与转移和承接产业空间转移策略等方面分别阐述已有研究的学术史和研究动态,并指出本书相对于已有研究的独到的学术价值和应用价值。

通过文献整理发现,人们对空间依赖问题的关注集中于空间溢出和空间收敛问题。国内外对于经济整体的空间溢出效应的讨论居多,涉及知识技

第 1 章
绪　论

术、人力资本、区域路径及收入等问题（Keller，2004；D'Uva 和 Sinao，2006；Huang，2015）。另有诸多学者对中国的人力资本、基础设施、资源禀赋、市场潜能等生产要素的空间溢出效应进行了分析研究（刘勇，2010；潘文卿，2012；张光南等，2013）。这些有关空间溢出的研究都有着较高的学术价值，但也存在两方面问题：一是空间溢出的界定不够严格，有些研究并非在讨论空间溢出效应；二是对空间溢出效应的测度有待进一步探讨。另外，少见有关中国制造业的空间溢出效应的研究。空间收敛性问题源于对经济的收敛性研究。Williamson（1965）发现，区域间收入差异的长期变动趋势呈倒 U 型，形成区域收敛性假说。Barro 和 Sala-I-Martin（1991，1992）通过新古典经济增长模型导出 β 收敛方程。国内诸多关于经济增长收敛性的研究是依据 Barro 和 Sala-I-Martin 的 β 收敛方程的实证检验，如林毅夫和刘明兴（2003）等。另有学者在研究收敛性问题时考虑了经济的空间相关性，引入了空间变量，如吴玉鸣（2006）、覃成林（2012）等。从模型设计的角度来看，很多研究主要是在 β 收敛方程中加入了空间滞后或空间误差项，可以提高模型的拟合效果，但除了模型的 β 系数包含收敛信息外，模型并未因空间项的引入而将收敛过程中的空间信息体现出来，空间项的系数并不含空间收敛的信息。产业在发展过程中存在空间转移现象，不同的经济体有不同的转移轨迹和规律，同一经济体内部不同产业的空间转移特征也互为相异。Ruan 和 Zhang（2014）认为中国产业发展存在空间转移的"雁阵模式"。一些学者对产业转移的作用、中国产业转移的特征与趋势进行了分析探讨（沈静等，2012）。另有学者对产业转移的动力因素进行了研究（贺灿飞和潘峰华，2011；石敏俊等，2013）。还有学者认为中国并未发生大规模趋势性的产业转移（李娅等，2010）。我们认为，中国制造业空间转移的时间和空间特征明显，在不同的时间和不同的区域内，空间转移的模式、路径均表现出差异性。因此，探索形成这些差异性背后的因素，寻找影响中国制造业空间转移的诱因与动力以及发掘其内在的空间关系机制，是一个有价值的研究方向。产业的空间转移造成了产业空间集聚，一般认为威廉姆森假说（Williamson，1965）是当代关于产业空间集聚理论的研究开端，诸多关于空间集聚的研究都建于这一假说之上，诸如 Brulhart 和 Mathys（2006）的研究。国内关于空间视角下的制造业空间集聚与产业增长的关系研究也有学者形成一些有价值的学术成果，如王业强和魏后凯（2007）、赵伟和张萃（2007）等。产业空间集聚的特征因产业的不同而存在差异，国内外对于制造业空间集聚的特征和规律都有一定的研究（Midelfart-Knarvik et al.，2001；王俊松，2014）。产业转移也会引起产业结构空间调整，但国内的文献主要集中于国民经济中三次产业结构的讨论（高更和和李小建，2006；王立平和王健，2010）。本书认为，产业结构的变动调整不仅包括行业间要素的流动变化、产能的变动和市场占有率的调整，也包括产业整体在区域内空间布局的调整，而人们往往只关注前者。本书不仅关注中国制造业行业间要素的流动变化、产能的变动和市场占有率的调整，更加关注制造业的空间战略布局，这将和产业转移研究相呼应。这种从空间视角下研究产业结构调整的特点及内在动力，对于产业结构调整政策的制定具有重要参考意义。近年来，国内学术界对西部地区承接产业转移的对策研究，一部分主要集中在实现产业有效承接过程中的宏观管理策略层面上（陶良虎，2010；郭丽娟和邓玲，2013），另一部分集中在对西部地区产业承接方式的研究（钟清流，2010；邵建平等，2012）。也有学者对西部地区承接产业转移的能力和动力因素进行了研究（苏华等，2011；高云虹和梁志杰，2014）。本书中关于中国西部地区承接制造业转移策略研究立足于对制造业空间依赖和空间转移特征与规律的研究结论的提炼、应用与拓展，而非独立的、空泛的政策探讨。我们将依据制造业空间依赖与空间转移的实际，结合西部省域自身发展的特点，有针对性地提出承接制造业发展策略。

可以看出，学者们对产业或制造业发展的空间属性及应用研究逐渐重视，而且研究成果也越来越精细化、具体化和实用化，但在文献梳理过程中我们也发现一些研究的不足。因此，本书在研究过程中除了要克服文献中的不足外，还将体现如下的学术和应用价值：一是依赖空间统计学分析技术，对中国制造业发展的空间依赖、空间结构、空间转移以及发展策略等问题进行研究，同时也不脱离经济学理论，是一项有理论基础且能发现中国制造业实际特点的科学性研究；二是基于中国制造业连续10年以上的行业数据，研究结论更有针对性、可靠性和应用价值；三是以空间依赖性为基础和出发点，研究制造业的空间结构优化和空间转移的相关问题；四是针对中国西部地区的制造业发展战略进行分析探讨，为区域协调发展和丝路经济带建设提供现实性的策略依据；五是结合新常态经济发展背景和国务院《中国制造业2025》指导思想，研究中国制造业发展路径，为新常态下制造业的发展政策提供理论依据。本书选择"新常态"作为这一研究的切入点，也是考虑了制造业在我国当前经济发展背景下，增长速度、增长方式及增长动力都发生了显著的变化，人们对制造业的发展质量更加关注，政府及社会对制造业的发展方式有了新的看法及要求。

1.2.2 研究对象

初步研究发现，当前中国制造业主要集中在华东地区和华南地区，且已经初步形成了一种由区域中心向外扩散的基本趋势，这种趋势使各省市区制造业在空间上形成了一种相互联系、彼此依赖的基本模式。通过对制造业的投入产出类、相对强度类和盈利类等指标的分析发现，中国制造业空间块状分布的特征明显，基本上形成了长三角、珠三角、京津冀 3 个明显的制造业经济圈；西部的成都—重庆及周边省域的制造业发展也较为突出，形成了成渝制造业经济圈；西北地区和东北地区的制造业发展块状结构亦有显现。因此，对中国制造业的空间依赖、空间转移及新常态发展模式等问题的研究是有学术意义和应用价值的。进一步研究发现，中国制造业发展过程中存在较为明显的空间集聚、空间溢出和空间转移等空间特征。基于此，本书将结合当前中国经济发展的新常态背景，重点对中国制造业的空间依赖、空间转移和西部地区的产业承接策略进行系统研究，以探索发现中国制造业的发展路径。本书将在对空间样本数据进行基础性分析与研究的基础上，以中国制造业空间收敛模型的科学构建与估计、空间溢出效应的科学分解与测度为手段，研究探索中国制造业的空间依赖规律；在此基础上探寻影响中国制造业空间地域转移和空间行业转移的因素和内在动力，展示制造业空间转移的路径和特征；通过结合西部地区具体省市区的发展现状及产业背景，提出西部地区具有针对性和实践意义的承接制造业转移的策略，以契合中国经济供给侧结构性改革的政策背景。

本书在中国经济新常态背景下对中国制造业的空间依赖、空间分布与转移和西部地区的产业承接策略进行系统研究，以探索其发展路径或发展模式。经济新常态下中国制造业的发展速度、发展方式和发展动力在整体上都将发生转变，但这些转变并非完全一致，产业内部的不平衡、空间上的不平衡是存在的，中东西部、南北地区之间都需要具体考虑，这就有必要从空间的角度对这些问题展开研究。另外，西部地区与制造业发展有关的基础设施、环境保护、人才培育等诸多新常态问题也需要从空间角度展开讨论。

1.3 研究逻辑框架

1.3.1 中国制造业空间问题研究的范畴

制造业是实体经济的核心成分，制造业的发展是带动经济发展的引擎之一。当前中国正处于工业化阶段，制造业的发展在这一阶段中的核心地位不容忽视。制造业是实体经济的主体，一国制造业的发展能够直接体现这一国家生产力的水平。西方发达国家很重视制造业的发展，尤其在金融危机发生以后，以美国为首的西方发达国家制定并着手实施"再制造业化"战略，从短期看这是其应对金融危机的举措，长期来看则体现了作为实体经济的制造业在国民经济发展中的战略地位。制造业作为中国经济的中心支柱产业、经济增长的驱动产业和经济转型的基础，其发展也受到中国中央及各级政府的重视。中国作为全球第一的制造业大国，但在产业价值链分工中却处于较底层的位置，制造业发展质量和发达国家相比尚有很大差距。提高中国制造业发展质量、缩小与发达国家间存在的差距，既是政策和战略议题，也是学术议题。近年来，虽然中国成为全球性制造业生产基地，有了"世界工厂"的称号，但是中国制造业在经历了全球金融危机和随后的欧洲债务危机冲击后，制造业企业表现出来的阵痛目前仍不能消逝，部分制造业企业甚至付出了破产的代价。这虽然是国际市场的内在风险所致，但与国内市场、制造业产业结构、企业产品层次、企业生产与创新能力等内部因素也都有莫大的关系。因此，考察中国制造业分布的空间统计特征、探索其发展的空间规律以及发掘其有价值的空间效应信息，不仅可以为中国企业和产业发展提出理论基础和政策参考，更有助于优化中国国民经济整体发展的战略布局。从空间角度对制造业发展进行考察是一个新颖的研究视角，在这一问题的研究方法上有所创新，同时也追踪了经济学发展前沿，使本书的研究更具学术价值和实践意义。研究制造业的空间问题还有一个技术上的优势，即制造业在发展过程中有较强的流动性，便于从区域关联性角度进行考察研究，有值得挖掘的空间依赖信息，而这些在诸如农业等产业中并不十分明显。另外，选择研究中国制造业而不是中国经济整体，是因为具体的产业有具体的特征，这样就容易得出具体的、有针对性的、进而更有现实意义和学术价值的研究结论。

这里分析讨论制造业发展过程中空间效应的一个研究范式。首先对"空间效应"的内涵作出界定。空间效应是一个广泛的概念，在不同的学科领域有不同的定义及解释。在经济学学科中，空间效应是随着经济学的分支学科——空间经济学，即新经济地理学的产生而产生的，是对以空间依赖性为基础的经济关系的统称。基于此可以得出，中国制造业空间效应是一个大的学术范畴，从广义的角度讲，凡是涉及中国制造业空间分布、空间变动及空间依赖等信息的都属于这一范畴。从研究文献上来看，空间效应的研究主要集中于对空间异质性和空间依赖性的讨论，因而可以由此对中国制造业空间效应研究内容作出基本界定：中国制造业空间效应的学术议题主要包括空间异质性、空间集聚、空间转移、空间溢出、空间收敛性和空间结构调整等，而对于其他的空间效应问题（例如数据采样等）将不涉及。

根据空间经济学及以此为基础的新经济地理学的研究经验，经济的发展存在诸如空间集聚、空间收敛及空间溢出等空间效应问题。产业作为经济的部门要素，其发展规律和经济整体具有相似性，同样存在空间效应。对于制造业而言，根据理论分析和初步实证检验，中国制造业在发展过程中存在有明显空间效应。第一，存在空间异质性。中国制造业各省域发展不平衡，产出、人力资本、实物资本、生产能力和效率都存在巨大差异。第二，存在空间集聚现象。区域发展结构的相似造成了制造业空间集聚，即制造业发达区域周边的制造业也较为发达，而欠发达区域周边发展亦较差。第三，存在空间溢出效应。溢出效应的存在是导致空间自相关的直接原因，最常见的溢出效应是资本溢出和技术溢出，同时劳动力、原材料投入等都可能存在空间溢出效应。第四，空间收敛现象值得探索。理论和实证研究均表明，收敛性是经济发展过程中的一类重要现象，中国制造业作为中国工业经济的主体，是否存在收敛现象是一个值得探索的学术议题。第五，中国制造业产能利用率处于何种水平。产能问题是当前实体经济发展的重要问题，也是供给侧结构性改革的着眼点，从空间视角研究中国制造业的产能状况是一种新的尝试，也将为制造业产业结构和空间转移研究奠定基础。第六，中国制造业结构调整的空间信息值得发掘与研究。制造业结构的调整受到哪些因素的影响，是否对本地区及相邻地区产业发展起到了促进作用，这是值得探索的问题。第七，制造业的空间转移问题有待探索。从空间分布的角度看，产业发展是动态的，中国制造业必然存在空间转移问题，其转移规律和动力机制是有价值的探索方向，也影响着相关区域的产业承接策略。随着空间经济学理论和空间统计分析技术的发展，依托空间经济学、区域经济学和发展经济学理论，运用空间统计学分析方法对上述产业发展的空间效应开展研究将是有意义的探索。本书讨论的产业发展中的空间效应问题主要包括上述七个方面，这些问题本身就可以形成关系紧密的研究整体，在此基础上还形成了一些外延研究，具体可作如下阐释。

（1）空间异质性研究。空间异质性和空间相关性是空间经济数据的两个基本特征。有关空间异质性的内涵，鲜有文献对其进行讨论，因此本书有必要对此加以讨论。广义地讲，包含有空间位置或坐标信息的统计数据都可称为空间统计数据。在社会经济问题的研究中，空间统计数据的空间方位主要被界定在地域平面上，即包含数据所发生的地理位置相关信息的统计数据。对这类数据进行统计分析和研究，就产生了空间数据统计分析方法。显然，空间异质性分析和空间相关性分析都是空间数据统计分析的一部分。空间异

第 1 章
绪 论

质性是指空间中各样本数据由于所处的空间或地理位置的不同而表现出来的差异性,空间相关性是指同一变量自身或多个变量之间在不同的空间区域上表现出来的依赖关系。对于空间相关性定义中的依赖关系一般表现为线性关系或非线性关系,这是比较清晰的;而对于空间异质性的表述,其核心词——差异性——是让人难以把握的,因为在经济数据分析中,关于总体和样本都有一个共同的特征,就是总体单元或样本单元存在差异性,对于空间样本也同样有这个属性。因此,关于空间异质性的定义没有作出实质性的表述,因而根据此类定义很难对空间异质性的本质特征形成透彻的理解。

事实上,对空间异质性问题的探讨不能抛开空间相关性,它们都是空间数据(或空间样本单元)两个基本的空间特征,两者来源于同一问题,是相辅相成的。为阐释这一问题,可以假设空间数据的两类极端状况,即"仅表现出空间相关性而不存在空间异质性"和"仅表现出空间异质性而不存在空间相关性"。对于前者,可以根据空间相关性来建模,此时模型完全无异质性的干扰。假设目标变量为 y,则建立的模型形式可以表述为:

$$y = \rho W y \quad (1-1)$$

即模型中没有造成个体差异性的随机项,个体间的差异可以线性化。其中 W 为空间权重矩阵。与此相反,如果空间数据"仅表现出空间异质性而不存在空间相关性",那么目标变量的空间分布是相互独立的、纯随机的,也就无法用这类空间数据建模。

现实中,对于经济数据而言,"仅表现出空间相关性而不存在空间异质性"的空间数据是不存在的,而对于"仅表现出空间异质性而不存在空间相关性"的数据亦较为少见,空间数据通常集相关性和异质性为一体。设空间数据变量为 y,这里以空间自回归模型为例对此问题进行说明。

$$y = \rho W y + \varepsilon$$
$$\varepsilon \sim N(0, \sigma^2 I_n) \quad (1-2)$$

空间自回归模型可以分为两部分,第一部分是模型空间滞后项部分,可以表示为:

$$\tilde{y} = \rho W y \quad (1-3)$$

这体现了变量的空间相关性特征。模型另一部分即为随机项 ε,个体之间的差异性由其展示，因而体现了空间异质性。因此，空间数据 y 的模型形式就体现了相关性和异质性的特征。这也正是在进行空间数据分析时不能抛开相关性问题而单独研究异质性问题的原因。

空间异质性的讨论一般处于空间经济数据分析的初级阶段，例如对于中国制造业而言，空间异质性的讨论主要是使用探索性空间数据分析方法对各区域制造业空间发展状况作出基础性分析，研究制造业区域重心的演化轨迹，并进一步从产业发展背景、过程角度，利用全局相关性指数（Moran I）、局部相关性指数（LISA）以及局部加权回归模型（GWR）对空间异质性进行分析研究。这是认识和探索中国制造业空间特征的研究内容，也是对中国制造业进行空间建模分析的基础。

（2）空间集聚研究。产业空间集聚是产业在特定区域的集中，现实世界中大量由于产业空间集聚效应而产生的"块状经济"体说明了这一现象的普遍性。在空间数量经济分析框架下可以使用空间集聚效应的测度函数对中国制造业的空间集聚度进行测度和比较。空间集聚问题是诸多空间效应分析的基础，诸如空间溢出、空间收敛、空间转移乃至产能变化、产业结构调整等，因此这里首先对制造业空间集聚问题展开研究。

（3）空间溢出效应研究。作为新经济地理学所强调的内容，空间溢出效应主要体现在人力资本溢出、知识溢出、技术溢出、基础设施溢出等诸多方面。对于制造业的研究，一般考虑构建包含空间溢出因素的制造业空间发展模型以对制造业溢出效应进行研究分析，对空间溢出效应进行科学的测度衡量。

（4）空间收敛性研究。空间收敛性问题是产业发展过程中备受关注的一个议题，它涉及产业区域协调发展和落后地区能否实现向发达地区追赶等重大的经济热点问题。收敛性可以从时间和空间两个维度进行分析研究，并在方法上和研究结论上作比较。空间收敛性的研究思路仍来源于时间上的收敛性，其中著名的一类研究工具是 β 收敛模型，可以从空间角度对这一模型进行拓展，从时间和空间的两个维度来考察产业发展的收敛性。这些研究途径可以引入中国制造业的研究中。

（5）制造业产能状况及影响因素研究。产能利用率体现了产业的发展健康程度，通过产能利用率的信息可以判断中国制造业的发展状况和发展潜

第 1 章
绪　论

力。产能利用率的变动将会对制造业的空间效应传导机制产生影响，也是新常态下中国制造业发展需要考虑的因素之一。因此，本书将对中国制造业的产能状况展开测度与分析，并利用空间统计分析方法对产能状况的影响因素展开研究，以期得到有价值的发现。

　　(6) 产业结构调整的空间特征。产业结构合理调整能够促进经济的高质量发展。由此，中国制造业产业结构调整能够对产业发展产生影响。可以根据制造业产业结构调整演化的关联性，构造产业结构调整与产业发展的空间统计模型，以对其内在空间关系机理进行分析探讨。现实中，产业空间转移即形成产业集聚或产业扩散，无论是集聚还是扩散，只要遵循产业发展规律，符合产业发展需要，最终都会促进产业结构优化。因此，产业结构分析形成了产业经济空间效应数量分析的一个落脚点。

　　(7) 制造业空间转移趋势及动因研究。从本质上来说，产业的转移和产业集聚是同一问题的两个方面。本研究将对中国制造业的空间转移趋势展开统计分析，并通过构建空间模型讨论其影响因素，探索经济新常态下中国制造业空间分布的动态规律。

　　(8) 西部地区制造业发展策略研究。通过前文的分析研究，摸清中国制造业发展的空间信息，进一步对西部地区承接制造业转移问题展开分析，以期得到西部地区制造业发展的规律，提出相应的发展策略。

　　上述研究范畴是一个有机整体，其内在逻辑是空间异质性研究是对中国制造业空间布局和空间发展状况作出基础性、局部性和整体性分析研究，在异质性研究基础上进一步探究制造业空间相关性，空间相关性的研究从空间收敛性、空间溢出效应、空间集聚效应及产业内部空间结构调整4个方面展开。这4个方面的内在关系是：空间收敛性研究考察制造业由"外围"到"中心"的发展路径；空间溢出效应研究考察制造业由"中心"到"外围"的发展路径；空间集聚效应则展示了"中心"区域和"外围"区域的表象联系，同时也延伸至产业的空间转移问题；产业空间结构调整则是从空间角度对制造业产业结构的变动进行深入剖析，是产业空间溢出、空间收敛、空间集聚研究的目标归属。在上述分析的基础上，讨论中国制造业的空间转移和空间承接等问题，探索新常态下中国制造业发展路径。

1.3.2 中国制造业空间发展分析框架

人类的活动离不开时间维度和空间维度，对人类活动的研究通常也框定于这两个维度之内。经济作为人类的主要活动内容之一，人们对其进行研究既需要关注时间维度上的变化，也需要关注空间维度上的特征，产业的空间集聚问题就是经济空间特征的一个代表。在20世纪20年代，经济学家马歇尔对产业的空间集聚就进行了开创性的研究。对产业空间集聚问题的广泛探讨是从20世纪90年代开始的，主要标志是新经济地理学（New Economic Geography）的兴起，使产业空间集聚成为经济学领域一个被广泛关注的热点问题，一个重要的原因是新经济地理学为产业空间集聚现象提供了具有说服性的理论解释。

中国制造业的空间集聚过程可以根据新经济地理学中规模经济和运输成本的变动来加以阐释，这种空间集聚过程可以概述为所谓的"累积因果作用"。就制造业（事实上也不仅包括制造业）来说，劳动力的流动和转移是自由的，一般会流向具有较高劳动报酬的区域。根据马歇尔外部性的作用（体现为空间溢出效应），劳动力的集聚会促使这一区域制造业乃至相关产业的实际报酬率上升，这样就会进一步吸引制造业企业向这一地区集聚。同时，运输成本也是需要考虑的一个因素。如果运输成本大于0，那么制造业在这一区域的空间集聚并不是无限的，而是趋于稳定的，即制造业的空间集聚存在均衡点。在制造业企业的生产过程中，随着企业集聚的加深和扩大，对劳动力、土地及其他相关生产要素需求增加，进而造成这一地区的劳动报酬、土地租金等生产成本的上涨。由于规模经济而节约的交易成本费用不足以抵销生产成本的上涨，一些低端企业或企业中生产低端产品的工厂就会迁往生产成本相对较低的外围区域。这样，产业发展就会在产业空间集聚所带来的收益和生产成本之间进行平衡和选择，这便是"累积因果作用"下的产业空间集聚过程。新古典经济理论无法解释当代的产业集聚现象，因为有完全信息和理性人的假定，市场被认为是完美的，市场信息及时有效且是对称的，此时理性的厂商会选择生产成本最小的生产组合来实现"利润最大化"，即"经济区"是他们的理性选择。显然这和当前的产业积聚过程并不一致。

第 1 章
绪　论

事实上，市场并非完美的，市场信息存在显著的滞后性和不对称性，这将会使厂商作出不理性的选择——跟随其他厂商进入"非经济区"。

因此我们认为，产业空间集聚的过程是一种利益的驱使作用。就企业来说，企业向中心区域集聚是因为大规模生产或学习曲线效应而产生的规模经济和技术溢出的存在，进而促使企业向中心区域靠拢；到产业层面上，劳动力市场的集聚和地理位置的接近而使信息外溢的普遍存在，这些外在的区位优势会使产业向中心区域集中。从本质上来看，产业空间集聚的利益驱使作用是中心区域生产成本的降低或中心区域生产效率的提高所带来的生产成本相对降低，从而对企业和产业产生了吸引效应。

基于上述内容，本书针对中国制造业的空间效应关系及空间发展演化提出这样的推断：由于产业发展规模经济的存在，中国制造业在发展初期会向较为发达的中心区域靠拢集聚，以追求更高的利润。也是因为规模经济，制造业发展出现空间溢出效应，即中心区域发展较好的企业对周边企业产生了外部性经济。当中心及外部区域经济发展到一定阶段，中心区域的制造业发展会由于拥挤、运输成本、生产成本等条件约束而趋于稳定，外围区域制造业受中心区域的空间溢出影响，发展速度相对提高，并逐步实现对中心区域的追赶，出现了收敛性的发展特征。此时，制造业会在更大的外部区域范围内得到发展，出现了扩散的现象。制造业在中心区域的发展是成熟的，产业结构在理论上也是合理的，外围区域对中心区域存在学习和模仿（本质上仍是空间溢出），会使外围区域制造业产业结构也会和中心区域趋于一致，最终实现产业结构的优化。同时，区域之间出现产业转移，长期来看这能够同时促使中心区域和外围区域产业结构趋于优化。短期内，由于受利润、政策以及其他相关产业发展状态等因素的影响，容易出现非理性投资，进而造成产能过剩或产能不足等问题。上述推断可以通过图 1-1 展示。

进一步，从产业发展的动态规律来看，制造业产能的变化会改变其投资结构，包括投资的行业结构和地域结构，进而会改变制造业的产业结构和空间结构；同时，制造业产业结构的调整也伴随着产业的空间转移。因此制造业产能变动和产业结构变动都是制造业空间转移的伴随因素，并对产业承接问题产生作用。

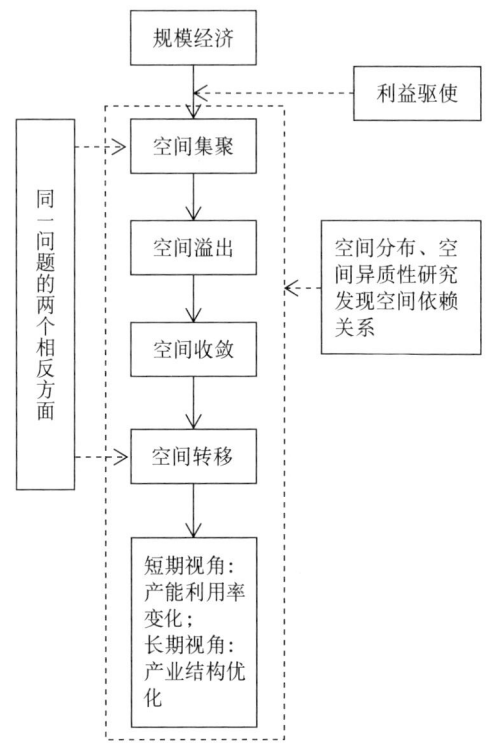

图1-1 中国制造业的空间效应逻辑关系

因此,产业空间效应研究包括空间集聚、空间溢出、空间收敛和空间结构优化等方面,这些方面形成了一个系统的研究整体,从不同方面阐释产业发展的空间效应问题。很明显,在对中国制造业空间分布和空间异质性研究之后,需要进一步对空间集聚效应、空间溢出效应、空间收敛性和产业结构空间调整展开研究,由此达到对中国制造业空间效应的全面认识。由于空间集聚问题存在两个方面,即集聚和扩散,且其在逻辑关系上处于不同的位置,因此在具体研究中需要从中国制造业空间集聚(扩散)展开研究,随后依照图1-1的逻辑关系展开空间收敛性研究、空间溢出效应与空间转移研究,最后是产业结构变动的空间效应研究,并讨论经济新常态以来制造业的产能过剩问题,为西部地区承接制造业转移提供策略支撑。

通过文献梳理发现,中国制造业在近10年的发展过程中存在空间溢出、空间收敛以及空间扩散的特征,这些可以按以下逻辑予以解释分析。由于中国制造业空间溢出效应的存在,诸如资本、技术、人力资源等要素的空间溢出,发达的中心区域带动了外围区域的发展。随着发展的深入,中心区域过度拥挤使生产率降低,而外围区域得到了中心区域的资源溢出而使生产率提高,并逐渐超过了中心区域,中国制造业空间收敛性特征逐步显现。随着外围区域的发展,资源不再集中于原来的中心区域,而是向外围区域乃至边缘区域扩散,这样就使整体区域的制造业产业集聚度降低。随着中国制造业的发展,外围区域逐步实现了向中心区域的追赶,外围区域的产业结构也逐步向中心区域逼近,产业结构在空间上就趋于优化。图1-2借助于地理区域示意图来展示这一逻辑关系。

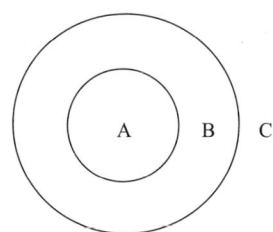

图 1-2 中心—外围区域示意图

如图1-2所示,A为经济(产业)发达的中心区域,B为较不发达的外围区域,C为不发达的边缘区域。现在A区域对B区域存在空间溢出效应,使B的产业发展速度增加。进一步,A区域由于拥挤致使其发展速度下降,此时B区域在发展速度上赶超了A区域,显现出收敛性特征。由于A区域的拥挤,资源逐步向B区域乃至C区域转移,资源分布趋于分散,空间集聚度降低。产业的空间转移和承接转移随之发生。B区域和C区域在产业发展模式上向A区域学习模仿,其产业结构也接近于A区域。A区域是成熟的发达地区,产业结构趋于均衡合理,因此B区域和C区域的产业结构和A区域逐渐相似的过程也是产业结构优化的过程。

1.3.3 中国制造业发展空间问题研究路径

本书将按照"是什么—为什么—怎么办"的思路展开研究。"是什么"

即对制造业发展历史及新常态下的基本特征尤其是空间特征展开分析研究，全面认识中国制造业；"为什么"则主要从中国制造业的整体、局部及重点企业来研究新常态下的空间依赖和空间转移等问题，同时结合所处的宏观经济环境分析现象原因与逻辑；"怎么办"则是在上述研究基础上，分析讨论西部地区承接制造业转移的策略，并研究新形势、新常态下中国制造业发展对策。根据研究思路设计出研究技术路线图如图1-3所示。

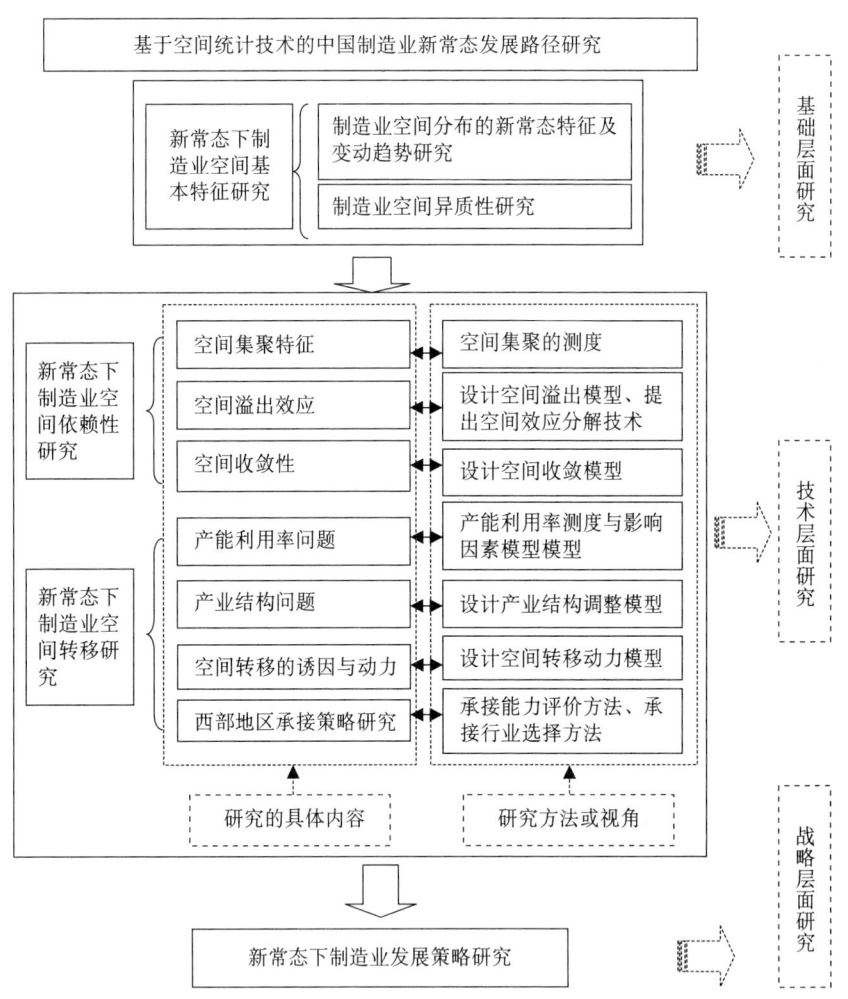

图1-3 中国制造业发展空间问题研究路径

第 2 章

中国制造业空间分布现状描述

制造业是实体经济的核心成分，制造业的发展是带动经济发展的引擎。中国现在处于工业化阶段，制造业的发展在这一阶段中的核心地位不容忽视。为此，本章从分析中国制造业发展现状和空间分布特征入手，发掘制造业的基本特征和统计规律，为后文进一步的分析研究打下基础。

数据方面，本章在中国制造业发展总体现状统计分析中使用了2007—2017年的时间序列数据；在空间分布特征统计分析中，本章使用了2017年的截面数据，具体的统计指标见本章正文所述。

2.1 中国制造业发展总体现状统计分析

新中国成立后，中国制造业产业建设与发展受到政府高层的重视，并形成了一定的产业规模。例如新中国成立初期对民族工业资本的改造与扶持，以及20世纪六七十年代的"三线建设"等历史性工业生产活动，形成了特定历史时期下的制造业产业体系，这为改革开放后的中国制造业发展奠定了一定的基础。但当时的制造业生产是以国防与战备为核心而展开的，生产的主要产品是生产性工业产品，消费性产品数量甚少。改革开放以后,中国制造业产业发展空间得到扩大,消费性产品的生产逐步得到重视,制造业生产能力也得到快速提高。可以将改革开放以后的制造业简单地分为4个发展阶段。第1阶段是20世纪80年代,这一阶段是中国制造业发展的起步阶段,制造业生产的产品不仅是生产性产品,消费性产品也开始大量生产,人们的消费需求得到了有效的刺激与满足。但这一阶段的制造业企业绝大多数是国营企业。第2阶段是20世纪90年代,这一阶段是中国制造业的快速发展阶段,民营资本的进入为制造业生产注入了活力,竞争提升了产品的质量,也使人们在消费品选择上有了多样化。农民工的流入使得中国制造业生产成本大大降低,中国制造业产品在这一阶段也开始走向国际市场。第3阶段是21世纪的第1个10年,这一阶段是中国制造业发展的腾飞阶段,在这一阶段中国成为全球性制造业生产基地,有了"世界工厂"的称号,同时,"中国制造"这一名词走向了世界。第4阶段是当前及未来几年,这一阶段是中国制造业发展的升华阶段,在这一阶段中国经济发展进入新常态,这就要求中国制造业必须实现升级和产能转移。中国制造业经历了全球金融危机和欧洲债务危机的冲击,并承受了考验,中国制造业在国际市场环境中仍具备强有力的竞争力,"中国制造"正努力转变为"中国智造"。本章的研究将定格在中国制造业发展的第3阶段末期至第4阶段中期这段时期内,具体的分析研究将从这段时期展开。

近年来,伴随中国经济的快速增长和金融危机后经济的逐步复苏,中国制造业发展迅速。2007年,全国共有规模以上制造业企业313 046家,2010年达到422 532家,占当年工业企业数的93.3%;2011年由于统计口径由主营业务收入500万元及以上的法人单位改为2 000万元及以上,2011年全国共有规模以上制造业企业301 489家,2017年为348 483家,占当年工业企业数的93.4%。2007年全国制造业总产值为353 630.84亿元,2017年制造业总产值为1 072 433.70亿元,年均增长11.73%。图2-1反映了近年来制造业总产值的变动发展。

第 2 章
中国制造业空间分布现状描述

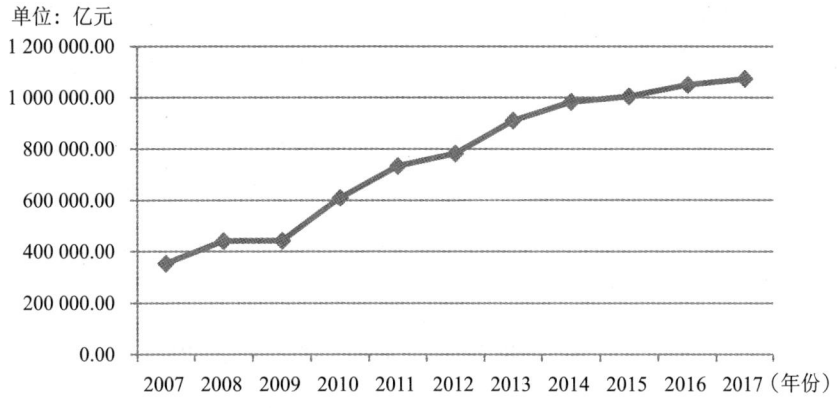

图 2-1 制造业总产值趋势图

由图 2-1 不难发现,制造业总产值在样本区间内呈逐年上升趋势,由 2007 年的 353 630.84 亿元上升到 2017 年的 1 072 433.7 亿元,增长速度较快。由于 2011 年数据统计口径发生变化,规模以上工业企业的界定由主营业务收入由 500 万元以上调整为 2 000 万元以上,因此 2011 年及以后数据和往年数据在统计上存在一定差异,但通过数据对比发现,被调整出去的数据仅占了总数据极小的一部分,这种统计口径的变化所造成的误差是可以忽略的。因此,我们可以将 2007—2017 年的制造业数据放在一起进行分析。通过图 2-1 也可发现,2009 年的制造业总产值在 2008 年的基础上没有显著增长,和 2008 年基本持平,这和其他年份的增长态势明显不同。究其原因,是 2008 年金融危机产生的不利影响所导致的,不仅仅是制造业,其他很多产业均或多或少地受到了金融危机的冲击,例如服务性产业、能源产业等。

由图 2-2 可以看出,制造业增加值在 2007—2017 年呈逐年上升趋势,2017 年为 252 532.65 亿元,是 2007 年的 2.89 倍,年均增长率为 11.34%。2008 年、2010 年、2011 年和 2017 年制造业增加值的增速较为显著,增长率在 17%~20%,而 2012—2016 年的增速放缓,增长率在 10% 以下。其中 2011 年统计范围变小,2017 年清理了不符合统计要求的企业并剔除了跨地区、跨行业的数据。"营改增"政策的落实使工业企业财务数据也有所减少,但 2011 年和 2017 年制造业增加值都较上年增速明显,增长率分别为 20% 和 17.8%,这也从一定程度上说明了制造业发展的良好态势。

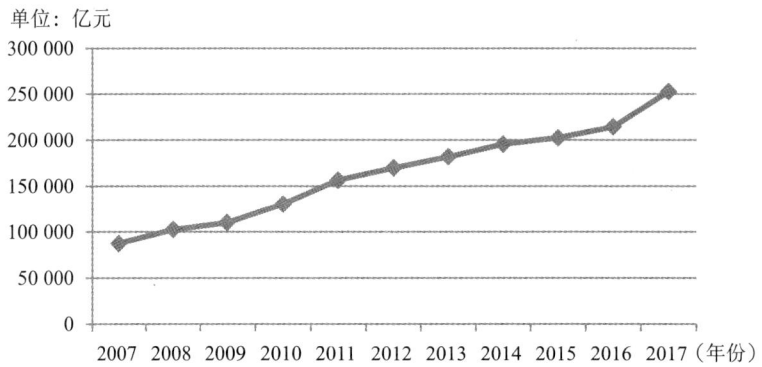

图 2－2　制造业增加值趋势图

利润是产业生存的根基，也是产业发展动力的表现。中国制造业产业利润近年来也呈现出上升趋势，如图 2－3 所示。

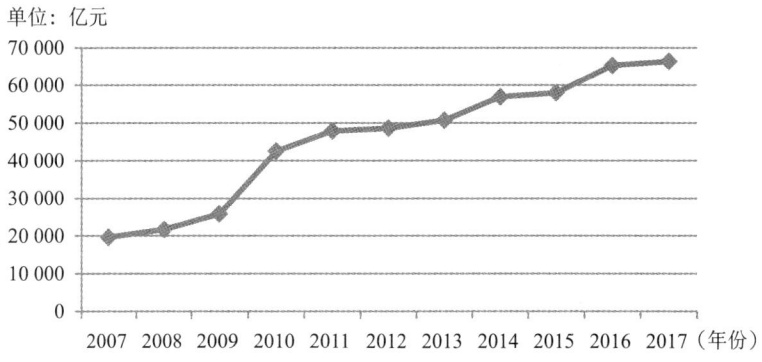

图 2－3　制造业利润总额趋势图

由图 2－3 可以看出，中国制造业利润总额是逐年增加的，由 2007 年的 19 622.41 亿元上升到 2017 年的 66 368.43 亿元。其中 2010 年净增 16 763.83 亿元，与上年相比增长 65%，上升幅度最为明显；2012—2017 年增速较为平稳。根据相关背景资料分析，2010 年利润总额的大幅增长得益于这样两个经济环境条件：一是中国经济在全球金融危机之后的强劲复苏，使得制造业利润有了提升的空间；二是政府的 4 万亿元及后续的经济刺激计划，制造业是受经济刺激政策而获益最大的产业之一。

生产要素投入状况是产业生产状况和生产能力的表现。这里从资本投入、劳动投入和技术投入3个角度对中国制造业生产要素投入状况进行分析。图2-4反映了资本投入在近几年的变动情况，这里用资产总量指标来反映。

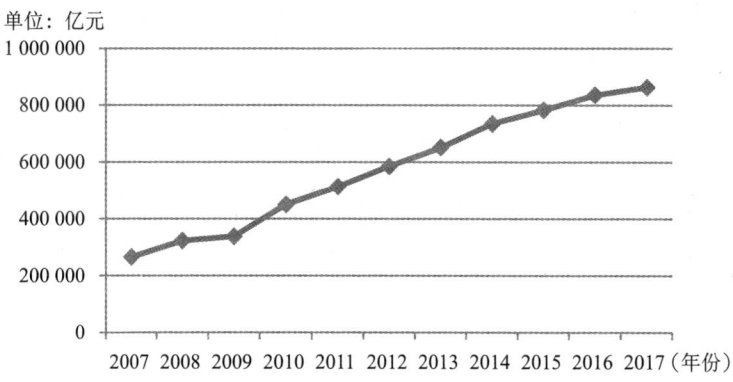

图2-4 制造业资产总量趋势图

由图2-4可以看出，制造业资产总量呈上升趋势发展，2017年为863 142.92亿元，是2007年的3.25倍，其中2010年较上年增长33%，且增幅最大。2009年金融危机的影响而使得资产增长速度放缓，但在2010年又恢复了原有的增长态势。2011—2017年增长速度呈缓慢下降趋势，2017年增长率为3.296%。资产总量的持续增加表明了产业生产的逐步扩大、生产能力的逐步提高。进一步分析制造业产业资产负债率的变动状况，如图2-5所示。

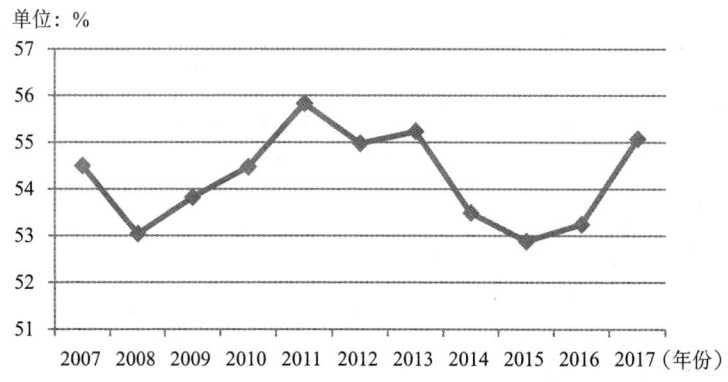

图2-5 制造业资产负债率趋势图

资产负债率反映了总资产中负债的结构状况，从财务的角度来看，体现了债权人的风险大小，但是从资本集结状态的角度，可以看出产业的资本集结模式。就图2-5来看，2007—2017年制造业的资产负债率呈波动上升趋势，这表明制造业的资本集聚和资本积累两种资本集结模式是并存的。因为负债体现的是产业从社会上集结资本的量，是资本集聚的体现。制造业资产负债率在2007—2017年保持在53%以上，这说明在资产总量中有53%以上来自社会其他部门，是资本集聚的部分，而剩余部分是产业的资本积累。

用从业人员年均人数表示制造业的劳动投入量，其变动趋势如图2-6所示。

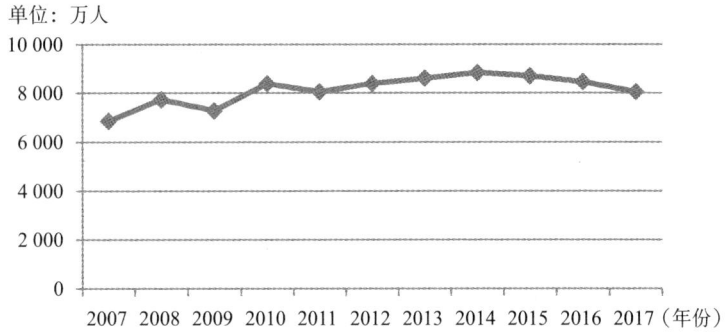

图2-6 制造业从业人员年均人数趋势图

总的来看，制造业劳动力投入量（即从业人员年均人数）在2007—2017年变化幅度较小，具体呈先上升后下降趋势。在2007—2014年呈现上升趋势，由2007年的不足7 000万人上升至2014年的8 849万人。由于金融危机的影响，2009年制造业的劳动投入量有所下降，但在2010年又呈现显著的上升；2015年以来呈下降趋势，是由于供给侧结构性改革，创新科学技术并提高产能利用率，技术的进步和发展解放了部分劳动力，因此2015—2017年制造业从业人员呈下降趋势，2017年为8 057.71万人，与2011年从业人数大致相当，但劳动力的素质水平、技术水平等方面却不同，从制造业增加值和利润总额的逐年上升可以说明劳动力的生产效率有较为显著的提升。

科学技术是第一生产力，人们在经济生产过程中也逐渐重视对科学技术的研发与应用。随着制造业的发展，以追求科学技术为目的的研发投入也在逐年增加。制造业的研发投入（R&D）经费的变动趋势如图2-7所示。

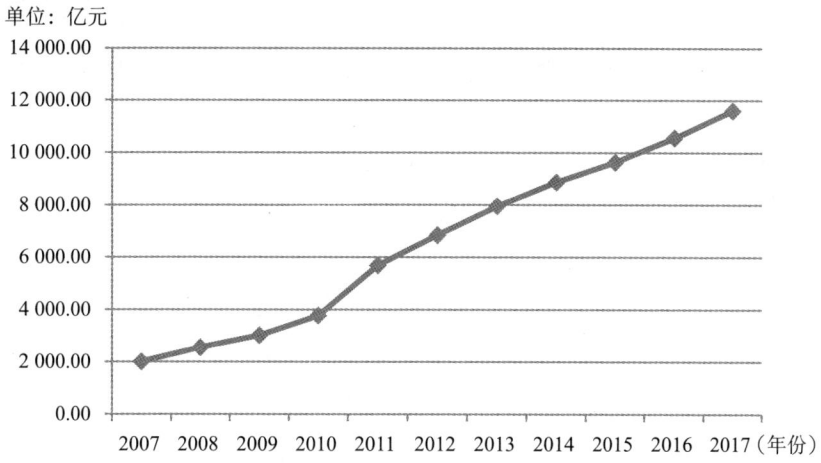

图 2-7 制造业 R&D 经费趋势图

图 2-7 表明，制造业 R&D 经费投入量呈现出明显上升趋势，由 2007 年的 2 009.6 亿元上升至 2017 年的 11 608.4 亿元，年均增长率为 19.73%，并从 2014 年以来在 10% 左右稳定发展。进一步，通过构造指标"单位产值 R&D 经费"来考察 R&D 经费投入的相对量变动，这一指标的含义是 1 单位产值中 R&D 经费的投入量。通过图 2-8 不难发现，制造业单位产值 R&D 经费在整体上呈现上升趋势，这说明企业对科技研发重视程度在逐渐提高。

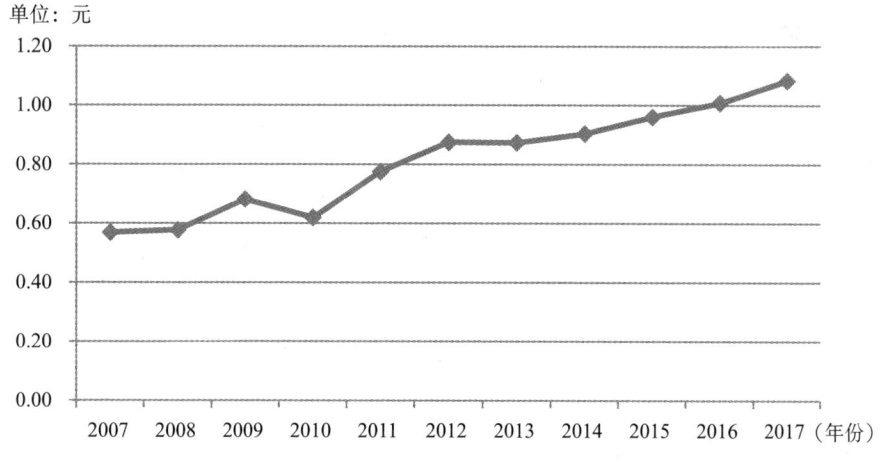

图 2-8 制造业单位产值 R&D 经费趋势图

从制造业各行业来看,全国制造业在产值规模、资本规模、吸收劳动力、研发投入以及盈利能力等诸多方面存在差异。这里以2017年数据为例对此作出说明和分析。就资产总量来看,金属制品及其机械和设备修理业、废弃资源综合利用业、家具制造业、印刷和记录媒介复制业的资产总量偏低,占制造业资产总量的不足0.7%。从吸纳就业的角度看,计算机及其通信和其他电子设备、电气机械和器材制造业的就业量较高,年均从业人数分别占制造业从业总人数的11.86%和7.86%;金属制品及其机械和设备修理业、废弃资源和废旧材料回收加工业、烟草制品业吸纳就业的比重偏低,分别占制造业从业总人数的0.2%、0.23%和0.25%。从研发投入的角度看,电气机械和器材制造业、运输设备制造业的研发投入最高,分别占制造业研发投入总额的17.85%和11.08%;金属制品及其机械和设备修理业和烟草制品业的研发投入最低,仅占制造业研发投入总额的0.3%。从实现的利润总额角度来看,汽车制造业、化学及其制品制造业实现的利润较高,分别占制造业行业整体利润的10.33%和8.75%;利润较低的行业是金属制品及其机械和设备修理业、废弃资源综合利用业,实现的利润仅占制造业行业利润的0.09%和0.34%。这里将制造业各行业中上述指标占比排名靠前的产业列示出来,如表2-1所示。

表2-1 制造业排名靠前的子行业相关指标占比(%)及位次

	资产总量	从业人员数	R&D投入	利润总额
计算机、通信和其他电子设备	10.28/1	11.86/1	—	8.6/3
化学原料和化学制品制造业	8.85/2	5.65/5	4.76/8	8.75/2
汽车制造业	8.81/3	6.35/4	—	10.33/1
电气机械和器材制造业	7.74/4	7.86/2	17.85/1	6.98/4
黑色金属冶炼和压延加工业	7.44/5	3.82/13	4.12/9	5.16/6
非金属矿物制品业	5.98/6	6.98/3	5.69/6	6.57/5
通用设备制造业	4.91/7	5.57/6	5.68/7	4.68/9
有色金属冶炼和压延加工业	4.72/8	—	—	3.02/14
专用设备制造业	4.61/9	4.33/11	10.38/3	3.72/11
运输设备制造业	—	—	11.08/2	—

通过表 2-1 可以进一步看出，各项指标位次均靠前的产业主要包括计算机、通信和其他电子设备、化学原料和化学制品制造业、电气机械和器材制造业、非金属矿物制品业、通用设备制造业 5 个子产业。在这 5 个子产业中，大部分属于通常意义上的装备制造业，因此可以认为装备制造业在制造业行业中占有重要地位。事实上，装备制造业是生产生产资料的行业，是国家工业乃至整个经济的支柱性产业，其存在和发展具有战略性意义，这也正是中国在近几年提出一系列振兴装备制造业产业发展计划的原因。装备制造业的研发投入远高于其他制造业行业，可见国家及社会对其发展的重视程度。

2.2 中国制造业空间分布特征统计分析

分析制造业的空间分布状况可以探索和发现其空间分布规律。根据本章的研究设计，这里将以各省、市、自治区的制造业产业发展现状为研究对象，选择并设计相应的统计指标对其加以分析。

在经济运行过程中，生产是起始环节，也是核心环节，其支配着分配、交换和消费。基于此，这里从生产的角度讨论制造业的空间分布状况。从经济学角度看，生产过程包括两部分：其一是投入，其二是产出。在经济学理论框架下，从投入和产出两个角度反映的产业生产信息是一致的，但现实中至少有两点原因使人们需要从投入和产出两个角度去分析生产问题。第一，生产效率的差异性。国民经济中不同的产业或行业，其生产效率是有差异的，即使是同一产业乃至同一生产部门，生产效率亦各有不同。造成生产效率差异性的原因是多方面的，诸如劳动者素质、生产设备、技术水平、管理能力、激励机制、政策制度等都可能造成生产效率的不同。由于生产效率的不同，投入—产出比就会存在差异，因而需要同时从投入和产出的角度去研究生产问题。第二，产业的空间异质性。空间异质性是指地理空间中各样本点信息由于所处的地理或空间位置不同而表现出的差异性。同一产业在不同的区位上通常会表现出很大的空间异质性，形成这种异质性既有地理原因也有历史原因。空间经济学将这些原因归结为在"成本"基础上而形成的"中心—外围效应"因素，认为这是造成经济空间异质性的原因。

因此，这里首先从投入的角度对制造业空间分布现状进行分析，主要从资本、劳动力投入数量、R&D 经费使用及其派生指标等角度展开；其次从产出的角度对制造业空间分布现状进行研究，主要使用工业总产值及其派生指标。另外，本节还将对制造业分布的相对强度、盈利状况进行空间上的考察，以对制造业的空间分布状况进行更多方位的展示。

2.2.1 基于投入角度的制造业空间分布特征

根据新经济增长理论，生产过程依赖于资本、劳动等要素的投入，生产效率依赖于技术水平的发展，这些要素共同影响产出。资本投入量通常就是指资本存量，是生产单位的资产总和，因此这里使用制造业"资产总量"这一指标。在经济学理论中，劳动投入量是一个理想化的概念，这一概念假定劳动者具有相同的生产效率，现实中显然无法得到这样的数据，因而考虑使用"从业人数"这一统计指标[①]。技术水平是一个非量化性概念，本章根据已有文献的研究经验，使用研究与试验发展（R&D）经费内部支出这一统计指标对技术水平进行量化描述。R&D 是指在科技领域中为增加知识总量以及探索新发现、创造新应用而进行的系统创造性的科技活动，因此 R&D 经费支出可视为技术水平的有效反映。这里以 2017 年为例，对上述指标及派生指标进行分析。

首先来看制造业资产的分布状况。2017 年各省、市、区制造业资产总量如表 2-2 所示。

---

① 在本章的后续研究中，均使用"（年均）从业人数"统计指标来表述劳动投入量。

第 2 章 中国制造业空间分布现状描述

表 2-2　2017 年各省域制造业主要统计指标

地区	工业总产值/亿元	资产总量/亿元	利润总额/亿元	从业人数/万人	R&D 经费支出/亿元
北京	13 640.92	21 832.86	1 303.81	86.79	261.39
天津	25 582.59	16 447.69	665.56	94.90	228.89
河北	43 479.09	36 013.65	2 400.32	287.29	336.74
山西	8 288.45	12 903.92	418.16	88.40	77.14
内蒙古	12 770.27	15 948.98	607.00	70.98	80.08
辽宁	20 052.75	28 833.17	1 070.37	115.47	202.68
吉林	21 945.05	15 644.29	1 196.37	98.96	101.93
黑龙江	7 980.14	7 337.52	332.29	58.06	63.18
上海	32 578.10	38 297.83	3 150.80	201.15	486.00
江苏	169 686.38	105 803.36	9 696.04	1 009.47	1 818.56
浙江	60 702.95	63 690.59	4 263.37	656.43	927.13
安徽	46 797.56	27 853.65	2 172.42	265.04	236.65
福建	44 237.97	29 028.45	3 055.43	204.95	442.91
江西	34 187.16	20 244.69	2 359.22	245.23	199.52
山东	128 917.70	90 552.67	7 785.16	728.60	1 472.62
河南	60 797.46	51 168.62	5 179.66	597.98	446.70
湖北	42 773.66	32 604.35	2 345.46	285.63	463.88
湖南	37 549.27	23 393.86	1 964.00	303.27	453.90
广东	127 147.02	99 921.46	7 997.64	1 373.54	1 837.27
广西	24 153.18	13 497.26	1 474.27	146.73	80.25
海南	1 664.85	1 987.82	127.56	7.97	6.73
重庆	19 774.47	16 482.98	1 407.58	157.02	275.81
四川	36 872.21	29 259.67	2 430.89	269.34	270.98
贵州	8 080.39	9 154.91	793.98	39.12	58.37
云南	9 294.42	11 337.11	629.13	66.11	83.28
西藏	116.94	252.68	30.05	0.95	0.3
陕西	16 832.68	17 302.14	1 088.46	104.79	187.24
甘肃	4 850.55	7 726.76	172.37	35.62	44.75
青海	1 774.40	3 704.25	34.27	17.87	7.49
宁夏	3 120.99	5 204.56	81.15	21.63	35.04
新疆	6 784.11	10 545.14	481.74	45.46	30.32

不难发现，制造业资产规模最大的省份是江苏省，2017年资产总量达到105 803.36亿元；广东省、山东省和浙江3个省份的制造业资产规模都在6万亿元以上。西藏自治区制造业资产总量最低，2017年仅为252.68亿元；海南省和青海省的制造业资产总量都相对偏低，均不足4 000亿元。

制造业资产主要集中在华东地区，4个6万亿元以上资产规模的省份有3个分布在华东地区，分别是江苏、山东和浙江——这属于经济发达的沿海经济带，制造业的资产规模也显示出这一区域制造业的发展程度。华南地区制造业资产规模也较大，主要集中在广东省，而广西和海南的资产规模相对偏小。华中地区的河南和湖北两省的制造业资产总量在3万亿元以上，其规模不容忽视。华北地区制造业资产规模以河北省最大，北京、天津也有一定规模。东北制造业资产规模最大的是辽宁省。西南地区和西北地区制造业资产规模都相对较小。

再看制造业从业人数分布状况。2017年各省、市、区的制造业从业人数参考表2-2。显然，广东省和江苏省都是制造业从业人数大省，制造业从业人数超过1 000万以上，其中广东省达到1 373.54万人；山东省和浙江省的制造业从业人数也有很大规模，分别为728.6万人和656.43万人；海南省制造业从业人数不足8万人，西藏自治区不足1万人，规模偏小。从构造制造业从业人数空间分布结构发现，制造业从业人数最密集之地是华东地区，长三角最为明显；华南地区制造业从业人员主要集中在广东省，这是全国吸纳制造业就业人数最多的省份；华中地区制造业从业人数也有一定的规模；华北地区和东北地区规模一般；西南地区和西北地区制造业从业人数规模相对偏低。

从理论上讲，在不考虑技术变迁并假定规模报酬不变的条件下，资本要素投入和劳动要素投入存在某种比例组合，使得产出最大化，即存在使得资本、劳动等资源要素达到最优配置的帕累托最优。此时的人均资本量是最佳的人均资本量，过高或过低都会造成资源的闲置或非效率。因此，对人均资本量的考察是经济问题研究的一个重要内容。此处对各省份制造业人均资本量及其变动规律进行考察分析，资本量使用统计数据中的"资产总量"指标。

我国制造业人均资产量的空间分布呈现出西高东低的态势,经济相对发达的东中部省份的制造业人均资产量相对偏低,例如广东省 2017 年的人均资产量为 72.75 万元。但西部欠发达省份的制造业人均资产量普遍偏高,例如西藏 2017 年人均资产量为 265.31 万元,是广东省的 3.6 倍。通过对其他年份的人均资产量的地域分布分析也发现了同样的规律,形成这类现象的原因有如下两点:一是东部发达省份制造业吸纳就业能力很强,例如纺织业、手工类制造业、简单加工类制造业需要大量劳动力,而这些产业的资产规模相对偏低,因而计算出的人均资产量相对偏小;二是近年来西部省份大力发展工业项目,加大了对诸如电力、化工等资本密集型产业的投资,使得投资增速,资产总量快速增加。与快速增长的资产总量不同,西部省份制造业吸纳的就业量并没有迅速增加,因此形成了较高的人均资产量。

在统计年鉴中,大部分省份没有对制造业的 R&D 投入经费作出专门的统计,因此这里使用规模以上工业企业 R&D 投入经费作为考察指标。使用工业企业 R&D 投入经费表示制造业的 R&D 投入经费是有科学依据的。一是制造业的 R&D 投入经费占据了工业企业 R&D 投入经费的绝大部分。从全国范围来看,2017 年和 2016 年制造业的 R&D 投入经费分别占当年工业企业 R&D 投入经费的 96.5% 和 94.29%,因此替代之后不会造成显著误差。二是技术研发在行业间的溢出效应明显,非制造业的研发投入在某种程度上也会促进制造业的技术发展。因此,可以将工业企业 R&D 投入经费作为制造业的 R&D 投入经费以进行分析研究。由表 2-2 不难发现,广东和江苏是研发投入的大省,2017 年 R&D 经费支出分别为 1 837.27 亿元和 1 818.56 亿元;山东、浙江两省的研发投入规模亦很大,分别为 1 472.62 亿元和 927.13 亿元;西藏、海南、青海等省(区)的研发投入规模较小。

根据 R&D 经费支出的空间分布状况不难发现,制造业的 R&D 经费支出主要集中在华东地区,且长三角经济带占据了多数;以广东省为代表的华南地区也积聚了大量的制造业 R&D 经费;华中和华北地区的 R&D 经费也有一定的规模;除四川、重庆外的西南地区和西北地区的 R&D 经费支出规模偏小。

2.2.2 基于产出角度的制造业空间分布特征

产出作为生产过程的另一侧面,展示着生产活动的结果和效率。本章选择制造业工业总产值作为产出的核心指标进行分析,并用这一指标构造相关派生指标来对制造业的生产效率、空间分布等信息进行详细考察,还将结合利润指标分析制造业产业发展的动力。需要说明的是,选择制造业总产值指标而非增加值指标,目的是重点突出制造业的生产能力,同时也能反映制造业创造新价值的能力。而如果选择增加值这一指标,虽然突出了创造新价值的能力,但生产能力却不能得到有效体现。

通过表2-2可以看出,2017年制造业总产值最大的3个省份分别是江苏省、山东省和广东省,总产值分别达到169 686.37亿元、128 917.7亿元和127 147.02亿元。总产值偏低的省份主要集中在西部,例如西藏自治区2017年制造业总产值仅为116.94亿元,海南省、青海省、宁夏回族自治区等省区的总产值亦相对偏低。

不难发现,中国制造业总产值集中在华东地区和华南地区,而西部地区总产值偏低,生产规模小。在华东和华南地区,制造业已经初步形成了由区域中心向外扩散的基本趋势。例如,华东地区是以江苏省为中心沿泛长三角经济带向华中、华北地区扩散,直至西部省份;华南地区则是以广东为中心向西南地区和华中地区扩散。这些扩散趋势使得各省市区制造业在空间上形成了一种相互联系、彼此依赖的基本模式。

下面考察各省域制造业的单位劳动产出状况。单位劳动产出的计算公式是:

$$制造业单位劳动产出 = \frac{制造业总产值}{制造业从业人数} \quad (2-1)$$

单位劳动产出是用来反映劳动产出效率的指标,从宏观上可以用来判断劳动对产出的贡献,从微观上可以用来说明单个劳动者的平均生产能力。从2017年全国各省市区制造业单位劳动产出的空间分布状态可以发现,在制造业大省如浙江、广东等,劳动产出效率并没有明显的优势,而

第 2 章
中国制造业空间分布现状描述

在制造业发展相对落后的西部省份，劳动产出效率并不是很低。

进一步来考察各省域制造业的单位资本产出状况。单位资本产出的计算公式是：

$$制造业单位资本产出 = \frac{制造业总产值}{制造业资产总量} \quad (2-2)$$

单位资本产出用来反映资本的产出效率，用以分析判断资本对产出的贡献，也可以反映资本的使用效率。

2017 年，华东、华中和华南地区制造业单位资本产出较高，东北地区部分省份也有很高的单位资本产出，说明这些地区（省份）制造业资本使用效率较高，对产出的贡献大。另外也可以发现，西部地区尤其是西北地区，单位资本产出相对偏低，在全国范围内处于落后水平，这意味着这些地方的制造业资本运作效率低，对产出贡献小。结合前文对制造业人均资产量的分析结果——西北地区的制造业人均资本普遍偏高，这说明西北地区制造业资本的生产能力没有最大限度地发挥出来。从另一角度来说，和其他投入要素相比，西北地区制造业资产总量偏高，超出了资本的实际需求量。因此可以认为，西北地区制造业资产总量配置是无效率的，即存在资源浪费。这和近年来西北各省区的投资快速增长有关，因此建议有关政府部门放弃追求高投资，将产业发展重点转向引进先进技术、引进科技专业人才和管理人才，适当吸纳就业，有效利用现有资本，使制造业产出达到最大化。

下面考察各省域制造业单位 R&D 产出状况。单位 R&D 产出的计算公式是：

$$制造业单位 R\&D 产出 = \frac{制造业总产值}{制造业 R\&D 经费支出} \quad (2-3)$$

单位 R&D 产出用来反映 R&D 活动的产出效率，用以分析判断 R&D 活动对产出的贡献，体现 R&D 活动在生产过程中的作用。从现代经济学角度来看，R&D 活动促进了技术水平的进步，进而可以有效提高产出水平。2017年，在几个制造业 R&D 投入大省如江苏、广东等，其单位 R&D 产出并不显著高于其他省份，而一些 R&D 投入较低的省份，其单位 R&D 产出水平并不是很低。就全国范围看,单位 R&D 产出并没有明显的空间上的规律性。

2.2.3 制造业分布密度分析

在进行制造业空间分析时,有两个基本因素是要考虑的:一是区域地理面积,二是区域经济发展水平。中国各省域的地理面积是不同的,而现有的宏观经济统计指标——例如制造业总产值——都是在相应的地理面积内的总和,如北京市制造业总产值统计在北京市行政区域面积内的制造业企业,湖南省制造业总产值是湖南省行政区域面积范围内的制造业企业产值之和。也就是说,区域面积大小影响了统计指标值。再以四川省和重庆市为例,单独来看两者都算不上制造业大省(市),但如果它们在行政区域上没有被分开,那它们的制造业在全国的排名就很靠前,但是却不能由此认为西南地区是中国的一个制造业中心,因为没有考虑到区域地理面积因素。另外,中国各省、市、区经济发展水平是不一样的,在此情况下制造业的发展自然也不一样,因此抛开经济发展水平来考察研究各省、市、区的制造业发展状况是不全面的。基于上述考虑,本章设计了两个统计指标——制造业空间分布密度和制造业经济密度,以此对制造业空间分布状况进行分析。

制造业空间分布密度是指单位面积制造业总产值,其计算公式为:

$$制造业空间分布密度 = \frac{制造业总产值}{辖内区域地理面积} \quad (2-4)$$

这一指标可以有两种解读方式:一是制造业在相应区域内分布的相对强度,二是剔除了区域面积影响的制造业的产出状况。但无论哪种解读方式,都有利于对问题的分析与把握。

在剔除地域面积的影响后,制造业总产值在各省域的分布状况较之前分析的结果有了明显变化。制造业空间分布密度最高的区域首先是上海市,达到 51 662.07 万元/平方千米;其次为天津市,达到 22 042.55 万元/平方千米;接下来依次为江苏省、山东省、北京市、广东省。西藏、青海、新疆等省区的制造业空间分布密度低,其中西藏自治区的空间分布密度值仅为 0.97 万元/平方千米。通过制造业空间分布密度的分布状况可以看出,长三角经济圈是中国最大的制造业基地,上海是这一基地的中心。长三角地区制造业分布的空间特征是以上海为中心向外辐射扩散,辐射扩散区大致可分为三层:第一层是与中心城市上海最靠近的两个省份,即江苏和浙江,它们都有非常发达的制造业产业;第二层是福建、安徽、河南、山东等省份(其中山东也受到了京津地区的辐射),这些省份主要位于长三角经济圈的外边缘部分,制造业也有一定的发展;第三层是江西、湖南、湖北、重庆等省或直辖市,这些区域地处中国中部,同时也是长三角经济圈辐射区和珠三角经济圈辐射区的交汇处,因而制造业也有较好的发展。京津地区是我国制造业发展的又一聚集区域,这一区域的中心在天津市,以天津为中心向北京、河北、山东、辽宁等区域辐射扩散。广东省的制造业单位面积产值在全国仅排第 6 位,但珠三角经济圈的辐射扩散功能不容忽视,事实上福建、江西、湖南等省的制造业发展得到了长三角经济圈和珠三角经济圈的共同辐射。

和制造业空间分布密度指标的构造思想一致,考虑到不同省份经济发展水平的不同,特构造了制造业经济密度这一统计指标。制造业经济密度是指单位 GDP 制造业总产值,其计算公式为:

$$制造业经济密度 = \frac{制造业总产值}{辖内区域 GDP} \quad (2-5)$$

这一指标不是用来反映制造业总产值占 GDP 的比重,因为这一比重没有统计意义。这一指标是用来反映制造业的经济密度,以便于在不同省域间进行有效的空间对比与分析。

考虑不同省域之间经济发展水平的差异性后制造业的空间分布状况,可以发现,长三角是中国制造业最发达的区域,在这一区域各省市的制造业都有很高的经济密度;珠三角地区和京津地区的多数省(市)份的制造业经济密度也较高,也是制造业的发达区域。这些和制造业空间分布密度的分析结果吻合。

2.2.4 制造业利润空间分布

利润反映了企业的营利能力,同时也是投资者进行投资或扩大生产的决定性要素。产业利润就是产业内各企业的利润总额,对产业利润总额的分析可以为投资决策提供重要参考，更能据此分析产业的发展状况。2017年各省、市、区的利润总额参考表2-2。从表2-2可以看出，制造业利润总额最高的省份是江苏，达到9 696.4亿元；广东省、山东省的制造业利润总额略逊于江苏省，分布达到7 997.64亿元、7 785.16亿元。西藏、甘肃、青海、宁夏等西部省区的制造业利润偏低，高利润的省份主要集中在华东、华南和华中地区。

不考虑生产规模而直接考察利润的绝对总量，并不能真实地反映制造业的营利能力，为此需要使用产值利润率这一指标。产值利润率是指考察期内利润总额占总产值的百分比，它表明100单位的产值所获得的利润额度。产值利润率指标是产业综合效率的直观体现。其计算方法为：

$$产值利润率 = \frac{利润总额}{工业总产值} \times 100\% \qquad (2-6)$$

对制造业来说，可以使用产值利润率指标来判断不同区域制造业整体的经营状况。若某区域内产值利润率较高，则表明这一区域内制造业整体经营状况良好，扩大生产是有利可图的；反之，则这一区域制造业利润低，应考虑缩小生产规模。从2017年全国各省、市、区制造业产值利润率区域分布状况中可以看出，西藏自治区、贵州省、上海市、北京市和河南省的产值利润率明显高于其他省（市、区），在这些地方扩大生产是有利可图的。另外也可看到西北地区制造业产值利润率整体偏低，明显低于全国其他地区，这在一定程度上说明了西北地区制造业不发达的原因。除西北地区以及个别产值利润率偏高、偏低的省份外，其他省（市、区）份的制造业产值利润率都没有明显的差异。

产值利润率分析是从产出的角度考察了各省、市、区的制造业利润状况，进一步还可以从投资的角度对制造业利润状况进行分析。仿照产值利润率指标的构造方法，构造出资产利润率：

$$资产利润率 = \frac{利润总额}{资产总量} \times 100\% \qquad (2-7)$$

使用资产利润率指标也可以判断不同区域制造业整体的经营状况，与产出利润率不同的是，资产利润率是从资本投入的角度来考察分析的，这一指标值可以为是否在这一区域内增加投资提供信息参考。若某区域内投资利润率较高，则表明这一区域内制造业整体经营状况良好，扩大投资是有利可图的；反之，则这一区域制造业利润低，应考虑减少投资或撤出资本。从2017年全国各省、市、区制造业资产利润率区域分布中可以看出，各省、市、区制造业资产利润率相互之间具有一定的差异性。华东、华中和华南地区的制造业资产利润率整体上较高，主要体现在江西、广西、福建、河南、江苏、山东等省份上；西南地区部分省份的制造业资产利润率也有较高的水平；西北地区制造业资产利润率较其他省区明显偏低。几个制造业大省（市）的资产利润率并没有明显优势，诸如北京、天津、上海、浙江、广东等，这表明这些制造业大省（市）在营利能力方面优势并不明显。

2.3 中国制造业空间分布特征的形成原因研究

近年来，伴随着世界经济的复苏和中国经济的稳步增长，中国制造业有着较快的发展，从制造业总产值、资产总量、劳动投入量、R&D经费投入量等反映产出与投入的核心指标来看，中国制造业增长明显且速度稳定。就空间分布状态来看，中国制造业最基本的特点是区域分布不均衡，东部省份的制造业发展明显优于西部省份。华东地区制造业最为发达，主要集中在长三角经济圈这一范围；华南地区制造业发展规模亦较大，但区域范围明显小于长三角，主要集中于广东省境内的珠三角地带；京津地区制造业也有一定的发展规模；东北作为老工业基地，制造业发展主要集中在辽宁省；西部地区制造业发展相对落后，尤其是西北地区，无论在发展规模上还是在发展效率上都相对较低。

中国制造业发展的空间不均衡现象在某种程度上制约了产业自身的发展，也制约了经济的整体发展。造成这种不均衡现象的原因是多方面的，总结起来大致有下述三类因素。

一是历史原因。在改革开放以前，全国实行计划经济体制，各区域制造业发展相差不大，很多内陆省份工业体系亦较为发达，例如陕西省、甘肃省等。改革开放以后，各地区制造业的发展速度差异明显。以长三角和珠三角为代表的东部地区制造业发展迅速。一方面，东部地区在工业生产上先于内地省份引进了大量的资金和技术以及先进的管理经验，使包括制造业在内的工业生产体系率先实现了设备更新和技术改造，生产能力大幅提高；另一方面，非公有制制造业企业的快速崛起，大幅扩大了这些地区的制造业规模，形成规模经济。但对于内陆省份而言，在改革开放之后相当长的一段时间里，制造业企业仍是以"老设备、老技术、老经验"的"三老状态"从事生产，与东部省份相比无竞争优势，制造业发展缓慢。

二是劳动力原因。劳动力作为生产的一个重要投入要素必然会影响制造业的发展规模，劳动力分布的不均衡是导致制造业发展不均衡的重要原因，且近年来我国人口红利逐渐减小，取而代之的是教育红利。我国现阶段教育水平不一，东部地区教育水平较高，而西部地区教育水平较低。东部省份人口规模较大，有富足的劳动力，因此在制造业发展过程中不存在劳动力匮乏问题，大量的劳动力在很大程度上也拉低了生产成本。在劳动力质量上，一方面，"两基"教育工程在东部地区开展较早，且收效较大，另一方面，东部地区集中了更多的专业人才，这些都使东部地区的劳动力质量较高。西部省份中，劳动力虽较多，但不及东部富足，更重要的是西部地区劳动力质量不高，人才缺乏。

三是运输成本原因。空间经济学认为，运输成本是导致经济发展区域不平衡的原因。东部地区尤其是沿海省市有便利的交通设施，在贸易过程中运输成本相对低廉，因而制造业更为发达。具体来说，东部沿海省（市）份有良好的贸易运输条件，主要包括海上航运、内河航运、铁路运输、公路运输，这些都降低了贸易成本，促进了制造业的发展；中部省份缺少了海上航运的条件，内河航运亦不及东部发达，公路运输逊于东部省份，铁路系统较东部省份也没有明显的优势，因而贸易的运输成本不及东部低廉，使得制造业的发展不如东部省份；西部地区没有海运条件，河运、铁路、公路等运输条件远不及东中部地区，这是造成西部地区尤其是西北地区制造业欠发达的一个原因。

2.4 本章小结与启示

从发展历史的角度看,根据总产值、利润、资产、从业人数及 R&D 投入等主要指标信息,中国制造业近年来发展迅速,虽然经历了全球金融危机的影响,但随着经济的复苏制造业的发展表现出了良好的发展态势。从空间层面上来看,通过对制造业的投入类指标、产出类指标、相对强度类指标和盈利类指标的分析发现,中国制造业在空间上具有不均衡性,空间块状分布的特征明显,基本上形成了华东地区长三角制造业圈、华南地区珠三角制造业圈、华北地区京津制造业圈 3 个明显的制造业发展经济圈;西部地区的成都—重庆及周边省域的制造业发展也较为突出,形成了西部的成渝制造业圈;西北地区和东北地区的制造业发展块状结构亦有显现。通过对比历史研究发现,中国制造业的上述空间特征近 10 年来未发生本质性的改变。本章对各省域制造业的各类指标进行了初步分析,一方面可以认清和把握各省域制造业发展状况和中国制造业整体发展状况;另一方面,通过结合地域空间信息,展示了中国制造业空间分布的初步信息,这些空间分布信息为后续章节的研究奠定了基础。

第3章 中国制造业空间关系的探索性分析

制造业是中国经济发展的基础性产业，是实体经济的核心。从经济发展的历史来看，中国若实现由"经济大国"向"经济强国"的迈进，必须首先实现"制造业大国"向"制造业强国"的迈进。影响中国制造业发展的因素有很多，区域发展不协调是其中之一。区域发展的不均衡性使中国制造业在各省域的发展状况和发展模式均有较大差异，而且在不同的区域出现块状发展的特征，例如长三角区域、西北区域等，这些区域的内部制造业发展有一定的相似性，而在区域间又存在很大的差异性。因此，有必要从空间统计学的角度对这类差异性进行分析研究，即对中国制造业进行空间异质性研究。这种研究主要从制造业相关指标数据入手，根据数据信息对空间异质性进行分析和研究，探索中国制造业的空间异质性特征。空间异质性的研究也是探索中国制造业空间关系的必要步骤，将为后续研究打下基础。空间异质性是指空间中各样本数据由于所处的空间或地理位置的不同而表现出来的差异性。对于空间异质性的分析角度有很多，常见的有两个角度，一是单个变量的依赖关系，二是多个变量的依赖关系。单个变量依赖关系的角度通常是从空间相关性研究出发，分析相关性在不同区域内的变化，以此展示空间异质性。这类研究通常是在全局相关性研究的基础上，进一步借助局部相关性指数（Local Indicators of Spatial Association，LISA）而展开。空间全局相关性的探测与检验方法一般依赖于 Moran's I 统计量，这是探测和检验变量空间相关性最常用的统计量。多个变量的依赖关系的角度通常是由多个变量构建

第 3 章
中国制造业空间关系的探索性分析

回归模型,通过分析模型在不同区域内的变化来分析展示空间异质性,这种方法常借助地理加权回归模型(Geographically Weighted Regression,GWR)。因此,本章将在对中国制造业进行空间相关性分析的基础上进一步展开空间异质性的分析,涉及的统计分析方法主要有空间相关系数、局部空间相关系数及地理加权回归模型。数据方面,本章使用了中国 31 个省份(不包括港澳台)制造业的 2007—2017 年的数据,涉及的指标包括制造业总产值、固定资产原价及从业人数等,数据来源于各省、市、区的统计年鉴。

3.1 中国制造业空间相关性探测

对空间异质性的研究离不开空间相关性分析。因此,本章将在对中国制造业进行空间相关性分析的基础上进一步展开空间异质性的分析。对空间相关性的探测可以从全局和局部两个方面展开,本章使用 Moran's I 指数和 LISA 指数分别对中国制造业全局和局部空间相关性进行分析。这里仅选择一些易受关注的、建模所需的指标进行研究,包括总产值、固定资产原价及从业人数等。

3.1.1 全局空间相关性分析

在传统的统计分析方法中,研究变量之间相关性的方法主要是皮尔逊相关系数,也就是常说的简单线性相关系数。与此相似,在进行空间数据分析时需要对变量的空间相关性进行探测、检验,这也是进行空间建模的基础。空间相关性的探测与检验方法依赖于 Moran's I 统计量,这是分析和检验变量空间相关性最常用的统计量,其取值的大小直接反映空间相关的程度。Moran's I 统计量可表示为:

$$Moran's\ I = \frac{\sum_{i=1}^{n}\sum_{j=1}^{n}W_{ij}(Y_i - \bar{Y})(Y_j - \bar{Y})}{S^2\sum_{i=1}^{n}\sum_{j=1}^{n}W_{ij}} \quad (3-1)$$

式中，Y_i 是区域 i 的空间变量，n 是区域单元个数，W_{ij} 是区域 i 的邻近单元 j 的空间权重矩阵，$S^2 = \frac{1}{n}\sum_{j=1}^{n}(Y_i - \bar{Y})^2$，$\bar{Y} = \frac{1}{n}\sum_{i=1}^{n}Y_i$。仔细比较 Moran's I 表示式和皮尔逊相关系数表示式不难发现，Moran's I 是以相邻区域为样本的皮尔逊（Pearson）相关系数，换句话说，Moran's I 所度量的也是一种简单线性相关，是相邻区域的简单线性相关。和 Pearson 相关系数一样，Moran's I 的取值范围为 [-1, 1]，其均值为 0。一般来说，在观测区数 n 比较大的情况下，I = 0 预示不存在空间自相关，反之则存在正相关 I > 0，或负相关 I < 0。因此可以认为，Moran's I 是 Pearson 相关系数在空间数据相关性分析中的拓展。

Moran's I 指数从本质上看就是 Pearson 相关系数，与 Pearson 相关系数不同之处在于，Moran's I 指数的计算需要空间邻接矩阵以突出相邻区域的空间关系。这里使用 Rook 邻接方式构造空间邻接矩阵。中国制造业各指标在不同年份计算出的 Moran's I 值如表 3-1 所示。

表 3-1　　　　　　　　中国制造业各指标的 Moran's I 值

年份	总产值	固定资产原价	从业人数
2007	0.14997	0.16640	0.04732
2008	0.15121	0.16255	0.05082
2009	0.13810	0.17356	0.07189
2010	0.13262	0.15331	0.06378
2011	0.15175	0.16876	0.07594
2012	0.16997	0.18352	0.08788
2013	0.20559	0.13359	0.12215
2014	0.21599	0.15171	0.12707
2015	0.23307	0.16401	0.12701
2016	0.24225	0.15951	0.12933
2017	0.24620	0.15554	0.12396

由表 3-1 不难发现，所分析的各指标 Moran's I 值都大于 0，即其都存在正的空间自相关性，这和研究预期一致。纵向来看，各指标不同年份的 Moran's I 值有所变动，但变动幅度不大，其中空间分布密度指标的 Moran's I

第3章
中国制造业空间关系的探索性分析

值整体上呈现出增长趋势,这说明这一指标的空间自相关性在增强;总产值、从业人数等指标的Moran's I值整体上也都呈现出增长趋势。横向来看,总产值指标的Moran's I值相对较高,即其空间自相关程度较强;从业人数指标的Moran's I值偏小,说明这一指标的空间自相关程度弱。这些指标的Moran's I值均表明这些指标都有一定的空间自相关特征。

在进行空间相关性分析时,可以进一步考察不同变量间的空间依赖关系,例如考察周边区域的资本量与中心区域产出之间的相关关系,对这种相关关系的考察不仅可以探索发现数据空间依赖性,更重要的是为进一步构建空间模型做准备性信息发掘。以2017年为例,分别考察周边区域的固定资产原价、从业人数及总产值之间的相关系数,计算出的Moran's I指数值如表3-2所示。

表3-2 中心区域的总产值与相邻区域各指标间的Moran's I值

相关指标	总产值—资产	总产值—从业人数	资产—从业人数
Moran's I	0.214888	0.187328	0.128706

可以看出,周边区域的固定资产原价、从业人数和总产值之间都存在空间相关关系。

3.1.2 局部空间相关性分析

前述Moran's I相关系数是对样本整体的空间相关性进行的度量,因而也称为全局相关系数。对于样本中局部区域的相关性度量,通常采用局部空间相关系数,即LISA系数。LISA相关系数是Anselin于1995年在Moran's I指数基础上发展出来的,用于度量局部区域的空间相关性。对于第i个区域而言,LISA的计算公式为:

$$I_i = \frac{n^2}{\sum_{i=1}^{n}\sum_{j=1}^{n}W_{ij}} \times \frac{(Y_i - \bar{Y})\sum_{j=1}^{n}W_{ij}(Y_j - \bar{Y})}{\sum_{j=1}^{n}(Y_j - \bar{Y})^2} \quad (3-2)$$

这一指数值高则表明有相似变量值的面积单元在空间集聚,低则表明不相似变量值的面积单元在空间集聚。LISA指数不仅可以为每个观测单元周围的局部空间集聚的显著性评估,还可以作为小范围内(局部)空间不稳定性的指标，寻找对全局联系影响大的样本单元。LISA指数可以显示某给定区域的空间相关模式，分为高—高、低—低、低—高、高—低4种形式，其中高—高、低—低两种模式体现正相关，低—高、高—低两种模式体现负相关。所谓高—高模式，即中心区域和外围区域指标值均较高，低—低模式是指中心区域和外围区域指标值均较低，低—高模式则是指中心区域值较低而外围区域值较高，高—低模式是指中心区域值较高而外围区域值较低。为避免冗余研究，这里选择总产值、固定资产原价、从业人数等4个指标来分析研究中国制造业的局部空间相关性，由于涉及的省域较多，这里不再展示各省域的LISA指数值。上述4类指标的LISA指数显著性区域以及这些区域的具体相关性信息如表3-3所示。

这里以2017年为例进行阐述与分析。表3-3中制造业总产值的LISA指数显著区域可以看出，华东地区的上海市、浙江省、江苏省、山东省、安徽省、江西省及福建省属于高—高区域，总产值在这一区域呈现出显著的正空间相关，且总产值较高；新疆维吾尔自治区和吉林省属于低—低区域，总产值在新疆和吉林局部区域呈现出显著的正空间相关，且这两个片区域总产值整体较低；四川省属于高—低区域，即四川省与外围区域形成负空间相关的形式，且四川省总产值相对于外围区域较大。其他省、市、区属于不显著区域。

表3-3中2017年的固定资产原价LISA指数显示，山东省、上海市、安徽省和福建省是高—高区域；新疆维吾尔自治区是低—低区域；其他省、市、区属于不显著区域。

表3-3中2017年的制造业从业人数LISA指数显著区域显示，高—高区域包括山东省、安徽省和江西省，这些区域的从业人数相对较高且存在显著的正自相关；低—低区域有新疆维吾尔自治区和吉林省；低—高区域包括上海市和福建省，这两个省份各自独立形成低—高区域，说明其指标值低于各自周边的区域，与周边区域形成负空间相关关系；四川省形成了高—低区域，说明四川省的指标值高于周边的省份，与周边省份形成负空间相关关系。其他省、市、区属于不显著区域。

其他年份各指标的显著区域亦见表3-3，为节约篇幅，部分年份的分析结果未予显示。

第3章 中国制造业空间关系的探索性分析

表 3-3　　各指标 LISA 指数显著区域

年份	模式	总产值	固定资产原价	从业人数
2007	高—高	山东，江苏，上海，浙江，福建	山东，江苏，上海，浙江，福建	上海，福建
	低—低	新疆	新疆	新疆
	低—高	安徽	安徽，江西	安徽
	高—低	四川	四川	四川
2009	高—高	山东，江苏，上海，福建	山东，江苏，上海，浙江	江苏，上海，福建
	低—低	新疆	新疆	新疆
	低—高	安徽	安徽	安徽，江西
	高—低	四川	四川	四川
2011	高—高	山东，上海，江苏，安徽，福建	山东，上海，江苏，安徽，福建	山东，上海，安徽，福建
	低—低	新疆	新疆	新疆
	低—高	—	江西	江西
	高—低	四川	四川	四川
2013	高—高	山东，上海，江苏，安徽	山东，上海，江苏，安徽	山东，上海，安徽，福建
	低—低	新疆	新疆	新疆
	低—高	江西	福建	江西
	高—低	四川	四川	四川
2015	高—高	山东，上海，江苏，江西，安徽，福建	山东，上海，安徽	山东，江西，安徽，福建
	低—低	新疆	—	新疆，吉林
	低—高	—	福建	上海
	高—低	四川	—	—
2017	高—高	山东，上海，江苏，浙江，安徽，江西，福建	山东，上海，安徽，福建	山东，江西，安徽
	低—低	新疆，吉林	新疆	新疆，吉林
	低—高	—	—	上海，福建
	高—低	四川	—	四川

通过表3-3关于LISA指数显著区域的变化,并进一步结合前文关于2017年的分析结果可以发现,制造业总产值、固定资产原价及从业人数3类指标的高—高区域呈现出逐渐扩大趋势。其中,总产值指标由2007年的山东、江苏、上海、浙江福建等省(市)份扩大为2017年的整个华东地区;固定资产原价、从业人数指标的高—高区域整体上也在扩大。而对于其他类型区域基本保持不变,甚至出现收缩趋势。例如,总产值指标的低—高区域,由2007年的安徽省到2017年区域消失。高—高区域的扩大和低—高区域的收缩现象表明,制造业空间关联密切程度和范围在逐步扩大。

通过对2013年以后的相关状态(全局相关和局部相关)和在此之前的相比不难发现,中国经济进入新常态以来,制造业在省域间的相关程度更为密切,这为后文对中国制造业展开空间关系研究提供了现实保证,也说明从空间角度研究新常态以来中国制造业发展状况具有可行性和必要性。

3.2 中国制造业 GWR 模型分析

根据制造业的发展特征,本书考虑构造其生产函数模型对空间异质性进行分析研究。具体将以 C-D 生产函数的变量选择问题入手,首先讨论产出、资本投入、劳动投入等经济变量的统计指标选择问题,进一步设定符合研究目的的模型,并进行地理加权估计与分析。

3.2.1 模型变量选择与模型设定

在经济学研究中,经济变量是描述经济关系和运行规律的核心载体,但在很多情形下经济变量是对经济现象的一种抽象表述,例如效用、技术水平等,这些变量在现实中很难找到衡量的尺度。即使是一些容易测度的经济变量如收入、成本等,在实际中也需要根据具体的问题背景才能进行准确的衡量。如何对经济变量进行测度属于统计学研究的范畴,针对经济学中的经济变量,在统计学中有对应的统计指标。但现实的情况是,经济变量和统计指标并不能有效地对等起来,即便是一些相对容易测度的经济变量,也可以从不同的统计学角度进行解释。例如,对于经济总量这一经济变量,不仅可以用 GDP 来表述,也可以用 GNP 来表述。在有些情形下,需要用多个统计指标综合形成的指标体系来表述某一个经济变量。因此,构造能够准确表述经济变量内在经济含义的统计指标并非易事,甚至难以做到。对于本章将要构建的 C-D 生产函数,就需要讨论变量选择的问题。

C-D 生产函数(Cobb-Douglas Production Function)是由美国数学家柯布(C. W. Cobb)和经济学家道格拉斯(P. H. Douglas)共同发明的关于投入和产出之间数量关系的数学模型函数,是经济增长理论中最为基础、也是最易理解的生产函数,C-D 生产函数作为一类经济增长模型,对后来的宏观经济增长理论产生了重要影响。C-D 生产函数可以表示为:

$$Q = AK^{\alpha}L^{\beta} \qquad (3-3)$$

其中 Q 代表产出,K 是资本投入,L 是劳动投入,A 表示技术参数。C-D 生产函数通常假设 $\alpha + \beta = 1$,即规模报酬不变。资本投入 K、劳动投入 L 和技术参数 A 的内生性问题会根据研究对象、研究目的、研究阶段的不同而有不同的设定。在本章的这一部分研究中,假定技术水平不变。在实证研究中,人们经常使用 C-D 生产函数去研究经济增长问题,主要原因是其表述简单,易于建模。当然 C-D 生产函数也有内在的经济学理论弊端,在这里我们不予讨论。假设运用 C-D 生产函数来研究某产业的增长问题,构建这一产业的 C-D 生产函数模型,这里至少需要考虑 3 个变量的指标选择问题,即资本投入 K、劳动投入 L 和产出 Q。针对这 3 个变量的指标选择问题,在国内一般文献中发现,有很多人将 K 设定为新增资产或固定资产投资额,将 L 设定为期末劳动人数,将 Q 设定为产业总产值或是增加值。这些统计指标的选择是否与模型的经济含义一致,是否存在误选统计指标等问题,是需要进一步讨论的。

首先来看资本投入 K。在 C-D 生产函数中,资本是参与生产的,是生产活动的必备条件之一。在研究时期内,当期的投资是参与生产的要素,前期的投资也是参与生产的要素,即前期剩余资本和当期新增资本均参加了生产,因此它们都包含在资本投入 K 之中。因此,在资本投入 K 的统计变量选择上,应该是参与生产的全部资本。在统计学中接近这一意义的指标是固定资产原价,而非新增资产或固定资产投资额。这样在选择资本投入 K 的统计指标上就有了明确的方向,即固定资产原价。一些文献使用新增资本或固定资产投资额等统计指标来表述 C-D 生产函数中的资本投入 K,这是不科学的表述方式。

再来看劳动投入 L。在 C-D 生产函数中,劳动投入和资本投入一样,也是生产活动的必备条件之一。这里的劳动指的是有效劳动,从经济学角度来看,有效劳动强调劳动投入时间上的完整性和效率上的一般性。从统计学的角度来看,劳动效率的一般性是难以测度的,因为不同的人对某一工作的熟练程度是不一样的,因而这一点在统计数据收集时需要忽略。因此,一般情形下使用劳动投入人数来表示 L,但此时必须要考虑劳动时间上的完整性,即研究期内劳动工人都参加了全勤工作。显然,将 L 设定为期末劳动人数这一统计指标是不科学的,因为期末劳动人数是考察期末的时点指标,不能保证劳动工人参加劳动时间的完整性。此时应该考虑使用平均劳动人数(平均劳动投入量)指标,因为平均劳动人数是将考察期内的各时点劳动人数进行平均,在统计误差允许的情况下可以保证这一统计结果下的劳动工人参加劳动时间的完整性。

最后来看产出 Q。在一般的建模过程中,将实物产出货币化是为了满足建模的需要,此时可以使用产业增加值这一统计指标,也可以考虑使用产业总产值来表述产出 Q。一般来看,总产值指标包括转移价值的重复计算,因而不能确切地反映生产发展状况,而增加值表述的是生产活动过程中所新增的价值,可以较为准确地反映生产的规模和速度。从生产函数的角度来说,总产值与增加值对劳动投入和资本投入的规律关系可能不一样。由于受到行业性质、行业及企业空间分布、企业分工专业化程度等一系列因素的影响,中间投入会产生较大的差异性,进而使得总产值指标不稳定;相比较而言,增加值可能更能揭示生产过程的稳定关系,因而一般引入增加值作为生产函数的变量。但是,总产值指标并非排斥在生产函数之外,因为总产值是产出的直接表达,使生产函数的意义更为直观。总产值和增加值都可以用于生产函数的建模分析，在具体问题研究中可以结合实际情形来加以选择。就本章所讨论的问题而言，关注的重点在于中国制造业的空间异质性、空间分布、空间关系等一系列空间问题，总产值指标受到空间因素的影响一般会更明显，因而总产值指标更符合研究的实际需要。在本章数据资料收集的过程中也发现，增加值指标在近年来缺失较大，可研究价值相对较低，这也是本章弃用增加值指标而选用总产值指标的另一原因。

因此，模型中选择的产出的统计指标为制造业总产值，投入的指标选择固定资产原价和平均劳动人数（平均从业人数）。在个别省份的个别年份统计资料中，劳动投入量的指标是年末从业人数，为此本章进行了调整，将本年末从业人数和上年末（本年初）从业人数进行平均，得到本年平均从业人数。于是，将 C-D 生产函数略作变形，得到需要估计的模型是：

$$\log(Q) = \gamma + \alpha\log(K) + \beta\log(L) + \varepsilon \tag{3-4}$$

3.2.2 基于 GWR 模型的中国制造业的考察

空间区域要素一般并不是匀质的，单一参数结构的空间回归模型通常不能将样本中一些具体的区域特征展示出来。为了展示空间区域的异质性，可以考虑引入空间变参数模型，即空间地理加权模型（GWR），这一模型通常用于研究局部空间问题，即一种常见的空间异质性形式，模型常见表达式如下：

$$W_i y = W_i X \beta_i + \varepsilon \tag{3-5}$$

其中，β_i 表示与位置 i 对应的参数；W_i 是 $n \times n$ 的加权矩阵，主对角线上的每个元素都是关于观测值所在位置 j 与回归点 i 的位置之间距离的函数，其作用是权衡不同空间位置 $j(j=1, 2, \cdots, n)$ 的观测值对于回归点 i 参数估计的影响程度；非主对角线元素全部为 0。W_i 可以表示为：

$$W_i = \begin{bmatrix} W_{i1} & & \\ & \ddots & \\ & & W_{in} \end{bmatrix} \tag{3-6}$$

运用最小二乘法可得到参数 β_i 的估计量：

$$\hat{\beta_i} = (X^T W_i X)^{-1} X^T W_i y \tag{3-7}$$

不难看出，模型参数估计的关键是确定权重矩阵中的元素 W_{ij}。一般情况下根据高斯函数来确定 W_{ij}：

$$W_{ij} = \Phi\left(\frac{d_{ij}}{\sigma\theta}\right) \tag{3-8}$$

Φ 为标准正态密度函数，d_{ij} 是 i 区域与 j 区域的距离，σ 为距离的标准差，θ 为带宽参数，通常使用交叉验证法来确定。这样，对于每个不同的观测区域，都可以得到一个参数估计结果，这些参数估计结果的变化展示了不同观测区域之间的差异性，这一模型对于研究局域空间依赖性、考察不同区域的差异性及空间变动特征具有较强的功用，因而空间异质性特征得以展示并可展开进一步分析。

为进一步刻画中国制造业的空间异质性，这里基于 $\log(\theta)$ 模型构建 GWR 模型，样本数据选择 2017 年。估计出的 GWR 模型基本信息如表 3-4 所示。

表 3-4　　　　　　　　GWR 模型基本信息

参数	最小值	1/4 分位数	中位数	3/4 分位数	最大值	全局值
γ	2.5400	2.6910	3.0840	3.3320	3.9740	3.0235
α	0.1674	0.3352	0.3982	0.4570	0.5217	0.3968
β	0.5342	0.5994	0.6320	0.6929	0.8802	0.6619

注：模型估计过程中选择核函数为 gwr.Gauss，确定带宽 10.07347，估计结果的准全局 R^2 为 0.9808576。

表 3-4 显示，中国各省市制造业的资本要素对产出的影响高于劳动要素对产出的影响，全局上也是如此。资本要素回归系数 α 的极差为 0.3543，四分位差为 0.1218；劳动要素回归系数 β 的极差为 0.346，四分位差为 0.0985，因而资本要素回归系数的离散性更大。这意味着从各省、市、区来看，制造业资本对产出的影响变异性较大，不同的省（市、区）份之间资本的产出效率较劳动的产出效率来看，更具有不稳定性。

为更详细地展示 GWR 的回归分析结果，这里将 2017 年每一个样本点，即各省、市、区的回归估计结果计算出来，如表 3-5 所示。

表 3-5   2017 年各省、市、区的 GWR 模型参数估计结果

地区	γ	α	β	α 估计误差	β 估计误差	局部 R^2
北京	2.5730	0.4809	0.5988	0.1712	0.1330	0.9569
天津	2.6059	0.4799	0.5948	0.1707	0.1325	0.9561
河北	2.6455	0.4627	0.6161	0.1668	0.1300	0.9613
山西	2.6655	0.4513	0.6315	0.1651	0.1296	0.9646
内蒙古	2.5399	0.4636	0.6328	0.1701	0.1338	0.9641
辽宁	2.6023	0.5053	0.5542	0.1904	0.1484	0.9476
吉林	2.5835	0.5144	0.5426	0.2075	0.1615	0.9464
黑龙江	2.5623	0.5217	0.5342	0.2251	0.1746	0.9463
上海	3.0175	0.4473	0.5792	0.1762	0.1363	0.9529
江苏	2.9768	0.4414	0.5954	0.1712	0.1323	0.9571
浙江	3.0840	0.4340	0.5896	0.1754	0.1354	0.9558
安徽	2.9959	0.4324	0.6068	0.1693	0.1309	0.9599
福建	3.3648	0.3966	0.6040	0.1814	0.1399	0.9606
江西	3.2294	0.3977	0.6243	0.1717	0.1332	0.9645
山东	2.7157	0.4654	0.6000	0.1678	0.1301	0.9577
河南	2.8293	0.4363	0.6284	0.1638	0.1281	0.9644
湖北	3.1061	0.4056	0.6320	0.1670	0.1302	0.9658
湖南	3.2994	0.3760	0.6477	0.1693	0.1329	0.9696
广东	3.6695	0.3316	0.6583	0.1827	0.1430	0.9726
广西	3.6726	0.3134	0.6869	0.1829	0.1471	0.9791
海南	3.8909	0.2922	0.6850	0.1945	0.1540	0.9780
重庆	3.2761	0.3494	0.6953	0.1630	0.1331	0.9786
四川	3.2807	0.3359	0.7170	0.1631	0.1344	0.9814
贵州	3.4304	0.3346	0.6932	0.1701	0.1385	0.9796
云南	3.4513	0.3217	0.7110	0.1799	0.1478	0.9851
西藏	3.8700	0.2004	0.8434	0.2024	0.1645	0.9937
陕西	2.9482	0.3982	0.6708	0.1593	0.1281	0.9727
甘肃	3.0959	0.3507	0.7246	0.1595	0.1320	0.9792
青海	3.2292	0.3205	0.7522	0.1628	0.1353	0.9815
宁夏	2.8422	0.3963	0.6925	0.1610	0.1313	0.9744
新疆	3.9740	0.1674	0.8802	0.2964	0.2549	0.9907

表3-5表明，不同地区的模型估计结果差异性较大，但区域性特征明显。系数α反映了资本要素对制造业产出的影响程度，可以发现资本影响程度较大的地区主要集中在华北、东北，华东和华南地区资本要素的影响也较为明显，而资本要素对制造业产出影响程度较小的地区主要集中在西部地区。系数β反映了劳动要素对制造业产出的影响程度，不难发现劳动要素对制造业产出影响程度较大的区域集中在西部欠发达省份。系数α和β之和反映了制造业的规模经济效应，可以发现东部发达省份的规模经济并不及西部省份明显。

经济新常态是本书研究的一个重要背景，因此新常态下中国制造业的发展状态也是本书关注的一个问题。基于此，我们拟合了2013—2017年每一年的GWR回归估计结果，以观察中国制造业空间异质性变化的具体态势。为节约篇幅，这里仅列出2013年和2015年GWR的参数估计结果，以和表3-5中2017年的估计结果作对比分析。2013年和2015年GWR的参数估计结果如表3-6所示。

表3-6　2013年、2015年各省、市、区的GWR模型参数估计结果

地区	2013年			2015年		
	γ	α	β	γ	α	β
北京	1.7408	0.6375	0.4719	2.4205	0.4698	0.6339
天津	1.7806	0.6357	0.4678	2.4222	0.4756	0.6236
河北	2.0895	0.5603	0.5369	2.6676	0.4174	0.6772
山西	2.2082	0.5261	0.5717	2.8071	0.3826	0.7107
内蒙古	1.9307	0.5714	0.5470	2.6868	0.3939	0.7144
辽宁	1.2241	0.7725	0.3409	1.9104	0.5886	0.5244
吉林	1.0853	0.8000	0.3204	1.6470	0.6265	0.5068
黑龙江	1.0308	0.8075	0.3186	1.4453	0.6512	0.5010
上海	2.7813	0.4978	0.5205	3.2594	0.3979	0.6090
江苏	2.7751	0.4780	0.5529	3.1996	0.3861	0.6379
浙江	3.0121	0.4491	0.5593	3.4545	0.3664	0.6276

续表

地区	2013 年			2015 年		
	γ	α	β	γ	α	β
安徽	2.8825	0.4477	0.5829	3.2953	0.3618	0.6612
福建	3.6473	0.3376	0.6294	4.0323	0.2959	0.6455
江西	3.4389	0.3474	0.6481	3.8554	0.2880	0.6865
山东	2.1298	0.5726	0.5100	2.6444	0.4421	0.6400
河南	2.5794	0.4698	0.5987	3.0600	0.3580	0.7070
湖北	3.2057	0.3728	0.6471	3.6593	0.2939	0.7097
湖南	3.6142	0.3000	0.6925	4.1150	0.2323	0.7321
广东	4.2987	0.1914	0.7469	4.6817	0.1601	0.7517
广西	4.3246	0.1661	0.7793	4.8981	0.1043	0.8025
海南	4.8241	0.0859	0.8216	5.2270	0.0541	0.8280
重庆	3.1851	0.3362	0.7055	4.0372	0.1933	0.8089
四川	2.7511	0.3996	0.6781	3.7037	0.2214	0.8227
贵州	3.5822	0.2785	0.7281	4.3508	0.1692	0.7922
云南	2.8568	0.3994	0.6575	3.4775	0.3026	0.7251
西藏	2.1292	0.4974	0.6250	3.8491	0.1331	0.9523
陕西	2.7204	0.4174	0.6577	3.4485	0.2687	0.7880
甘肃	2.3243	0.4670	0.6452	3.6157	0.2026	0.8732
青海	2.2090	0.4827	0.6394	3.7394	0.1678	0.9125
宁夏	2.2346	0.4898	0.6253	3.3205	0.2601	0.8281
新疆	1.6501	0.6116	0.5147	4.5823	-0.0438	1.1540

将表 3-6 和表 3-5 的模型估计结果进行对比可以发现，中国经济进入新常态以来，中国制造业的空间异质性特征在发生明显的变化，这种变化可以通过 GWR 模型的系数估计结果看出。GWR 模型的系数反映了资本和劳动两类投入要素对制造业产出的影响作用，因此这里对系数的变动进行分析。为节约篇幅、增强分析的直观性，这里本书不作详细的变动轨迹分析，仅对 2013—2017 年模型系数变动趋势进行总结。资本要素和劳动要素回归系数的变动趋势特征如表 3-7 所示。

表 3-7　　中国制造业空间异质性变动特征

变动特征		省域
资本要素	上升	福建、江西、湖北、湖南、广东、广西、海南、重庆、贵州
	下降	北京、天津、河北、山西、内蒙古、辽宁、吉林、黑龙江、上海、江苏、浙江、安徽、山东、河南、四川、云南、西藏、陕西、甘肃、青海、宁夏、新疆
劳动要素	上升	北京、天津、河北、山西、内蒙古、辽宁、吉林、黑龙江、上海、江苏、浙江、安徽、山东、河南、四川、云南、西藏、陕西、甘肃、青海、宁夏、新疆
	下降	福建、江西、湖北、湖南、广东、广西、海南、重庆、贵州

由表 3-7 不难发现，进入新常态以来，中国制造业的资本要素和劳动要素对产出的影响存在明显的变化，多数省份劳动要素的影响作用在增加。这意味着劳动投入的边际贡献在增加，劳动生产率在上升。

3.3　本章小结与启示

本章利用 Moran's I 相关指数对制造业空间异质性的研究发现，中国制造业各主要指标在省域层面上都呈现出空间相关性，这是对制造业指标进行空间计量分析的必要条件，是展开空间特征和规律研究的基础和前提。LISA 指数分析结果表明，制造业空间关联密切程度和关联范围在逐步扩大，支撑了建模分析的必要性。空间地理加权回归技术下的制造业生产函数表明，资本影响程度较大的地区主要集中在华北和东北地区，华东和华南地区资本要素的影响也较为明显，而资本要素对制造业产出影响程度较小的地区主要集中在西部；劳动要素对制造业产出影响程度较大的区域集中在西部欠发达省份。研究还发现，中国制造业在西部欠发达省份的规模经济效应较为明显，因此制造业有向西部地区转移的内在要求。

第4章

中国制造业空间集聚特征研究

制造业是实体经济的主体，一国制造业的发展能够直接体现国家生产力的水平。因此，制造业的发展受到了各主要国家的重视。全球金融危机发生以后，以美国为首的西方发达国家制定并着手实施再制造业化战略，从短期内看这是其应对金融危机的举措，长期来看则体现了作为实体经济的制造业在国民经济发展中的战略地位。在中国，制造业作为经济的中心支柱产业、经济增长的驱动产业和经济转型的基础，其发展也受到中央及各级地方政府的重视，国务院发布的《中国制造2025》深刻体现了这一点。与此同时，学术界也对中国制造业的发展进行了大量深入的研究。制造业发展过程中的空间集聚现象是学术界讨论的一个重要议题，本章将针对这一议题在有关研究的基础上继续展开探讨。已有文献表明，中国制造业的空间集聚现象是存在的，长三角、珠三角以及京津经济圈等地区制造业发展的集聚现象是中国制造业产业集聚特征的最显著体现。在一些微观区域，制造业的空间集聚现象也十分明显，例如浙江省南浔经济开发区、江苏省昆山市、北京市中关村等，其制造业的生产和流通活动高度集聚，集聚的过程促进了生产效率的提高，但部分区域已开始出现了拥挤效应。本章将基于新经济地理学的基本理论和思想，使用空间集聚效应的测度函数对中国制造业的空间集聚度进行测度和比较，同时以空间集聚与经济增长关系为研究主线，构建统计模型以对集聚效应和制造业产业发展的内在联系机理进行探索，并寻找影响制造业空间集聚的动力因素，通过设计结构方程模型以期解释制造业空间集聚的内在动因，以期得到科学、全面的研究结论。本章内容安排如下：第一部分是对产业（主要是中国制造业）空间集聚效应研究文献作简要梳理，指出本章的研究切入点；第二部分研究中国制造业生产要素空间转移的特点，为制造业空间集聚研究奠定基础；第三部分通过构造修正的 Ellison 和 Glaeser 的 γ 指数，对中国制造业的空间集聚度进行测度和分析研究；第四部分结合新经济地理学理论对中国制造业的空间集聚趋势进行分析；第五部分进行总结。本章使用的统计数据是 2007—2017 年全国 31 个省、市、区的面板数据，还包括从业人员数指标的 30 个子行业面板数据，数据来源于各省市区统计年鉴。

4.1 空间集聚研究文献回顾

产业空间集聚是经济地理学讨论的重要内容。制造业作为中国实体经济的支柱产业，其发展过程中的空间集聚问题备受人们的关注。一般认为威廉姆森假说（Williamson，1965）是当代关于产业空间集聚问题研究的开端。这一假说提出，产业或经济的空间集聚在经济发展初始期可以有效地提高生产效率，但达到一定的规模后，集聚对经济增长和生产率提高的促进作用由于出现拥挤效应而变小，甚至会阻碍经济的增长。产业空间集聚的特征因产业的不同而存在差异，国内外对于制造业空间集聚的特征和规律都有一定的研究。Krugman 和 Venables（1995）认为，企业是通过投入产出结构联系在一起并由此推动产业空间集聚。一些学者从不同视角对中国制造业产业空间集聚的特征和规律进行分析研究，例如，路江涌和陶志刚（2006）、杨洪焦等（2008）、王俊松（2014）等。产业空间集聚能否有效促进产业增长是学术界讨论的一个问题。国外关于集聚与增长之间关系的研究主要采用了经验性研究方法，近些年的代表性研究有 Martin 和 Ottaviano（2001）、Baldwin et al.（2001）的研究发现，空间集聚可以有效降低学习和创新的成本，进而促进经济增长。Ottaviano 和 Pinelli（2006）对芬兰制造业的研究发现，人口密度越大的地方，居民收入增长越快。Crozet 和 Koenig（2007）对欧盟制造

第 4 章
中国制造业空间集聚特征研究

业的研究也发现，空间集聚能够促进经济增长，并且生产活动的内部空间集聚也能促进地区经济增长。Brulhart 和 Sbergami（2009）在研究经济活动的空间集聚对经济产出的影响时发现，空间集聚只有在经济发展达到一定水平时才能促进经济增长。Mossay（2013）对前沿性的空间集聚理论进行了系统阐述。国内关于空间视角下的制造业空间集聚与产业增长关系的研究也有一些有价值的学术成果，例如朱英明（2006）、王业强和魏后凯（2007）、马国霞等（2007）、刘修岩等（2007）、刘修岩和何玉梅（2011）、谢品等（2013）。还有学者探讨了中国制造业空间集聚的测度方式及其变动特征（陈长石等，2016）。上述关于产业空间集聚的研究整体上是有创造性和启发性的，通过梳理分析文献后可以认为，产业或制造业的空间集聚模型展示了其空间集聚模式和规律性，同时也具有时变性特征，因而需要综合考虑这些规律和特征来构建产业空间集聚模型。本章将讨论中国制造业空间集聚的特征及其变动趋势，以实现对中国制造业空间集聚问题的深入研究。

4.2 中国制造业空间集聚的测度与分析

产业空间集聚的程度可以用统计学方法来度量，通过设计和计算空间集聚指数来分析研究产业的集聚状况。这里先设计空间集聚指数，再用中国制造业数据来计算其集聚程度并加以分析。

4.2.1 制造业空间集聚测度方法

空间集聚的程度可以用统计学方法来度量。当前最为常用的用于测度空间集聚程度的方法是使用产业空间集聚指数（concentration index of industrial space），这一指数是 Ellision 和 Glaeser（1997）提出的，他们在统计分布的基础上设计构造了这一指数，并分析了其统计特征。Ellision 和 Glaeser 将这一指数命名为 γ。设 N 为目标产业中企业的个数，M 为经济体中地理区域的

个数,则产业空间集聚指数可表述为:

$$\gamma = \frac{\sum_{i=1}^{M}(p_i - q_i)^2 - (1 - \sum_{i=1}^{M} q_i^2)\sum_{j=1}^{N} S_j^2}{(1 - \sum_{i=1}^{M} q_i^2)(1 - \sum_{j=1}^{N} S_j^2)} \quad (4-1)$$

其中,p_i 为第 i 区域内目标产业从业人数与全国目标产业从业总人数之比,q_i 为 i 区域从业人数与全国从业总人数之比,S_j 是 j 个企业的市场占有率。根据 Ellison 和 Glaeser 论证计算,γ 指数的取值范围是 [0,1]。

不难看出,γ 指数越大,区域间的差异性越大,产业集聚越明显。γ 可用于不同产业之间集聚度的比较。但用 γ 指数来研究产业的集聚问题时也有一个明显的缺陷,就是没有考虑空间区域面积的影响,这一问题在中国尤为突出。例如,新疆维吾尔自治区的制造业发展在总量上高于宁夏回族自治区,但这并不是因为新疆维吾尔自治区的制造业发展得更好,而是因为面积大,如果考虑单位面积上制造业的发展水平,宁夏回族自治区要优于新疆维吾尔自治区。再如,湖南省的制造业劳动力数量和上海市相近,但湖南省的制造业发展水平和上海市不可同日而语。因此,在研究产业集聚问题时应考虑空间地域面积的影响。这里将提出一种基于地理面积对 γ 指数修正的方法。根据 γ 指数的计算过程,目标是通过引入地理面积因素来对 p_i 和 q_i 进行修正。

p_i 的修正办法是,将用于计算 p_i 的区域内从业人数和全国从业人数分别除以各自所属地域内的地理面积,即:

$$p_i = \frac{区域\,i\,的产业从业人数/区域\,i\,面积}{全国该产业从业人数/全国地域面积} \quad (4-2)$$

为消除修正后的 p_i 值过大而对 γ 指数计算造成的不利影响,还需要对其进行标准化,使其值介于 0~1。本章采用的方法是直接取单个数值占总量的百分比。

q_i 的修正方法和 p_i 一致,即:

$$q_i = \frac{区域\,i\,的就业总数/区域\,i\,面积}{全国就业总数/全国地域面积} \quad (4-3)$$

本章也是通过计算百分比使 q_i 的值介于 0~1。

4.2.2 制造业空间集聚度特征分析

使用经空间地域面积修正后的 γ 指数来测算中国制造业空间集聚程度，计算出制造业整体行业的 γ 指数值如表 4-1 所示。

表 4-1　　　　　　　　制造业 γ 指数值

年份	2007	2008	2009	2010	2011	2012	2013	2014	2015	2016	2017
制造业 γ	0.0620	0.0417	0.0335	0.0261	0.0222	0.0188	0.0159	0.0058	0.0033	0.0034	0.0052

在 γ 指数计算过程中，2007—2012 年和 2013—2017 年的统计数据口径存在变化，但 γ 指数是一类相对数，原始数据统计口径的变动对这一指数的统计含义不会产生实质性影响，因此可以将表 4-1 中的 γ 指数计算结果视为一组时间序列数据来考察。不难看出，2007—2017 年间，γ 指数基本呈现下降态势，这意味着中国制造业集聚度在下降，这与前一节中的分析结论，即中国制造业生产要素正由中心区域向外围区域转移形成印证。

为详细分析中国制造业的集聚状况，本章对制造业各子行业的集聚度进行了考察，即通过计算制造业各子行业的 γ 指数，以分析和展示制造业的集聚状况。这里根据国民经济行业分类标准（GB/T4754-2002）[①] 将制造业分为 30 个子行业，各行业及计算出的 γ 指数值如表 4-2 所示。

表 4-2　　　　　2007—2017 年制造业各子行业 γ 指数值

制造业各子行业	2007年	2008年	2009年	2010年	2011年	2012年	2013年	2014年	2015年	2016年	2017年
农副食品加工业	0.0388	0.0327	0.0318	0.0278	0.0239	0.0264	0.0281	0.0368	0.0386	0.0381	0.0386

---

① 2013 年统计数据采用的是 GB/T4754-2011 行业分类标准，和之前的 GB/T4754-2002 相比有所变动。其中，橡胶制品业和塑料制品业合并为橡胶和塑料制品，因此 2013 年橡胶制品业和塑料制品业 γ 指数相同，本质是橡胶和塑料制品产业指数。交通运输设备制造业分为两类行业：汽车制造业和铁路、船舶、航空航天和其他运输设备制造业，因此在 2013 年的交通运输设备制造业 γ 指数栏内有两组数，分别是汽车制造业和铁路、船舶、航空航天和其他运输设备制造业产业指数；2013 年的金属制品、机械和设备修理业表中未显示。

续表

制造业各子行业	2007年	2008年	2009年	2010年	2011年	2012年	2013年	2014年	2015年	2016年	2017年
食品制造业	0.0789	0.0520	0.0469	0.0415	0.0417	0.0523	0.0478	0.0305	0.0265	0.0232	0.0197
酒、饮料和精制茶制造业	0.0062	0.0106	0.0081	0.0084	0.0079	0.0081	0.0100	0.0141	0.0187	0.0236	0.0272
烟草制品业	0.0295	0.0301	0.0282	0.0272	0.0455	0.0409	0.0515	0.0310	0.4356	0.3329	0.3997
纺织业	0.0433	0.0427	0.0473	0.0474	0.0479	0.0686	0.0767	0.0882	0.0967	0.0980	0.1045
纺织服装、服饰业	0.1231	0.0883	0.0738	0.0480	0.0315	0.0328	0.0296	0.0274	0.0300	0.0344	0.0306
皮革毛皮羽毛（绒）及其制品业	0.0850	0.0830	0.0800	0.0819	0.0727	0.0625	0.0635	0.0624	0.0640	0.0716	0.0701
木材加工及木竹藤棕草制品业	0.0343	0.0335	0.0236	0.0266	0.0342	0.0376	0.0443	0.0556	0.0609	0.0696	0.0743
家具制造业	0.1509	0.0968	0.0846	0.0701	0.0682	0.0691	0.0634	0.0496	0.0322	0.0288	0.0312
造纸和纸制品业	0.0411	0.0275	0.0238	0.0247	0.0226	0.0247	0.0267	0.0153	0.0139	0.0140	0.0160
印刷和记录媒介复制业	0.1322	0.0985	0.0869	0.0801	0.0633	0.0547	0.0376	0.0200	0.0138	0.0119	0.0150
文教、工美、体育和娱乐用品制造业	0.1545	0.1153	0.1017	0.0920	0.0824	0.0508	0.0470	0.0467	0.0470	0.0464	0.0551

续表

制造业各子行业	2007年	2008年	2009年	2010年	2011年	2012年	2013年	2014年	2015年	2016年	2017年
石油加工、炼焦和核燃料加工业	0.0787	0.0383	0.0367	0.0325	0.0301	0.0227	0.0228	0.0191	0.0241	0.0304	0.0330
化学原料和化学制品制造业	0.0371	0.0272	0.0232	0.0198	0.0216	0.0209	0.0214	0.0172	0.0164	0.0166	0.0176
医药制造业	0.0529	0.0276	0.0244	0.0217	0.0209	0.0220	0.0188	0.0116	0.0096	0.0075	0.0077
化学纤维制造业	0.0651	0.0918	0.1085	0.1342	0.1874	0.2054	0.2140	0.2313	0.2052	0.2105	0.1884
橡胶制品业	0.0866	0.0689	0.0562	0.0469	0.0398	0.0711	—	—	—	—	—
塑料制品业/橡胶和塑料制品业	0.1296	0.1094	0.0943	0.0890	0.0837	0.0711	0.0652	0.0442	0.0375	0.0345	0.0364
非金属矿物制品业	0.0153	0.0069	0.0047	0.0029	0.0048	0.0031	0.0054	0.0112	0.0148	0.0169	0.0188
黑色金属冶炼和压延加工业	0.0354	0.0355	0.0666	0.0476	0.0906	0.0655	0.0759	0.0800	0.0828	0.0800	0.0563
有色金属冶炼和压延加工业	0.0543	0.0248	0.0119	0.0092	0.0458	0.0084	0.0093	0.0176	0.0191	0.0241	0.0289
金属制品业	0.1267	0.1116	0.0910	0.0686	0.0424	0.0575	0.0512	0.0298	0.0330	0.0323	0.0250
通用设备制造业	0.1266	0.1026	0.0957	0.0808	0.0966	0.0788	0.0723	0.0610	0.0570	0.0547	0.0680

续表

制造业各子行业	2007年	2008年	2009年	2010年	2011年	2012年	2013年	2014年	2015年	2016年	2017年
专用设备制造业	0.0797	0.0654	0.0581	0.0514	0.0587	0.0348	0.0336	0.0212	0.0200	0.0173	0.0187
交通运输设备制造业/汽车制造业	0.0763	0.0684	0.0629	0.0575	0.0688	0.0698	0.0648	0.0422	0.0439	0.0441	0.0498
铁路、船舶、航空航天和其他运输设备制造业	—	—	—	—	—	—	0.0417	0.0330	0.0370	0.0360	0.0250
电气机械和器材制造业	0.1376	0.0924	0.0838	0.0744	0.0646	0.5974	0.0592	0.0439	0.0384	0.0410	0.0444
计算机、通信和其他电子设备制造业	0.1458	0.0940	0.0990	0.0919	0.0941	0.0913	0.0847	0.0671	0.0622	0.0663	0.0686
仪器仪表制造业	0.1363	0.0911	0.0657	0.0592	0.0565	0.0510	0.0553	0.0374	0.0313	0.0352	0.0284
其他制造业	0.0413	0.0360	0.0332	0.0296	0.0370	0.0212	0.0372	0.0321	0.0395	0.0444	0.0586
废弃资源综合利用业	0.1281	0.0606	0.0593	0.0288	0.0603	0.1520	0.0990	0.1079	0.1079	0.1169	0.1235
金属制品、机械和设备修理业	—	—	—	—	—	—	0.2046	0.1884	0.1739	0.1496	0.1767

第 4 章
中国制造业空间集聚特征研究

纵向来看，在 30 个制造业子行业中，酒、饮料和精制茶制造业，烟草制品业，纺织业，化学纤维制造业，黑色金属冶炼及压延加工业，木材加工及木竹藤棕草制品业 6 个行业的 γ 指数呈现出明显的上升趋势，表明这 6 类行业的集聚现象明显；其他制造业的 γ 指数有微弱的上升趋势，显现出微弱的空间集聚迹象；农副食品加工业、非金属矿物制品业、废弃资源综合利用业 3 个行业的 γ 指数变动在近年来较为平稳，说明这 3 类行业基本没有空间集聚现象；剩余的 21 个行业的 γ 指数都显现出减小的趋势，显示出这些行业不仅不存在产业集聚现象，反而存在空间上的消散现象。占 2/3 的制造业行业没有集聚反而出现了扩散，因而制造业行业在整体上显现出分散性，即制造业产业整体的 γ 在减小。进一步分析发现，在 21 个 γ 指数渐小的行业中，少部分行业的减小幅度是微弱的，但大部分行业的 γ 指数渐小趋势明显，尤其是纺织服装、鞋、帽制造业，家具制造业，印刷业和记录媒介复制业，文教体育用品制造业，金属制品业 6 个行业减小速度最快，幅度最为明显。这些行业的特点是行业内企业生产规模相对较小，容易进出，且生产投入要素流动性较高，因此消散速度较快。

横向来看，2007 年 γ 指数值在 0.1 以上的行业有纺织服装、鞋、帽制造业，家具制造业，印刷业和记录媒介复制业，文教体育用品制造业，塑料制品业，金属制品业，通用设备制造业，电气机械及器材制造业，计算机、通信及其他电子设备制造业，仪器仪表及文化办公用机械制造业，废弃资源和废旧材料回收工业 11 个行业，超过制造业行业总数的 1/3。而到 2017 年，γ 指数值在 0.1 以上的仅有烟草制品业，纺织业，化学纤维制造业，废弃资源综合利用业，金属制品、机械和设备修理业 5 个行业，行业数量上也可以看出制造业的集聚度变动趋势。2017 年除了烟草制品业，纺织业，化学纤维制造业，废弃资源综合利用业，金属制品、机械和设备修理业 5 个具有明显集聚特征的行业外，皮革毛皮羽毛（绒）及其制品业，木材加工及木竹藤棕草制品业，计算机、通信及其他电子设备制造业，通用设备制造业 4 个行业空间集聚度相对较高，在制造业各行业中有一定的集聚性。

根据上述制造业 γ 指数的分析结果，并结合制造业投入要素的转移趋势，可以认为制造业在整体上已由原来的集聚趋势进入了消散趋势，这种消散实际上是制造业的转移所造成的，即由原来的制造业中心区域向外围区域转移。

4.2.3 中国制造业空间消散的驱动力

中国制造业由中心区域向外围区域分散发展代表着制造业发展的新动向，有其内在的驱动力因素。根据经济学理论，资本是逐利的，因此我们认为制造业发展过程中的空间转移轨迹是沿着利润的变动轨迹而变动的，即利润高，有投资价值，那么制造业就会集聚于此；利润低，制造业便会由此地移出，利润的变动驱使着制造业的转移。在当前的中国经济环境中，政策鼓励与支持也是产业转移的一个重要驱动力因素，但可以归结为利润的驱使。因此，这里重点以利润为分析对象，通过考察单位资本的利润变化来发掘制造业空间消散的驱动力，即计算目标区域的资产利润率，并进行时间和空间上的比较来对这一问题予以分析。这里选择的制造业发展中心区域为北京、上海、浙江和广东4个省份（市），选择的外围区域是河北、安徽、江西、湖南、湖北、河南6个省份。

通过表4-3的资产利润率可以看出，中心区域的制造业资产利润率普遍低于外围区域，且中心区域的资产利润率近年来有下降的趋势。分块来看，作为中心区域的北京市的制造业资产利润率显然低于外围省份河北省；长三角经济圈中，中心区域上海市和浙江省的制造业资产利润率明显低于外围省份安徽、江西及更外围的省份河南；珠三角经济圈中，中心区域广东省的制造业资产利润率同样显著低于外围省份江西和湖南。也就是说，近年来制造业的外围区域有着比中心区域更高的资产利润率，根据资本的逐利性分析，制造业由中心区域向外围区域分散发展是必然，利润是制造业空间消散的驱动力。

表4-3 　　　　2007—2017年各典型省市的资产利润率　　　　单位：%

区域	2007年	2008年	2009年	2010年	2011年	2012年	2013年	2014年	2015年	2016年	2017年
北京（中心）	3.11	3.51	5.18	6.89	6.67	5.58	9.70	8.29	7.65	7.84	7.80
河北（外围）	8.54	6.80	7.46	8.63	8.40	6.85	9.53	8.99	8.65	9.98	10.53

续表

区域	2007 年	2008 年	2009 年	2010 年	2011 年	2012 年	2013 年	2014 年	2015 年	2016 年	2017 年
上海（中心）	6.73	4.68	6.28	9.11	8.27	7.34	6.58	5.99	5.85	6.86	6.67
安徽（外围）	5.23	6.83	7.90	10.88	10.26	9.51	8.49	7.48	7.04	7.61	7.19
河南（外围）	17.13	16.59	16.15	17.03	16.75	13.01	11.50	10.23	9.57	9.62	8.60
湖北（外围）	5.21	6.57	6.91	8.90	9.00	8.01	8.23	5.81	3.34	2.53	3.71
浙江（中心）	5.97	4.97	5.58	6.90	6.72	5.61	4.90	4.13	4.15	4.80	4.53
江西（外围）	7.00	6.96	8.19	11.10	12.39	12.07	9.71	10.58	8.69	8.60	7.65
广东（中心）	7.41	6.70	8.63	10.08	8.80	7.84	2.23	0.91	1.36	2.02	1.56
湖南（外围）	9.26	6.53	9.91	12.55	13.17	13.08	6.24	3.41	2.47	3.50	3.81

4.3 中国制造业空间集聚趋势

由前文的分析可以看出，中国制造业已开始向中部省份等外围区域转移[1]，但在本章研究的样本期内这种转移仍在继续，并未完成，这些区域的制造业发展程度和成熟程度都远不及上海、北京、浙江、江苏、广东等省市。换句话说，中部省份的制造业发展尚未达到规模经济，各类资源包括产业内资源和外部资源尚未得到有效利用，致使其产出效率不及制造业的核心区域。这样，就会使得制造业在整体上生产效率降低，发展速度减缓。制造业的空间转移问题将在后续章节中专门讨论，这里仅讨论其空间集聚趋势问题。在制造业向中部省份转移过程中，掌握先进技能的劳动者和具备先进管理经验的人才仍主要集中在京津、长三角、珠三角等发达中心区域，并没有伴随着制造业的转移而向中部省份转移，技术人才和管理人才的缺乏使中部等外围区域的制造业发展效率低于中心区域。因此从产业发展内部来看，产业规模尚未达到经济状态和人才缺失是外围区域发展欠佳的重要因素，进而

---

[1] 根据对历年各省、市、自治区资本和劳动力的比重进行分析，也能发现中国制造业已开始向中部省份等外围区域转移这一现象。

造成制造业整体发展速度放缓。在外部环境中，国际经济环境在经历金融危机后略有好转，国际市场对"中国制造"的需求量尚待扩大，制造业商品出口相对偏低，致使中国制造业发展速度降低。同时，在经济新常态背景下，国内推出了产业结构调整计划，并且不再以追求增长为唯一目的，这些不仅使制造业增长速度放慢，也有效促进了制造业的空间转移。

虽然制造业的空间转移使其发展速度降低，这并不意味着制造业的发展在萎缩，而是产业发展的空间规律使然。根据空间经济学理论，产业在向中心区域聚集到一定程度后，生产成本将会提高，形成规模不经济，此时产业消散反而会降低成本，有助于产业更好的发展。因此本书认为，中国制造业现在正在经历产业空间集聚之后的另一阶段，即由向中心区域集聚转为向外围分散消散阶段，这是为制造业的进一步发展打基础。路江涌和陶志刚（2006）、赵伟和张萃（2007）以及马国霞等（2007）等关于中国制造业产业集聚的研究结论，认为在20世纪80年代以后至2004年前后，中国制造业呈现出空间集聚度上升的趋势。本章研究的样本区间是2007—2017年，本书认为在这一样本区间内中国制造业空间集聚度呈下降趋势。结合前人的研究成果，本书认为从20世纪80年代至今，中国制造业的集聚程度呈现出了倒"U"形发展态势。如图4-1所示。

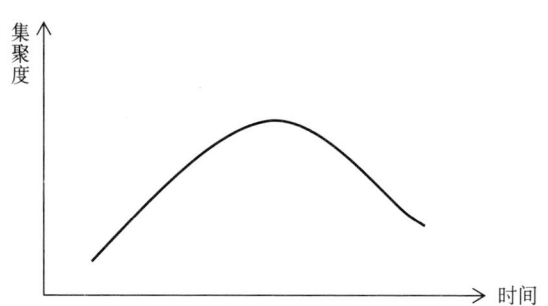

图4-1 中国制造业空间集聚度发展趋势

在图4-1的倒"U"形曲线中，左半边为路江涌和陶志刚（2006）、赵伟和张萃（2007）以及马国霞等（2007）等人的研究结论，右半边则是本书的研究结论。当然，对于中国制造业未来的集聚趋势，本书尚无法作出研判。

第4章
中国制造业空间集聚特征研究

上述中国制造业的空间集聚过程可以根据新经济地理学中规模经济和运输成本的变动来加以阐释。就制造业（事实上也不仅包括制造业）来说，劳动力的流动和转移是自由的，一般会流向具有较高劳动报酬的区域。根据马歇尔外部性的作用（体现为空间溢出效应），劳动力的集聚会促使这一区域的制造业乃至相关产业的实际报酬率上升，这样就会进一步吸引制造业企业往这一地区集聚。同时，运输成本也是需要考虑的因素。若运输成本大于0，则制造业在这一区域的空间集聚并不是无限的，而是趋于稳定的，即制造业的空间集聚存在均衡点。随着经济的发展，制造业总量有增加的内在要求，此时外围区域制造业会得以发展，呈现出向外消散的迹象。在制造业企业的生产过程中，随着企业集聚的加深和扩大，对劳动力、土地及其他相关生产要素的需求就会增加，进而造成这一地区的劳动报酬、土地租金等生产成本的上涨。由于规模经济而节约的交易成本费用不足以抵销生产成本的上涨，一些低端企业或企业中生产低端产品的工厂就会迁往工资相对较低的外围区域。这样，产业发展就会在产业空间集聚所带来的收益和生产成本之间进行平衡和选择。中心区域生产成本的增加，会迫使一部分企业转移到外围区域从事生产，空间消散现象就出现了。新古典经济理论无法解释当代的产业集聚现象，因为有完全信息和理性人的假定，市场被认为是完美的，市场信息及时有效且是对称的，此时理性的厂商选择生产成本最小的生产组合来实现利润最大化，即"经济区"是其理性选择。显然这和当前的产业集聚过程并不一致。事实上，市场并非是完美的，市场信息存在显著的滞后性和不对称性，这将会使厂商不能立即对市场作出理性判断，从而作出了不理性的选择——跟随其他厂商进入"非经济区"。因此可以认为，制造业空间集聚的过程是一种利益的驱使作用：就企业来说，企业向中心区域集聚是因为大规模生产或学习曲线效应而产生的规模经济和技术溢出的存在，进而促使企业向中心区域靠拢；在产业层面上，劳动力市场的集聚、地理位置的接近而使信息外溢的普遍存在，这些外在的区位优势会使得产业向中心区域集中。当中心区域的集聚度达到一定程度，便会有一部分企业或产业向外围区域转移。本质上，制造业空间集聚的利益驱使作用是中心区域生产成本的降低或中心区域生产效率的提高所带来的生产成本相对降低而对企业和产业产生的吸引效应。上述论断也可以拓展到其他具有空间集聚特征的产业研究。

4.4 本章小结与启示

本章设计的基于空间区域面积而修正的 Ellison 和 Glaeser 的 γ 指数的分析证实，省域层面的中国制造业空间集聚度呈下降趋势。制造业空间消散的动力是资本的逐利性，这在利润的数据分析中得到了验证。根据研究发现，中国制造业的 γ 指数在减小，产业正在由中心区域向外围区域形成消散之势，在经济新常态背景下，由于产业内部发展和产业所处外部环境等诸多原因，中国制造业发展进入了缓速阶段。

中国制造业空间溢出效应研究

经济学中的溢出效应是一类常见的经济现象,它是指一个经济单位所从事的某类经济活动不仅会对经济单位本身产生影响效果,而且会对单位之外的团体乃至社会产生影响。溢出效应属于经济学中所讨论的外部性问题,如果溢出效应所产生的影响是正面的、好的,即通常所说的外部经济。在经济学发展史上,阿罗、罗默、卢卡斯、帕伦特、科高等一批著名学者都对溢出效应进行过深入研究并对经济发展史产生了重要影响。在产业经济问题研究中,溢出效应主要是指产业间溢出效应和空间溢出效应,前者主要出现在产业链的上下游之间,后者是在产业发展的不同区域之间。从经济本质上看,经济活动造成的产业之间、区域之间的普遍联系使溢出效应的存在成为必然。随着区域间经济交往的日益扩大和经济地理学学科的快速发展,空间溢出效应问题受到越来越多的关注。中国作为全球制造业大国,制造业在发展过程中的空间溢出效应是值得研究的一个议题,关于空间溢出效应的研究可以为中国制造业发展的政策方向和空间布局提供有效参考,这也契合《中国制造 2025》的战略要求。

5.1 空间溢出效应研究文献回顾

本章专注于中国制造业的空间溢出效应问题研究。国内外专门针对制造业空间溢出效应的研究并不多见，一般文献都主要讨论经济整体或其他产业的空间溢出效应，但它们对于本章的研究都有启发。通过梳理文献发现，人们对空间溢出效应问题关注的重点主要是知识空间溢出效应、人力资本空间溢出效应、基础设施空间溢出效应以及市场诸因素的空间溢出效应。知识空间溢出效应方面，Keller（2004）研究认为区域间知识溢出的媒介主要是国家贸易、外商直接投资和国际交流，它们能够缩小地区经济差距，但溢出效果也会受地理因素影响；邓明和钱争鸣（2013）研究了中国省际知识生产及其空间溢出的动态时变性问题，他们利用空间似不相关回归模型分析发现，中国省际知识生产活动中存在显著的正向空间溢出效应，且溢出效应存在规模报酬递减迹象。人力资本空间溢出效应方面，D'Uva 和 Sinao（2007）发现人力资本存量通过与其他要素结合而表现出的溢出效应能有效促进经济增长，而且对经济落后地区的促进作用更大；肖志勇（2010）利用空间面板模型研究发现了中国人力资本在区域间具有明显的空间溢出效应。基础设施空间溢出效应方面，张光南等（2013）从成本函数出发，通过空间计量和似不相关回归实证分析中国基础设施空间溢出的成本效应及其行业溢出，研究发现基础设施空间溢出对制造业产生的成本效应大于本地基础设施的成本效应，且东部成本弹性高于中西部，基础设施空间溢出的成本效应取决于制造业的集聚程度；刘勇（2010）研究发现中国交通基础设施投资存在空间溢出作用，且对区域经济增长起到正向影响作用，类似的还有张志和周浩（2012）的研究；崔远淼和谢识予（2013）通过构建空间面板数据模型分析了中国区域资源禀赋对制造业出口竞争力的空间溢出效应。市场因素的空间溢出方面，Brun 等（2002）通过划分中国的沿海与内陆地区并考察它们之间的影响关系，发现中国经济存在由沿海向内陆的空间溢出效应；潘文卿（2012）提取市场潜能要素并研究其对经济增长的空间溢出效应，发现这种空间溢出效应会随着空间距离的增加而减少；Huang（2015）对中国省域间的工资收入变化的空间溢出效应进行了分析；张红历等（2016）采用空间计量模型研究了市场潜能和预期收入的空间溢出效应对中国人口迁移的影响，他们采用 Lesage 和 Pace 的方法对空间溢出效应进行分解后发现，市场潜能和预期收入及其空间溢出效应对人口迁入有显著的促进作用。

上述有关空间溢出的研究或考虑了中国区域间经济的空间关联性,或使用了空间计量经济学研究方法,推动了经济空间溢出效应问题研究的发展,有着较高的学术价值。与此同时,也存在进一步探讨的空间:一是空间溢出的界定需要进一步清晰化,产业间溢出与空间溢出应区别讨论,不能混谈;二是对空间溢出效应的测度需要进一步科学化和精细化,相关测度方法的研究需要进一步推进;三是空间溢出效应问题研究需要进一步拓展至我国国民经济的重要产业部门,例如有关中国制造业产业发展的空间溢出效应的研究。基于此,本章拟在总结相关研究思路的基础上进一步探索中国制造业的空间溢出效应问题,具体包括探索空间溢出效应模型设计方法,寻找空间溢出效应变量,对溢出效应进行科学分解和测量,以系统分析和展示中国制造业产业发展的空间溢出效应的数量特征。结合一般的研究经验,本章主要从要素投入角度对制造业的空间溢出效应进行探讨,主要包括制造业的资本溢出效应、技术知识溢出效应、员工技能溢出效应及基础设施溢出效应等,中国制造业的这些溢出效应是否存在以及溢出效应的大小等都将是本章关注的信息。

5.2 中国制造业空间溢出模型设定

模型设定问题是应用计量经济学中的一个重要议题,模型设定正确与否关系到整个应用研究的成败。空间计量经济学回归模型较经典计量经济模型更为复杂,因为其需要展示区域个体间的依赖关系,因而在设定过程中需要考虑更多的影响因素。因此,对于制造业空间溢出模型而言,应充分考虑各类因素,以实现模型的正确设定。

5.2.1 空间溢出效应模型设定思路

依循一般的空间回归模型的设定思路构建中国制造业空间溢出模型。根

据古典经济理论,产出可以由简单 C-D 生产函数来表示:

$$Q_{it} = A K_{it}^{\alpha} L_{it}^{\beta} \tag{5-1}$$

其中 Q 为产出量,K 为资本投入量,L 为劳动投入量,A 表示技术水平。下标 i、t 分别表示观测区域和观测时间。这一生产函数有着严格的假定条件,首先是技术水平的外生性,体现在模型中的常数 A 上;其次是在生产过程中假定其他条件不变或不影响产出,产出只受到资本投入与劳动投入的影响;再者,从计量经济学的角度来看,C-D 生产函数需要在观测个体间相互独立的假定条件下才能进行估计。在实际的经济环境中,这些假定通常都不符合实际或难以满足:一是技术条件是不断发展变化的,不同的生产者、不同的地域技术水平不同;二是影响产出的因素不局限于资本投入和劳动投入,尤其对行业和区域来说,诸如市场环境等都是重要影响因素;三是空间区域间的经济是相互联系的,因而独立性假定条件较为苛刻。另外,由于经济空间依赖关系的作用,相邻区域的投入要素对本区域的产出也可能造成影响,即存在空间溢出现象。空间溢出效应的本质就是经济因素在不同的区域(即空间)存在交互影响作用。基于此,本章将在考虑空间效应的框架下对 C-D 生产函数进行拓展,以适应中国制造业空间溢出效应研究的需要。

首先来看技术水平的外生性问题。作为产出的重要影响条件之一,技术水平 A 不是不变的,而是会受到诸多因素的影响,其中科技创新能力、员工的专业技能等都是不可忽略的因素,资本也会对技术水平产生影响。因此,技术水平在生产函数中应属于内生性变量,不妨将其设为 A_{it}。根据空间经济学理论,地域间的相邻关系即空间依赖关系在经济学中是普遍存在的,这在分析 A_{it} 的影响因素时需要考虑。资本要素对本区域内的技术水平存在影响作用,对相邻区域的技术水平也存在影响作用,即资本的溢出效应;不同的区域间和上下游产业链间有学习、模仿和技术转让的现象存在,因而科技创新能力也存在溢出效应,员工技能在空间上的流动性形成了专业技术的空间溢出效应。用 R 表示科技创新能力,P 表示员工的专业技能,同时考虑要素的空间溢出因素以及可能出现的非线性关系,技术水平因素可以表示为:

$$A_{it} = \Lambda K_{it}^{\eta} K_{wit}^{\theta} R_{it}^{\iota} R_{wit}^{\iota} P_{it}^{\lambda} P_{wit}^{\xi} \tag{5-2}$$

其中 Λ 为常数参数,下标 w 表示相邻区域。将 A_{it} 的表述式代入到拓展的

C-D生产函数模型中,即可得到生产函数式(5-3):

$$Q_{it} = \Lambda K_{it}^{\eta+\alpha} K_{wit}^{\theta} L_{it}^{\beta} R_{it}^{\iota} R_{wit}^{\iota} P_{it}^{\lambda} P_{wit}^{\xi} \qquad (5-3)$$

空间经济学中将空间距离所产生的空间运输成本作为产出或经济发展的一个重要影响因素,因此我们将运输条件引入到生产函数中,用 T 表示,并考虑到它与产出间可能存在非线性关系,进一步将 C-D 生产函数拓展见式(5-4):

$$Q_{it} = \Lambda K_{it}^{\eta+\alpha} K_{wit}^{\theta} L_{it}^{\beta} T_{it}^{\gamma} T_{wit}^{\delta} R_{it}^{\theta} R_{wit}^{\iota} P_{it}^{\lambda} P_{wit}^{\xi} \qquad (5-4)$$

模型中引入相邻区域的运输条件 T_{wit} 是必要的,不同区域之间运输条件相互联系相互影响,相邻区域的运输条件优越,产品在区域间的运输成本就会降低,这样会对本区域的产出形成正面的影响,因此将相邻区域的运输条件考虑到模型中。由于模型式(5-4)中 θ、δ、ι、ξ 等参数度量了相邻区域中要素对中心区域产出的影响作用,因此可以将此模型视为中国制造业空间溢出模型。在实际应用中,需要对模型形式及变量作进一步的处理。例如,为了问题研究的需要,可以将式(5-4)线性化,并加入随机误差项,以构建线性计量经济学模型。

5.2.2 空间溢出模型形式与变量选择

根据前文所设定的中国制造业空间溢出模型式(5-4),按照计量经济学参数估计方法,将考虑空间溢出效应的拓展的 C-D 生产函数两边取对数,设计出如下的计量经济学模型形式,如式(5-5)所示。

$$\begin{aligned}\log(Q_{it}) = &\alpha_0 + \rho W \log(Q_{it}) + \alpha_1 \log(K_{it}) + \alpha_2 W \log(K_{it}) + \alpha_3 \log(L_{it}) \\ &+ \alpha_4 \log(R_{it}) + \alpha_5 W \log(R_{it}) + \alpha_6 \log(P_{it}) \\ &+ \alpha_7 W \log(P_{it}) + \alpha_8 \log(T_{it}) + \alpha_9 W \log(T_{it}) + \varepsilon_{it} \qquad (5-5)\end{aligned}$$

其中 W 是一阶空间邻接矩阵,α_0、α_1、$\cdots$、α_9 以及 ρ 为模型参数,ε_{it} 为模型随机项,其他变量及下标同前所述。很明显,模型中各空间滞后项形成了对应要素的空间溢出效应的载体。

在模型的变量选择上,中国的现实状况是各省、市、自治区的面积各不相同,且差异性较大,而对于反映总量的经济变量产出、资本及劳动力受到地理面积的影响较大，为剔除地理面积的影响，这里将产出、资本及劳动力变量除以对应的省域面积，以消除地理面积的影响，即各省域的单位面积产出、单位面积资本量和单位面积劳动投入量指标。公路、铁路里程数也和区域面积相关，因此也取单位面积公路、铁路里程数，在变量设置中取两者之和。为消除产业规模大小的影响，将制造业的研发投入量（R&D）除以区域内制造业从业人数，以此作为科技创新能力 R 的要素变量。员工的专业技能 P 用大学以上人口占劳动力总人口的比重来表示。因此，上述计量经济学模型中的变量对应的统计指标是：Q 表示单位面积土地上制造业总产值；K 表示单位面积土地上制造业固定资产原价；L 表示单位面积土地上制造业劳动投入量；R 表示人均研发经费投入量；P 表示大学以上人口占劳动力总人口的比重；T 表示单位面积土地上公路、铁路里程数。

5.3 空间溢出效应的测度方法

空间溢出效应模型式（5-5）的参数并不能直接用于模型中自变量对因变量的影响关系，这和经典计量经济学模型中的参数意义完全不同。例如参数 α_1 不能直接作为弹性的度量，即不能解释为在其他变量不变的情况下，制造业资本要素每增加 1 个百分点，产出平均增加 α_1 个百分点，因为模型所表述的个体之间是具有依赖关系的，空间溢出效应的存在使得模型参数的意义更为复杂。为此，这里需要对模型系数进行进一步的运算分析，以实现对空间溢出效应的科学测度。

5.3.1 空间溢出效应的分解设计

这里首先对空间溢出模型式（5-5）的回归系数作出分析。式（5-5）所刻画的模型本质上是一类空间杜宾模型（SDM），不失一般性，可写为如下的矩阵形式：

第 5 章
中国制造业空间溢出效应研究

$$(I_n - \rho W)y = X\beta + WX\theta + \varepsilon \tag{5-6}$$

其中 W 为空间邻接矩阵，β、θ 为参数向量，ε 是误差向量。此处用矩阵表示的被解释变量 y 和解释变量 X 可对应式（5-5）中各对数形式的变量，即式（5-5）可以按此思路进行分析。SDM 模型进一步可改写为：

$$y = \sum_{r=1}^{k} S_r(W) x_r + (I_n - \rho W)^{-1} \varepsilon \tag{5-7}$$

其中

$$S_r(W) = (I_n - \rho W)^{-1} (I_n \beta + W\theta) \tag{5-8}$$

将上述模型按样本点（n 个区域）展开，即为如下形式：

$$\begin{bmatrix} y_1 \\ y_2 \\ \vdots \\ y_n \end{bmatrix} = \sum_{r=1}^{k} \begin{bmatrix} S_r(W)_{11} & S_r(W)_{12} & \cdots & S_r(W)_{1n} \\ S_r(W)_{21} & S_r(W)_{22} & & \\ \vdots & \vdots & & \ddots \\ S_r(W)_{n1} & S_r(W)_{n1} & \cdots & S_r(W)_{nn} \end{bmatrix} \begin{bmatrix} x_{1r} \\ x_{2r} \\ \vdots \\ x_{nr} \end{bmatrix} + (I_n - \rho W)^{-1} \varepsilon \tag{5-9}$$

其中，k 为解释变量的个数。用 $S_r(W)_{ij}$ 表示矩阵 $S_r(W)$ 中的第 i 行、第 j 列元素，对于第 i 个样本点（区域）可以得到：

$$y_i = \sum_{r=1}^{k} [S_r(W)_{i1} x_{1r} + S_r(W)_{i2} x_{2r} + \cdots + S_r(W)_{in} x_{nr}] + ((I_n - \rho W)^{-1} \varepsilon)_i \tag{5-10}$$

不难看出，y 的变化在理论上会受到解释变量 x 的所有观测样本信息的影响，由此能够得出：

$$\frac{\partial y_i}{\partial x_{jr}} = S_r(W)_{ij} \quad i, j = 1, 2, \cdots, n \tag{5-11}$$

显然，不能保证 $S_r(W)_{ij} = 0$ 成立，事实上，$S_r(W)_{ij}$ 通常不为 0。在经典线性回归模型中，由于被解释变量是假定相互独立的，因而有 $\frac{\partial y_i}{\partial x_{jr}} = 0 (i \neq j)$，这是空间回归模型的系数与经典回归模型系数的差异所在。

上述偏导函数的现实经济意义是，在不考虑其他因素的情况下，一个地区的解释变量的变化会影响其他地区因变量的变化。这便从模型数理结构上阐述了空间溢出效应的存在，而上述偏导函数值也构成了空间溢出效应的一部分。区域内部解释变量对因变量的影响效应可以表述为：

$$\frac{\partial y_i}{\partial x_{ir}} = S_r(W)_{ii} \quad (5-12)$$

这个效应包括了解释变量对因变量的直接影响作用，这种影响作用并不是本章所讨论的空间溢出效应，也包括了迂回路径的影响，即从观测值 i 到 j 再返回 i 的影响，抑或是其他更长的影响路径，这是一种空间溢出效应。

在进行空间溢出效应的计算与分解之前，首先测算模型中解释变量对被解释变量的影响效应，这是空间溢出效应的基础。对于解释变量 x_r，其对被解释变量 y 影响的总体效应（Total Effect）可以通过偏导函数 $\frac{\partial y_i}{\partial x_{jr}}$ 来表示，$\frac{\partial y_i}{\partial x_{jr}}$ 实际上是矩阵 $S_r(W)$ 中的元素。总体效应 TE 可表示为：

$$TE = \sum_{j=1}^{n}\sum_{i=1}^{n} \frac{\partial y_i}{\partial x_{jr}} = \sum_{j=1}^{n}\sum_{i=1}^{n} S_r(W)_{ij} \quad (5-13)$$

值得注意的是，此处可以有 $i=j$，因此总体效应 TE 并非全部属于空间溢出效应。在实际中使用样本平均总体效应更有助于对问题进行分析，平均总体效应可定义为：

$$ATE = \frac{1}{n}\sum_{j=1}^{n}\sum_{i=1}^{n} S_r(W)_{ij} \quad (5-14)$$

区域内部解释变量对被解释变量的影响可以通过偏导函数 $\frac{\partial y_i}{\partial x_{ir}}$ 反映，因此可以定义解释变量 x_r 对被解释变量 y 影响的平均直接效应（Average Direct Effect）为：

$$ADE = \frac{1}{n}\sum_{i=1}^{n} \frac{\partial y_i}{\partial x_{ir}} = \frac{1}{n}trace(S_r(W)) \quad (5-15)$$

由此可以进一步计算解释变量 x_r 对被解释变量 y 影响的平均间接效应（Average Indirect Effect）：

$$AIE = ATE - ADE \quad (5-16)$$

很明显，平均间接效应 AIE 是空间溢出效应。

第5章 中国制造业空间溢出效应研究

这样，可以通过将总溢出效应分解为平均直接效应和平均间接效应之和的形式，即：

$$ATE = ADE + AIE \qquad (5-17)$$

从而完成对空间溢出效应大小的测度。需要指出，平均总体效应 ATE 反映了解释变量对被解释变量的影响作用，并非全部是空间溢出效应，其中包含了区域内部解释变量对被解释变量的直接影响作用，这些直接的影响作用在分解之后包含在平均直接效应 ADE 中。

5.3.2 一类新的空间溢出效应的测度思路

上述空间溢出效应的分解过程是基于 LeSage 和 Pace（2009）的分解思想而设计的，其主题思路是通过对空间杜宾模型（SDM）的解释变量及其空间滞后形式进行整合，并施以空间自相关的影响作用，进而得到一个整体系数矩阵 $S_r(W)$，并通过对 $S_r(W)$ 矩阵的分解构造出不同的影响效应。这种分解设计把给定解释变量对被解释变量影响的平均总效应分解为平均直接效应和平均间接效应之和的形式，分解方法在技术上简单且易于理解，但也有不足之处：一是没有对空间溢出效应进行有效测度，直接效应中的空间溢出效应并没有提取；二是影响路径过于笼统，不同相邻空间上的影响效应统统归结为平均间接效应。为克服这些不足，本书在原方法基础上拓展一种新的分解思路。

这一部分的研究仍是从矩阵 $S_r(W)$ 开始，但并不将解释变量及其空间滞后形式整合在一起，而是分开讨论。$S_r(W)$ 可写为：

$$S_r(W) = (I_n - \rho W)^{-1}\beta + (I_n - \rho W)^{-1}W\theta \qquad (5-18)$$

显然，等式右边的第一个矩阵 $(I_n - \rho W)^{-1}\beta$ 反映了区域内解释变量对被解释变量的影响作用，不妨称其为直接效应矩阵；第二个矩阵 $(I_n - \rho W)^{-1}W\theta$ 反映了相邻区域内的解释变量对本区域的被解释变量的影响作用，不妨称其为间接效应矩阵。依照 5.2.1 部分的分析思路，直接效应矩阵列和的平均值即为平均直接效应（ADE），间接效应矩阵列和的平均值即为平均间接效应（AIE）。平均总体效应（ATE）依旧使用前文的定义：

$$ATE = \frac{1}{n}\sum_{j=1}^{n}\sum_{i=1}^{n} S_r(W)_{ij}$$

不难发现，这一新方法可以在保证分解式 $ATE = ADE + AIE$ 成立的同时，还可以分别计算 ATE、ADE 和 AIE 的值，这和 5.2.1 的原方法是不同的。

由于矩阵 $(I_n - \rho W)^{-1} W\theta$ 反映了相邻区域的解释变量对本区域的被解释变量的影响作用，因而由这一矩阵定义的 AIE 可以全部解释为空间溢出效应。但是矩阵 $(I_n - \rho W)^{-1}\beta$ 反映的是同一区域内解释变量对被解释变量的影响作用，因此由这一矩阵定义的 ADE 不能全部视为空间溢出效应，ADE 中包括观测区域内解释变量对被解释变量的直接影响作用，这类直接的影响作用显然不能定义为空间溢出效应。将这种观测区域内解释变量对被解释变量的直接影响作用记为 $ANDE$。除了 $ANDE$ 之外，ADE 中还存在另一效应，且这类效应属于空间溢出效应。因为，根据 SDM 模型，中心区域的解释变量会对外围区域的被解释变量产生影响，由于被解释变量的空间依赖作用，外围区域的被解释变量对中心区域的被解释变量又会产生影响作用，形成一种迂回形式的中心区域解释变量对被解释变量的影响作用。就结果来看，这是中心区域的解释变量对本区域的被解释变量形成的影响，但就过程来看，这种影响越过了区域界限，形成了空间溢出效应，其形式是迂回的。例如，江苏省的制造业资本投入量对相邻的安徽省制造业产出产生影响，而由于制造业产出存在空间依赖性，安徽省的产出对江苏省的产出产生影响，从结果上看形成了江苏省域内部制造业资本投入量对产出的影响，但其影响路径超出了江苏省，经过了安徽省乃至其他更远的省份，形成一种迂回的影响路径。因此，ADE 中还存在这种迂回形式的空间溢出效应，不妨记为 $AYDE$。因此有：

$$ADE = ANDE + AYDE \qquad (5-19)$$

为方便分析，我们将迂回形式的空间溢出效应（$AYDE$）定义为空间迂回溢出效应，将平均间接效应（AIE）定义为空间单向溢出效应（因为通过进一步分析不难发现，AIE 所表述的空间溢出效应全部发生在区域之间，是一种单向的影响）。很明显，对于单个样本点而言，空间单向溢出效应即为偏导数 $\frac{\partial y_i}{\partial x_{jr}}$ 所表述的空间溢出效应，而空间迂回溢出效应包含在

偏导数 $\frac{\partial y_i}{\partial x_{ir}}$ 之中。这样，通过对平均总体效应的分解而探索到了模型的空间溢出效应，并将空间溢出效应成功分解为空间迂回溢出效应和空间单向溢出效应两种形式。下面对空间溢出效应进行进一步分解，并实现数值上的可测性。

考虑到矩阵$(I_n - \rho W)^{-1}$可以近似写成如下形式：

$$(I_n - \rho W)^{-1} \approx I_n + \rho W + \rho^2 W^2 + \cdots + \rho^q W^q \quad (5-20)$$

于是矩阵$S_r(W)$可以写为：

$$\begin{aligned} S_r(W) &\approx (I_n + \rho W + \rho^2 W^2 + \cdots + \rho^q W^q)\beta \\ &\quad + (I_n + \rho W + \rho^2 W^2 + \cdots + \rho^q W^q)W\theta \\ &= (I_n\beta + \rho W\beta + \rho^2 W^2\beta + \cdots + \rho^q W^q\beta) \\ &\quad + (W\theta + \rho W^2\theta + \rho^2 W^3\theta + \cdots + \rho^q W^{q+1}\theta) \quad (5-21) \end{aligned}$$

在$S_r(W)$矩阵的这种表达式下，很容易对 ANDE、AYDE 和 AIE 进行测算，同时可进一步根据空间邻接矩阵 W 的阶数对空间溢出效应的实现路径作进一步的分析展示。也就是说，可以将解释变量对被解释变量的影响效应分解成不同阶空间相邻的形式，进而可以看出不同影响路径下的空间溢出效应的大小。例如，$\rho W\beta$是经历了一阶相邻区域而传导的直接溢出效应，$\rho W^2\theta$是相邻区域经历了另一相邻区域后传导至中心区域的间接溢出效应。显然，除了$I_n\beta$外，其他项均为空间溢出效应。$I_n\beta$即为观测区域内解释变量对被解释变量的直接影响作用 ANDE。为展示空间溢出效应在区域间影响作用的变动轨迹，本章对一阶相邻（W）、二阶相邻（W^2）和三阶相邻（W^3）下的空间溢出效应进行分解，以展示和分析不同空间距离下的空间溢出效应的变化。

5.4 中国制造业空间溢出效应的实证分析

在本章研究中，使用的样本数据是中国制造业 2007—2017 年全国 31 个省、市、区的面板数据，涉及制造业总产值、资本投入量、劳动投入量、研发经费投入量等制造业产业指标以及员工技能、公路和铁路里程数等外围指标，具体见前文所述。各类指标数据均来源于全国 31 个省、市、区的统计年鉴，考虑到数据存在两种统计口径，因此这里按统计口径的不同将数据分为两组，一组为 2007—2012 年的面板数据，时间跨度为 6 年，一组为 2013—2017 年的面板数据，时间跨度为 5 年。因此，本书将针对上述模型构建两组空间面板数据模型，这样也可以观察和比较全球金融危机发生期间（2007—2012）和经济新常态（2013—2017）下中国制造业空间溢出效应的变化。

5.4.1 空间溢出模型参数估计

利用上述两组样本数据对模型式（5-5）进行参数估计。通过 BSJK 检验（2007）和 BSK 检验（2003）的信息发现，两组数据均支持选择个体固定效应模型，由此得到模型参数的估计结果如表 5-1 所示。

表 5-1　　　　　　　空间面板数据模型参数估计结果

模型	参数	估计值	标准差	t 统计量	t 检验 p 值
2007—2012 年	ρ	0.1957942	0.0682835	2.8700	0.00400***
	α_1	0.3889683	0.1323027	2.9400	0.00300***
	α_2	0.2073718	0.1127392	1.8400	0.06600*
	α_3	0.6582777	0.1705612	3.8600	0.00000***
	α_4	0.0517919	0.0391108	1.3200	0.18500
	α_5	0.0542905	0.0411630	1.3200	0.18700
	α_6	0.0472936	0.0372484	1.2700	0.20400
	α_7	0.1473710	0.0731994	2.0100	0.04400**
	α_8	0.0029133	0.2667545	0.0100	0.99100
	α_9	-0.5067473	0.4209054	-1.2000	0.22900

续表

模型	参数	估计值	标准差	t统计量	t检验p值
2013—2017年	ρ	-0.2231190	0.0901735	-2.4700	0.01300**
	α_1	0.5903440	0.1376595	4.2900	0.00000***
	α_2	0.2667454	0.1582327	1.6900	0.09200*
	α_3	0.6800171	0.1696373	4.0100	0.00000***
	α_4	0.1202622	0.0704067	1.7100	0.08800*
	α_5	-0.1237305	0.0946081	-1.3100	0.19100
	α_6	-0.0648616	0.0727197	-0.8900	0.37200
	α_7	0.0758781	0.1053136	0.7200	0.47100
	α_8	0.1498706	0.4046478	0.3700	0.71100
	α_9	-0.1694368	0.9653034	-0.1800	0.86100

注：p值后缀的"*"表示在0.1的显著性水平下显著，"**"表示在0.05的显著性水平下显著，"***"表示在0.01的显著性水平下显著。

由表5-1可以看出，两组模型的空间自回归系数ρ的估计结果均显著，其中2007—2012模型的空间自回归系数ρ为0.1957942，表明在2007—2012年间我国各省市制造业经济发展存在明显的空间溢出效应，而2003—2017模型的空间自回归系数ρ为-0.2231190，正负号的不同体现了空间溢出方向的不同，这里则说明在2013—2017年间我国各省市制造业经济发展存在虹吸效应，即空间溢出方向是向内的。根据解释变量空间滞后项的显著性检验可以发现，在2007—2012模型中，资本和员工技能的空间滞后项均是显著的，即外围区域的资本投入和员工技能等解释变量对中心区域的制造业产出这一被解释变量产生了显著影响，因而可以认为在2007—2012年，中国制造业存在资本溢出效应和员工技能溢出效应。另外，模型中公路、铁路里程数的空间滞后变量不是显著的，因而这里不再进一步分析研究公路、铁路等基础设施的空间溢出效应。同时，科技创新能力也没有显示出溢出效应，这意味着区域间制造业的技术学习和模仿现象并不十分明显。在2013—2017模型中，资本的空间滞后项在10%的显著性水平下是显著的，其他空间滞后变量均不显著，这意味着在2013—2017年间只有资本存在明显的空间溢出效应，而其他变量的空间溢出效应都相对较弱。在2007—2012年，中国制造业员工技能存在显著的空间溢出效应，但中国经济进入新常态以后，即2013—2017年，员工技能的空间溢出效应明显减弱。究其原因，我们认为在中国经济发展的初期，高学历人才偏向于在中心城市（例如北京、上海、广州、深圳等）工作发展。但随着中国经济的发展，高学历人才不再像前些年那样追求大城市的工作与生活，二线乃至三线城市也开始逐渐汇聚人才。加上近年来东部中心城市房价的持续上升以及快节奏的生活方式使得中心城市的生活成本大幅提高，中心城市已不再是诸多人工作生活地方的首选，高学历人才开始向周边扩散。这样，中心城市对高学历人才的吸引集聚能力下降，因而在模型中显示出员工技能的空间溢出效应由之前的显著转变为经济新常态下的不显著。另外，如果将其他因素视为控制变量同时忽略空间上的依赖关系，仅考察资本投入和劳动投入对制造业产出的影响，则不难发现2007—2012年资本投入和劳动投入对产出的弹性系数分别为0.3889683和0.6582777，而在2013—2017年的弹性系数分别为0.590344和0.6800171，这意味着资本投入和劳动投入对产出的贡献均在增加，且资本投入对产出的贡献增加幅度较大，而劳动对产出的贡献增加幅度小。同时，2007—2012年和2013—2017年的资本投入和劳动投入的弹性系数之和分别为0.9793和1.3383，表明经济新常态时期的制造业发展对投入要素的使用效率更高，这也间接说明了供给侧结构性改革取得了现实进步。

5.4.2 中国制造业空间溢出效应分解实证

根据模型式（5-5）在2007—2012和2013—2017两组样本数据下（为方便表述，后文中直接称呼为模型2007—2012、模型2013—2017）的参数估计结果和前述空间溢出效应的分解过程，计算出中国制造业各省域资本投入量的影响系数矩阵$S_{K(2007-2012)}(W)$、$S_{K(2013-2017)}(W)$和员工技能影响系数矩阵$S_{P(2007-2012)}(W)$，并通过这3个矩阵按照5.2.1部分给出的方法计算出每一组的平均影响效应的分解结果，见表5-2。

第 5 章
中国制造业空间溢出效应研究

表 5-2　　资本投入量、员工技能的影响效应分解

变量（模型）	ATE	ADE	AIE
K（2007—2012）	0.741526734	0.402550650	0.338976084
K（2013—2017）	0.700740811	0.583822714	0.116918097
P（2007—2012）	0.242058190	0.054796926	0.187261263

注：由于涉及较大的矩阵运算，本表的计算过程不予显示。

表 5-2 是根据 5.2.1 部分的空间溢出效应的分解设计而得到的结果，由 5.2.1 部分的论证可看出，这一结果并不能很好地体现中国制造业的资本投入要素、员工技能投入要素的空间溢出效应，虽然 AIE 反映了空间溢出效应的信息，但 ADE 中的溢出效应难以提取，且空间溢出的路径形式难以确定。下面使用 5.2.2 部分提出的空间溢出效应测度方法对中国制造业生产投入要素的空间溢出效应进行测算和分析。根据 5.2.2 部分的分解设计方法对空间面板数据模型 2007—2012 中的资本投入量 K 和员工技能 P 以及模型 2013—2017 中的资本投入量 K 进行空间溢出效应分解，得出分解结果如表 5-3 所示。

表 5-3　　资本投入量和员工技能的影响效应新分解结果

变量（模型）	ATE	ADE	AIE
K（2007—2012）	0.741526734	0.483667613	0.257859120
K（2013—2017）	0.700740811	0.482654590	0.218086221
P（2007—2012）	0.242058190	0.058807833	0.183250357

将表 5-3 的影响效应分解结果和表 5-2 的分解结果比较可以看出，平均总效应 ATE 是相同的，且都是各自的平均直接效应 ADE 和平均间接效应 AIE 之和；模型 2007—2012 的 ADE 和 AIE 值都大于模型中对应的解释变量及空间滞后解释变量的回归系数的估计结果；然而模型 2013—2017 的 ADE 和 AIE 值均小于模型中对应的解释变量及空间滞后解释变量的回归系数的估计结果，这说明在 2013—2017 年制造业的资本要素投入对产出产生负向的空间溢出效应，即存在虹吸效应。另外也容易看出，表 5-3 中的 ADE 和 AIE 的计算结果和表 5-2 是有差异的，这体现了新分解方法和原分解方法的

不同：首先表 5-3 和表 5-2 的计算过程不同，表 5-2 先计算了 ATE 和 ADE，并由此计算出 AIE，表 5-3 则先计算出 ADE 和 AIE，再计算 ATE；表 5-2 的计算过程将解释变量及其空间滞后变量作为 1 个变量来处理的，而表 5-3 的计算则将解释变量和对应的空间滞后变量当作 2 个变量来分别处理。根据前文的分析论证，表 5-3 的计算结果是进一步展开科学分析的基础。

模型 2007—2012 显示中国制造业的资本投入存在溢出效应，模型中资本投入量变量的回归系数是 0.3889683，这个数值所度量的是目标区域内制造业资本投入量对产出的平均影响作用。目标区域内资本投入量对产出的总影响就是表 5-3 中所计算的平均直接效应 ADE 的值 0.483667613，它显然大于资本投入量变量的回归系数值 0.3889683，两者的差异 0.094699313 即迂回影响效应，这种影响效应虽然最终回到了所研究的目标区域内部，但过程中存在跨区域的影响路径，因而是一种空间溢出效应，即前文所定义的空间迂回溢出效应。

继续看模型 2007—2012 中的资本投入量变量，其空间滞后项回归系数估计结果是 0.2073718，反映了资本投入量对相邻区域内的制造业产出所产生的影响作用，这是相邻区域间的直接影响作用。而在实际中，变量间的这种影响作用可能由第三方区域导入，例如天津市制造业资本投入量对北京市制造业产出的影响，不仅包含这两个区域间的直接影响作用，也包含了天津市制造业资本投入量通过对河北省产出的影响，进而对北京市制造业产出产生的影响，当然还包含了其他更为复杂的路径形式的影响。也就是说，空间滞后项回归系数估计结果 0.2073718 并不能表述全部的资本投入量对相邻区域内的制造业产出所产生的影响作用，这种全部的影响作用应由表 5-3 中的平均间接效应 AIE 来表述，对模型 2007—2012 中的资本投入量变量而言，这种全部的影响作用为 0.25785912，这也是前文所定义的空间单向溢出效应。空间单向溢出效应和回归系数估计结果的差异为 0.05048732，这是除相邻区域间直接影响之外的其他更为复杂的路径形式的影响。也就是说，空间单向溢出效应包含了相邻区域间的直接影响效应和经由第三方区域的间接影响效应。

对于模型 2007—2012 中的员工技能变量和模型 2013—2017 中的资本投

入量变量的平均直接效应和平均间接效应,均可以按上述分析过程来理解。通过上述分析,可以在表5-3的基础上对空间溢出效应进行分解和计算。分解结果如表5-4所示。

表5-4　　　　　资本投入量和员工技能的空间溢出效应

变量（模型）	空间溢出总效应（AYDE + AIE）	空间迂回溢出效应（AYDE）	空间单向溢出效应（AIE）	区域内直接影响效应（ANDE）	平均总体效应（ATE）
K（2007—2012）	0.35255843	0.09469931	0.257859120	0.38896830	0.741526734
K（2013—2017）	0.11039681	-0.10768941	0.218086221	0.59034400	0.700740811
P（2007—2012）	0.19476459	0.01151423	0.183250357	0.04729360	0.242058190

由表5-4可以看出,空间溢出总效应包含了空间迂回溢出效应和空间单向溢出效应两部分,而空间溢出总效应也是平均总体效应的一部分,空间溢出总效应和区域内平均影响效应共同组成了平均总体效应。在经济新常态时期,资本投入总体平均效应和空间溢出效应较金融危机时期均有所减少,且空间迂回溢出效应为负,说明这一时期空间溢出方向发生变化,但由于空间单向溢出效应弥补了空间迂回效应的抑制作用,使得空间溢出总效应为正。另外,在新常态之前的时期,员工技能变量的空间溢出总效应明显大于区域内直接影响效应,溢出效应较强。

继续根据前文所设计的新的分解方法,将模型2007—2012、模型2013—2017的资本投入量变量K、员工技能变量P对产出的空间影响效应进行分解,结果如表5-5所示。由表5-5不难看出,ADE中的区域内的直接影响是在W^0阶出现的,其值即为对应的解释变量的回归系数;AIE中的相邻区域间的溢出在W^1阶出现,其值为对应的空间滞后解释变量的回归系数;迂回溢出效应和复杂路径溢出效应随着阶数的增加呈现出衰减的趋势,这实际上是一种指数衰减过程,体现了随着距离的增加,空间相关性减小,空间影响作用也随之减小的特征。空间溢出总效应即为空间迂回溢出效应和空间单向溢出效应的总和,在表5-5中体现为空间迂回溢出效应、相邻溢出效应和复杂路径溢出效应三者之和。所谓相邻溢出,即具有直接相邻关系的区域间的溢出。通过表5-5可以发现,无论是资本投入要素K,还是员工技能要

素 P，其相邻溢出效应明显高于迂回溢出效应和复杂路径溢出效应。随着相邻阶数的增加，即随着距离的扩大，高阶的空间溢出效应也呈现出渐小的趋势。资本投入的相邻溢出效应和复杂路径的空间溢出效应在经济新常态时期都有明显的增加，这意味着资本要素使得制造业在省域空间层面上的联系更加紧密，这与第3章的探索性分析结果一致。同时本书发现，在经济新常态时期，资本投入要素的正向相邻溢出大于负向的空间迂回溢出效应，最终促使空间溢出总效应为正。然而在对资本投入要素进行更高阶空间溢出效应分解时，发现资本投入要素的二阶相邻空间溢出总效应呈现负值，即空间单向溢出的负向效应绝对值大于空间迂回效应，从而导致空间溢出总效应为负，这表明中国制造业在较高阶邻近地区之间的资本投入要素存在着虹吸效应。另外，我们可以看出资本投入要素的三阶相邻空间溢出总效应为正，但其溢出效应较弱。总体来看，资本投入要素对产出的空间溢出总效应是正向的。

表 5-5　　　　　资本投入量、员工技能的影响效应深层分解

变量（模型）	阶数	平均直接效应 ADE		空间单向溢出效应（AIE）		空间溢出总效应（AYDE + AIE）
		直接影响	空间迂回溢出效应（AYDE）	相邻溢出	复杂路径溢出	
K（2007—2012）	W^0	0.3889683	—	—	—	—
	W^1	—	0.07615774	0.2073718	—	0.28352954
	W^2	—	0.01491124	—	0.04060220	0.05551344
	W^3	—	0.00291953	—	0.00794967	0.01086921
K（2013—2017）	W^0	0.5903440	—	—	—	—
	W^1	—	-0.13171696	0.26674540	—	0.13502844
	W^2	—	0.02938856	—	-0.05951597	-0.03012741
	W^3	—	-0.00655715	—	0.01327914	0.00672200
P（2007—2012）	W^0	0.04729360	—	—	—	—
	W^1	—	0.00925981	0.1473710	—	0.15663081
	W^2	—	0.00181302	—	0.02885459	0.03066740
	W^3	—	0.00035498	—	0.00564952	0.00600450

在方法层面上,这种新的分解思路是在对矩阵$S_r(W)$进行分析计算的基础上设计的,根据矩阵计算过程而展示的空间溢出效应的分解内容也较为直观并便于理解。从分解路径上看,这种新的空间溢出效应分解方法在第一层的分解基础上又进行了第二层空间溢出效应的分解,即将总体平均效应分解成平均直接效应和平均间接效应之后,再分别对平均直接效应和平均间接效应进行了二次分解,并由二次分解的结果进一步构造出空间溢出效应成分。因此,这种新的分解方式将空间溢出效应分解得更细致,实现了对 LeSage 和 Pace 原分解思路的有效拓展。

5.5 本章小结与启示

在中国制造业空间溢出效应问题研究方面,本章在 C－D 生产函数的基础上设计了中国制造业投入要素空间溢出效应模型,并对模型进行了估计。在模型估计过程中,考虑到经济发展的背景以及数据自身的特征,将样本分为金融危机期间的 2007—2012 年和经济新常态时期的 2013—2017 年。通过两组样本数据对制造业空间溢出效应模型的估计和分析发现,在金融危机发生期间的 2007—2012 年和在经济新常态时期的 2013—2017 年,中国制造业投入要素对产出产生的空间溢出效应都是存在的,但存在形式明显不同。我们进一步对制造业空间溢出效应进行了分解,并作了进一步分析研究。需要指出的是,本章重点研究了资本和员工技能两组因素的空间溢出效应,但这并不是否认其他因素的空间溢出效应存在,空间溢出效应存在的显著性不能完全依赖空间溢出模型的参数显著性检验,这里仅认为资本和员工技能两组因素的空间溢出效应最为明显,因而将它们作为研究的重点对象。综合本章研究,可得出下述几点结论。在要素层面上,一是中国制造业的空间溢出效应主要体现在资本投入要素上,员工技能要素对制造业的产出亦存在空间溢出效应,但在经济新常态时期明显减弱。并且研究发现在经济新常态时期,中国制造业的资本投入要素变量对产出产生的空间溢出效应为负,即存虹吸效应。二是研发投入、公路、铁路等基础设施要素对制造业产出产生影响的空间溢出效应有待于进一步扩大。在空间层面上，一是中国制造业的空间溢出效应主要存在于相邻区域（地域接壤）之间，非直接相邻区域的空间溢出效应不明显；二是制造业的空间溢出效应主要体现为相邻区域间的溢出，即相邻溢出，迂回溢出效应以及更复杂路径的溢出效应相对较弱。

总体来看，投入要素对产出的空间溢出效应是一种正的外部性效应，就制造业来说，这种正外部性的空间溢出效应可以带动周边区域制造业的发展，实现相关投入要素的高效利用，有效促进制造业的空间集聚和收敛，进而有利于实现制造业的区域协调发展和共同进步。因此，提升制造业空间溢出效应有助于推进中国制造业的整体发展。基于此，并结合本章的研究结论，就中国制造业的发展可得出下述几点政策启示：

一是进一步扩大资本要素、人力资源尤其是高层次人才在区域间的流动。资本要素的流动可以带动资本运作模式、生产资料以及生产技术在不同地域间的转移，可以促进企业间互相学习与借鉴，从而形成空间溢出效应；人力资源的流动，尤其是高层次人才的流动可以促进管理模式、生产技术、创新能力在区域间的流动，进而形成空间溢出效应。因此，可以通过制定相关的政策法规及进一步扩大制造业的资本、人才等要素的流动，尤其是由发达地区向欠发达地区的流动，有效实现对产出的正外部性作用，形成空间溢出效应，促进中国制造业更快发展。

二是努力激发研发投入、基础设施的空间溢出效应。诸多经济学研究文献及经济发展现实均显示，研发投入、基础设施等要素对相邻区域的经济发展均存在空间溢出效应。虽然本章的研究发现中国制造业的研发投入、基础设施等要素的溢出效应并不明显，但这并不意味着这些溢出效应不存在，而是存在更大的待激发和拓展的空间，例如可以加强省际间的研发项目合作和产学研合作、加大省际铁路公路乃至航运的投资建设力度等。因此，可以通过激发研发投入和基础设施的空间溢出效应，以实现对中国制造业的带动式发展。

三是积极构建非相邻区域的多重经济联系，扩大非相邻区域间的空间溢出效应。发达省份可以扩大对落后省份的投资开发，加强对落后省份的人才培育力度和其他各类帮扶力度，落后省份也可以增加对发达省份的劳动力输出，通过诸如此类的帮扶合作方式来构建发达省份和落后省份等非相邻区域之间的经济联系，来实现和扩大非相邻区域间的空间溢出效应，以促进中国制造业的区域协调发展。

第 6 章 中国制造业的空间收敛性研究

经济发展的收敛性（Convergence）问题并不是新的学术议题，但由于它涉及经济落后地区后发优势的实现、区域经济协调发展以及实现经济赶超等诸多重要的经济问题，因而一直备受人们关注。在经济学中，对收敛性问题的讨论一般重点关注经济发展变动并趋于收敛的过程，因此在收敛性研究中强调动态性，即经济发展趋于某稳定状态的动态过程，最终的稳定状态是一种理想状态。由于经济时常受到诸多未知因素的影响，这种理想状态一般很难达到，但已有研究仍然聚焦于这一趋近稳定状态的过程。对经济收敛性的研究有时间和空间两类切入点，分别对应两种收敛形式——时间收敛和空间收敛。时间收敛是指随着时间的变化，经济现象表现出收敛的特征，如后文所述的 σ 收敛和 β 收敛；空间收敛是指外围空间区域单元的经济特征趋向于中心区域的经济特征，进而各区域经济达到相同状态，如后文用空间模型所表述的收敛。实际上，时间收敛和空间收敛仅是从研究切入点而作出区分，实质内容上是紧密联系的。随着时间的变化，经济表现出的收敛性必然有空间的特征，而空间上展现出的经济收敛也是有时间维度的。从分析经济收敛性的方法和分析目的上看，空间因素更为基础。通过文献脉络可看出，学者们更关注的是经济增长的收敛性问题，而且集中在时间视角上。

第 6 章
中国制造业的空间收敛性研究

6.1 收敛性研究文献回顾

Williamson（1965）通过分析 24 个国家的截面数据和 10 个国家的时间序列数据发现，国内不同区域之间收入差异性的长期变动轨迹呈倒 U 型，由此提出区域收入收敛性假说。Baumol（1986）、Abramovitz（1986）等分别对经济增长过程中的收敛性问题进行了探讨，认为收敛现象确实存在。当然，也有研究表明经济增长过程中有不收敛现象（Amos，1988）。在经济增长的收敛性问题研究中，Barro 和 Sala-I-Martin（1991）通过对区域截面数据分析后发现，人均收入的初始水平和人均收入的增长率之间呈现反向变动关系，这意味着贫穷地区经济增长的速度高于富裕地区，贫穷地区的经济发展可以实现对富裕地区的赶超。Barro 和 Sala-I-Martin 于 1992 年导出了用于检验经济收敛的回归方程，即 β 收敛方程，他们所研究的经济收敛形式被 Barro 称为 β 收敛（β-Convergence）。Desdoigts（1999）根据 β 收敛方程的研究发现，经合组织国家和非经合组织国家的内部经济发展都存在收敛现象。关于中国经济增长收敛性的研究，一部分是依据变量方差特征来考察的，即 σ 收敛，如林毅夫和刘明兴（2003）、李金华（2006）、林光平等（2006）、潘文卿（2010）等。更多的研究主要是依据 β 收敛方程的实证检验，例如魏后凯（1997）、蔡昉和都阳（2000）、沈坤荣和马俊（2002）、林毅夫和刘明兴（2003）等，这些研究多数都将 β 收敛方程进行了拓展，引入了其他影响因素，以探索多因素综合作用下的中国宏观经济增长的收敛性。戴觅和茅锐（2015）则从产业层面研究了中国经济的收敛性，他们认为，中国经济发展不存在绝对收敛，其原因在于中国非工业部门劳动生产率不收敛以及各省份工业化程度不平衡。随着空间计量经济学的发展，不少国内学者在研究经济收敛性问题时，考虑了经济的空间相关性作用，在具体模型中引入了空间变量。例如，吴玉鸣（2006）在 β 收敛方程中考虑并引入了空间自相关因素，研究了中国省域经济的收敛性，测算出收敛速度约为 2%；张学良（2009）研究了长三角县域经济收敛性问题，发现 β 收敛速度在下降；潘文卿（2010）在 β 收敛方程中引入了空间相关性因素，并结合 Theil 指数考察了中国经济收敛性问题，发现中国在改革开放的 30 多年里存在 β 收敛特征；黄森和蒲勇健（2011）利用空间自回归 β 收敛方程研究了中国 2003—2007 年经济收敛性状况，发现呈现出不收敛特征。从模型设计的角度来看，这些研究主要是在 β 收敛方程中加入了空间滞后或空间误差项，其可以在一定程度上提高模型的拟合效果，但除了模型的 β 系数已包含的收敛信息外，模型并未因空间项的引入而将空间收敛过程中的信息更多地体现出来，模型的空间滞后项的系数只能反映空间相关，而不含有空间收敛的任何信息，因此并非严格意义上的空间收敛性问题研究。国内已有学者从空间角度对经济发展的收敛性进行考察，如覃成林和唐永（2007）从空间角度利用马尔科夫链方法研究了河南省经济的收敛性；覃成林等（2012）在资本外溢的假设下，由新古典增长模型导出了经济空间收敛路径的空间计量经济模型，并用于长三角地区经济的俱乐部收敛的实证检验；朱国忠等（2014）运用空间动态面板数据模型研究了中国省域经济的收敛性问题，得到了不存在绝对收敛的结论。

国内外关于收敛性的研究主要针对经济的发展过程，而对于产业发展的收敛性问题的讨论并不多见。作为经济的子集，产业的发展过程和规律与经济整体的发展有着相似性和一致性，因此可以使用研究经济收敛性的思路与方法来研究产业发展中的收敛性问题。在我国，制造业属于经济的支柱产业、经济增长的驱动产业和经济转型的基础，其发展也受到中央及各级政府的重视。本章将分别从时间视角和空间视角对中国制造业的收敛性进行研究。在时间视角下主要是考察中国制造业的 σ 收敛和 β 收敛，为准确测度 β 收敛特征，将严格按照原始 β 收敛方程的结构来进行检验，不考虑引入其他因素。在空间视角下主要是在借助 Barro 和 Sala-I-Martin 的 β 收敛模型基础上，进一步设计构建新的空间收敛模型来检验中国制造业的空间收敛性。设计的空间收敛模型具体包括两类：一是仅包含空间因素的收敛模型，即后文表述的空间 β 收敛模型；二是既包含时间因素又包含空间因素的收敛模型，即后文表述的时空 β 收敛模型。另外，在针对中国制造业收敛性问题研究中，本书将从整体和局部两个层面展开分析，以使研究结论系统化、层次化和科学化。需要指出，出于模型设计方面的考虑，无论在时间视角下还是空间视角下，本章讨论的重点是中国制造业的绝对收敛性问题，而非相对收敛性。

6.2 收敛性的机理分析及模型设计

6.2.1 依时间路径收敛性模型

制造业的发展有自身的历史特征，依循时间的变化考察制造业的收敛性不仅可以分析其收敛特征，也可以探索其发展的历史规律。这里将从 σ 收敛和 β 收敛两种收敛形式来考察中国制造业的收敛性。这两类收敛形式考察的核心是制造业的增长速度，根据收敛性的表述，随着时间的变化，制造业产出总量在增长，但增长的速度会越来越小，此时即呈现出收敛状态。由此可得到进一层的表述：期初的总产出指标与其增长速度之间存在反向变动关系。由此可以看出，时间上的收敛性规律意味着制造业产出较低的地区即外围地区比发达的中心地区有更高的产出增长率，这使空间收敛成为可能。

（1）σ 收敛。σ 收敛可以定义为不同区域人均产出的变异性或差异性随时间而呈现出下降趋势。这是一个整体的概念，通过对研究整体范围内人均产出的变异性的变化来考察收敛性：变异性越小，人均产出越趋于一致，此时就实现了 σ 收敛。显然，标准差适合作为变异性的衡量标准，因此构造 σ 收敛的检验式为：

$$\sigma_t = \sqrt{\frac{1}{n}\sum_{i=1}^{n}\left[\log(y_{it}) - \frac{1}{n}\sum_{i=1}^{n}\log(y_{it})\right]^2} \qquad (6-1)$$

式（6-1）统计意义明显且易于计算。其中，y_{it} 为第 i 个区域在时期 t 的制造业人均产出，σ_t 为 n 个样本区域 t 时期实际人均总产出对数值的标准差,取对数是为了降低数据的数量级。如果在年份 $t+T$ 满足 $\sigma_{t+T}<\sigma_t$,则称这 n 个区域具有 T 阶段的 σ 收敛;如果对于任意年份 $s>t$,都有 $\sigma_s<\sigma_t$,则称这 n 个区域具有一致 σ 收敛。事实上,σ 收敛中的时间路径仅是用计算出的 σ 值在不同时间上进行比较,进而判断是否存在收敛性,σ 值本身并没有时间因素。另外,本章并未对 σ 收敛测度方法或方法的使用作出分析或创新,此处列出来的目的是为了和后续的研究方法及实证结论进行对比印证。

(2) β 收敛。β 收敛是根据所构建的检验方程的回归系数 β 而得名。Barro 和 Sala-I-Martin 由新古典增长模型出发,设计了用于研究经济收敛性的计量模型,并研究了美国 48 个州的经济增长收敛性问题,研究的核心是通过构建检验回归方程并考察方程中用于检验区域经济增长的 β 收敛系数是否显著。本章首先对这一研究方法的思想进行分析阐述,并以这一检验方法的研究路径为基础,进一步设计空间视角和时空视角下的收敛模型,用以研究中国制造业的 β 收敛问题。Barro 和 Sala-I-Martin 关于经济收敛性的研究设计可由式(6-2)表述。

$$\frac{1}{T-t}\log\left(\frac{y_{iT}}{y_{it}}\right)=\Psi-\left[\frac{1-e^{-\beta(T-t)}}{T-t}\right]\log(y_{it})+\mu_{it} \qquad (6-2)$$

其中,下标 $i(i=1,2,\cdots,n)$ 为样本区域,t、T 分别表示研究样本时段内的期初和期末,$T-t$ 为时间跨度,y_{it}、y_{iT} 分别为期初和期末制造业的人均产出,Ψ 为常系数,参数 β 为收敛速度,μ_{it} 为模型满足经典假定的随机误差项。

在式(6-2)中,$T-t$ 为正常数,$\log\left(\frac{y_{iT}}{y_{it}}\right)$ 实际上是人均产出在 T 时期上关于基期 t 的对数增长率。因此,如果 β 系数大于 0,不难计算式(6-2)的回归系数 $\left\{-\left[\frac{1-e^{-\beta(T-t)}}{T-t}\right]\right\}$ 是小于 0 的,此时意味着 $\log(y_{it})$ 与 $\log\left(\frac{y_{iT}}{y_{it}}\right)$ 呈反向变动关系。其意义是人均产出的基数 y_{it} 越大,增长率 $\log\left(\frac{y_{iT}}{y_{it}}\right)$ 越小,人均产出趋于收敛状态,即 β 系数大于 0,产业发展是收敛的。进一步分析可以发现,β 系数值越大,式(6-2)的回归系数 $\left\{-\left[\frac{1-e^{-\beta(T-t)}}{T-t}\right]\right\}$ 绝对值越

大,这意味着产业收敛的速度越快。相反,如果 β 系数是负值,则产业发展处于发散状态,这可以解释某些发达的地方越发发达,落后的地方越发落后的经济现象。

有些文献将式(6-2)进行了化简,得到如下简化式(6-3):

$$r_{iT} = \alpha_0 - \alpha_1 \log(y_{it}) + \in_{iT} \qquad (6-3)$$

其中,r_{iT} 是时期 T 的增长率(基期为 t),α_0 为常数参数,$\in_{iT}$ 为随机误差。结合式(6-2)可以看出,式(6-3)的参数 α_1 实际上是式(6-2)中的 $1 - e^{-\beta(T-t)}$,因此,当 $\alpha_1 > 0$ 时,增长率 r_{iT} 和基期人均产出 y_{it} 成反向变动关系,此时经济处于收敛状态,这和式(6-2)的分析一致。

这里拟对式(6-2)进行进一步的发展演化,构造中国制造业 β 收敛的检验方程。演化的目的在于,一方面,便于完成模型的参数估计及对模型的经济学意义的阐释;另一方面,为后续模型的机理分析与设计打下基础。将式(6-2)两边同时乘以正常数 $(T-t)$ 可得:

$$\log\left(\frac{y_{iT}}{y_{it}}\right) = (T-t)\Psi - (1 - e^{-\beta(T-t)})\log(y_{it}) + (T-t)\mu_{it}$$

由于 $\log\left(\frac{y_{iT}}{y_{it}}\right) = \log(y_{iT}) - \log(y_{it})$,因此可进一步化简为:

$$\log(y_{iT}) = (T-t)\Psi + e^{-\beta(T-t)}\log(y_{it}) + (T-t)\mu_{it}$$

令 $(T-t)\Psi = B_0, e^{-\beta(T-t)} = B_1, (T-t)\mu_{it} = \varepsilon_{it}$,则模型可写为:

$$\log(y_{iT}) = B_0 + B_1 \log(y_{it}) + \varepsilon_{it} \qquad (6-4)$$

式(6-4)中,由于时间间隔 $(T-t)$ 是非随机的,因此 B_0 依旧是常数参数,ε_{it} 满足经典假定。可以看出,反映收敛速度的 β 系数值和 B_1 的关系是:

$$\beta = -\frac{\ln(B_1)}{T-t} \qquad (6-5)$$

结合式(6-2)的分析结论,容易得出关于式(6-4)的基本分析结论:

$B_1 > 1$,等价于 $\beta < 0$,此时产业发展处于发散状态;

$B_1 < 1$,等价于 $\beta > 0$,此时产业发展处于收敛状态;

$B_1 = 1$，等价于 $\beta = 0$，此时产业发展处于相对均衡状态。

直接对式（6-4）进行分析也可以得到相同的结论，由于式（6-4）属于双对数模型形式，因此系数 B_1 的含义是基期人均产出 y_{it} 每增加1%，当期人均产出 y_{iT} 增加 B_1%。如果 $B_1 > 1$，当期增加的量（相对量）高于基期增加的量，此时处于发散状态；如果 $B_1 < 1$，当期增加的量（相对量）低于基期增加的量，此时处于收敛状态；如果 $B_1 = 1$，当期和基期都以相同的速度增加，产业发展过程既不发散，也不收敛，处于相对均衡状态。需要指出的是，式（6-4）是由 Barro 和 Sala-I-Martin 的 β 收敛发展演化而来，本质上还是通过增长速度的变动来分析研究产业收敛性问题。这一模型在通常情况下不应该加入其他变量因素，否则就会对 β 系数估计的可靠性造成不良影响。

6.2.2 依空间路径收敛性模型

模型式（6-2）是从时间的角度构造出的收敛模型，如果将时间角度转变为空间角度，可以得到空间视角下的产业收敛模型。仅考虑1期跨度（即 $T-t=1$）的式（6-2）可写为式（6-6-a）或式（6-6-b）的形式：

$$\log\left(\frac{y_{it+1}}{y_{it}}\right) = \Psi - (1 - e^{-\beta})\log(y_{it}) + \mu_{it} \quad (6-6-a)$$

$$r_{it+1} = \Psi - (1 - e^{-\beta})\log(y_{it}) + \mu_{it} \quad (6-6-b)$$

式（6-6-b）中的 r_{it+1} 就是一阶对数增长率。式（6-6-a）或式（6-6-b）展示的仍是时间路径上的收敛模型，其中被解释变量 $\log\left(\frac{y_{it+1}}{y_{it}}\right)$（即一阶对数增长率）是相邻时期的人均产出比值的对数。

从对比的角度看，一阶对数增长率 $\log\left(\frac{y_{it+1}}{y_{it}}\right)$ 反映的是人均产出在时间上的差异性，是不同时间上产出水平的对比关系。如果将这种时间上的差异性转化到空间角度，即反映空间上的对比关系，例如一阶空间相邻区域的对比，那么这一对比关系就表现为相邻区域的人均产出比值的对数，借助于空

第 6 章
中国制造业的空间收敛性研究

间相邻矩阵，一阶空间对数增长率就可以写为：$\log\left(\dfrac{y_t}{W y_t}\right)$。为表述方便，这里使用矩阵形式。其中 W 为一阶空间邻接矩阵，y_t 是 t 时间上空间样本区域观察值形成的向量，$W y_t$ 是一阶相邻区域观察值的平均值。很明显，一阶空间对数增长率反映了所观察区域与其相邻区域的差异性，它和一阶对数增长率 $\log\left(\dfrac{y_{it+1}}{y_{it}}\right)$ 具有相同的数量结构。

基于上述思路，可以将式（6-6-a）写为：

$$\log\left(\dfrac{y_t}{W y_t}\right) = \Psi - (1 - e^{-\beta})\log(W y_t) + \mu_t \qquad (6-7)$$

由空间经济学的一般表述，中心区域发展水平最高，即观察值 y 最大，在周边的相邻区域中，越靠近中心区域，其经济或产业发展水平越高。根据空间收敛的定义，外围区域的发展水平向着中心区域发展水平靠拢，随着空间上向中心区域的接近，区域间的差异性越来越小。在空间收敛性的定义下，式（6-7）所表述的经济学意义是，随着向中心区域的靠近，外部相邻区域 $W y_t$ 的取值越来越高，y_t 与 $W y_t$ 的差异性越来越小，即 $\log\left(\dfrac{y_t}{W y_t}\right)$ 越来越小，经济或产业发展处于空间收敛状态。此时，$\log\left(\dfrac{y_t}{W y_t}\right)$ 与 $\log(W y_t)$ 呈反方向变动，因而回归系数 $[-(1-e^{-\beta})]$ 预期为负值，这和式（6-2）是一致的。对于本书研究的制造业而言，制造业人均产出的基数 y_t 越大的区域，周边区域和其差异性越小（此时 $\log\left(\dfrac{y_t}{W y_t}\right)$ 越小），产业趋于空间收敛状态。不难发现，β 系数大于 0，产业发展是空间收敛的，同时 β 系数越大，收敛的速度越快。相反，如果 β 系数是负值，则产业发展处于空间发散状态。在参数估计过程中，式（6-7）可以进一步化简为式（6-8）的形式：

$$\log(y_t) = \Psi + e^{-\beta}\log(W y_t) + \mu_t \qquad (6-8)$$

上述内容从空间角度刻画了产业收敛的特征，其经济学思想可以由图 6-1 描述。

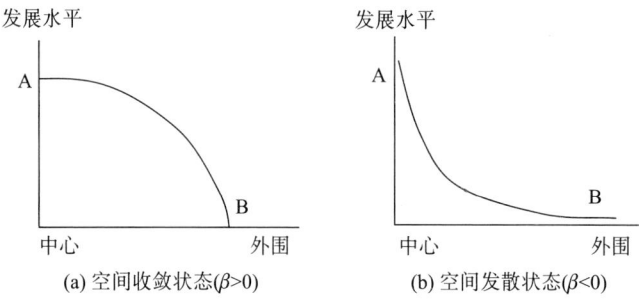

图 6-1 空间区位与发展水平的状态关系

图 6-1 中,横轴表示区域的空间位置,坐标原点为中心区域,原点之外即为外围区域。按照空间经济学研究假设,距离中心区域越远的外围区域,其发展水平就越低;纵轴表示经济或产业的发展水平。中心区域发展水平最高,设为 A;曲线 AB 为空间中不同区域的发展水平所形成的轨迹。曲线 AB 与纵轴是相交的,交点即为 A;理论上曲线 AB 与横轴相交于无穷远点,这一无穷远点记为 B。如果假设空间可以无限细分,那么曲线 AB 是光滑连续的。(a)图展示了空间收敛状态下空间区域发展水平的变动轨迹,这一轨迹显示,距离中心越近的区域,发展水平的差距越小,而距离中心越远的区域,发展水平的差距越大。(b)图展示了空间发散状态下空间区域发展水平的变动轨迹,如果出现空间发散状态,距离中心越近的区域,发展水平的差距越大,而距离中心越远的区域,发展水平的差距越小。将空间区域到中心的距离记为 h,则发展水平的轨迹可以用数学函数写为:

$$y = y(h)$$

如果经济或产业发展处于收敛状态(如图(a)所示),则 y 是单调递减的函数,且一阶导数非正,二阶导数为负,即 $y'(h) \leq 0$,$y''(h) < 0$。同时不难得出,$y'(0) = 0$,$y'(B) = -\infty$。

如果经济或产业发展处于发散状态(如图(b)所示),则 y 也为单调递减的函数,且 $y'(h) \leq 0$,$y''(h) > 0$。同时不难得出,$y'(0) = -\infty$,$y'(B) = 0$。

6.2.3 考虑时间因素的空间收敛模型

式(6-6-b)反映了增长率与人均产值的依赖关系,考虑空间因素

第6章
中国制造业的空间收敛性研究

后可以推断,增长率的空间变化和人均产出的空间变化也会存在某种依赖关系。我们对这种依赖关系通过数理模型进行描述。用矩阵的形式表示式(6-6-b)为:

$$r_{t+1} = \Psi - (1-e^{-\beta})\log(y_t) + \mu_t \qquad (6-6-c)$$

将(6-c)两边同时左乘一阶空间邻接矩阵W,得:

$$W r_{t+1} = W\Psi - (1-e^{-\beta})W\log(y_t) + W\mu_t \qquad (6-6-d)$$

式(6-6-c)减去式(6-6-d)得:

$$r_{t+1} - W r_{t+1} = (\Psi - W\Psi) - (1-e^{-\beta})[\log(y_t) - W\log(y_t)] + (\mu_t - W\mu_t)$$

令$(\Psi - W\Psi) = \Delta$,$(\mu_t - W\mu_t) = \epsilon_t$,即有:

$$r_{t+1} - W r_{t+1} = \Delta - (1-e^{-\beta})[\log(y_t) - W\log(y_t)] + \epsilon_t \qquad (6-9)$$

式(6-9)中,矩阵W是非随机矩阵,因此Δ是模型常数截距项;由于$\epsilon_t = (\mu_t - W\mu_t)$,因而可能存在空间自相关问题。

式(6-9)虽然是数学推理的结果,但它却体现出相邻区域产业发展水平的差异和对应的增长率差异性之间的依赖关系,是一种考虑了时间变动因素的空间收敛模型:不同空间区域增长率r_t反映了产出水平在时间上的变动,同时模型又考虑了增长率的空间差异和产出水平的空间差异。它是增长率的空间变动$(r-Wr)$受发展水平(即人均产出)的空间变动$[\log(y)-W\log(y)]$影响的空间回归模型,这一模型刻画了产业发展以空间路径收敛的特征,模型中参数β和式(6-2)中参数β的意义是一致的。不难看出,如果存在空间收敛现象,则式(6-9)中解释变量$[\log(y)-W\log(y)]$的系数估计结果预期为负值。

式(6-9)是对经济或产业发展的收敛状态作出的进一步表述,是从相邻区域经济发展水平差异和发展速度差异的动态关系的角度来阐述收敛性态的。在收敛情形下,相邻区域的发展水平差距变大,会在下一时间促使此二相邻区域发展速度的差距变小,此时可能是如下三种情形中的某一种:①先前发展速度较慢的区域在下一时段变快,而先前发展速度较快的区域在下一时段变慢;②二相邻区域发展速度都变慢,但先前发展速度较快的区域变慢的幅度更大;③二相邻区域发展速度都变快,但先前发展速度较慢的区域发展速度变得更快。无论哪种情形,都意味着经济或产业处于收敛状态。发散状态下的情形与上述相反。图6-2展示了式(6-9)的经济学意义。

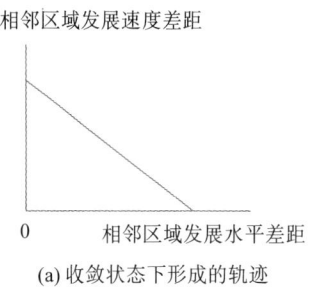
(a) 收敛状态下形成的轨迹

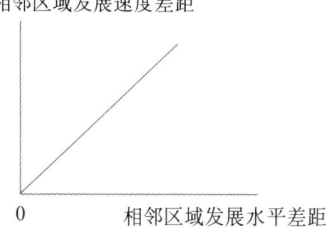
(b) 发散状态下形成的轨迹

图 6-2 式 (6-9) 的经济学意义

很明显，式（6-9）显示出相邻区域发展水平的差距和此二相邻区域发展速度的差距呈线性变动关系，因此两者的变动轨迹是一条直线，且这一直线的斜率为 $-(1-e^{-\beta})$。在收敛状态下，$\beta>0$，此时直线的斜率是负值（如图（6-2a）所示），当直线的斜率为 -1 时收敛达到极限状态，即当发展水平差距扩大 1 个单位时，发展速度差距减小 1 个单位。在发散状态下，$\beta<0$，此时直线的斜率是正值（如图（6-2b）所示）。

6.2.4 依空间路径收敛模型与依时间路径收敛模型的比较

上述有关收敛性问题的机理分析和模型的研究设计表明，本章提出的依空间路径的收敛性模型与含时间因素的空间收敛模型和 Barro 和 Sala-I-Martin 提出的 β 收敛模型都是基于经济或产业发展收敛性的基本概念和基本特征而设计的，都能够阐释收敛过程的经济学属性。但同时也能看出，它们之间也有本质的不同，至少体现出下述两点。一是对于样本点关系的考虑不同。β 收敛模型的研究设计仅考虑了经济发展过程中的前后影响关系，即时间上的依赖性，但并未考虑样本点（样本区域）间的依赖关系，在实证分析中通常假定样本点之间相互独立；而本章设计的依空间路径的收敛性模型和含时间因素的空间收敛模型均对样本点的空间依赖关系有充分的考虑，并在模型中有效体现。二是模型研究的理论基础有差异。β 收敛模型的研究设计是基于新古典经济学理论，本章设计的依空间路径的收敛性模型和含时间因素的空间收敛模型是在吸收 β 收敛模型研究思想的基础上，进一步考虑了空间区位因素，是以新古典经济学理论为基础，同时也吸收了近年来新发展的空间经济学所强调的内容。

第6章
中国制造业的空间收敛性研究

另外,为方便指代和表述,在后文中将直接由 Barro 和 Sala－I－Martin 的 β 收敛模型所推演的结果 [核心方程为式 (6-4)] 称为时间 β 收敛模型,将依据 Barro 和 Sala－I－Martin 的 β 收敛模型思想而设计的空间收敛模型 [核心方程为式 (6-7) 和式 (6-8)] 称为空间 β 收敛模型,将考虑时间因素的空间收敛模型 [核心方程为式 (6-9)] 称为时空 β 收敛模型。

6.3 中国制造业收敛性实证分析

研究经济收敛、产业收敛等问题,通常采用人均产出类指标,因此这里选择制造业人均增加值的年度数据来研究中国制造业的收敛性问题。数据的行业范围是制造业行业下的规模以上工业企业,空间范围是全国 31 个省、市、自治区,时间范围是 2007—2017 年。数据来源于各省统计年鉴,部分省份的缺失数据我们作了插补。在实证研究中,本书把样本进行了必要的分割,做法是将样本时段分割为 2007—2012 年和 2013—2017 年两个子样时段,并对这个子样时段分别进行研究。作这样的样本分割是基于如下两点考虑。一是 2007—2012 年是全球金融危机爆发和影响广泛的阶段,中国经济受到了金融危机的巨大影响,2013—2017 年是中国经济发展步入新常态的转轨阶段①,经济增长动力在逐步转换,是中国经济发展的重要历史时期。二是根据国家统计局相关统计制度,2013 年工业企业数据统计口径有所调整,因此本书构造了 2007—2012 年和 2013—2017 年两个子样时段,以使得我们的研究更科学。

在对制造业数据进行基础统计分析时发现,中国制造业发展呈现出明显的块状特征,即长三角、珠三角、京津冀的分块发展特征明显,因此本书拟分别考察这些经济圈内的制造业收敛特征。加上西部地区以川陕渝为中心的

---

① 虽然经济新常态概念的提出是在 2014 年初,但本书认为,新常态的形成与出现并不局限于某一时点,而是经济在一段时期甚至更长的时间段内的发展演进过程。同时,本书通过对数据的考察分析显示,2013 年以后,中国经济已经出现新常态所具有的诸多特征。因此,本书将 2013—2017 年的样本时段视为经济发展向新常态迈进的时段。

经济圈，共 4 个块状经济区，这 4 个经济区包含的样本省域如表 6-1 所示。

表 6-1　　　　　　　　4 个块状经济圈包含的省份

经济圈	所含省份（市、自治区）
长三角	上海、江苏、浙江、山东、安徽、湖北、江西、福建
珠三角	广东、广西、海南、湖南、江西、福建、湖北、云南、贵州
京津冀	北京、天津、河北、辽宁、山东、山西、河南、内蒙古、吉林
川陕渝	陕西、四川、重庆、贵州、西藏、青海、甘肃、宁夏、新疆、云南

这里经济圈的划分是广义上的区域划分，并不局限于传统概念下的经济发展区域。划分的方法是围绕这 4 个经济圈中心省市的省域，只要在地理上靠近，经济上有较紧密的联系，都划入经济圈之内。当然，这会使一些省份包括在了不同的区域内，例如江西省，既靠近长三角经济圈，又靠近珠三角经济圈，因此它被同时纳入了这两个经济圈内，但这不会影响实证分析结果。另外，我们将这 4 个经济圈独立来看待并进行建模，即仅考虑经济圈内部的依赖关系，而不考虑经济圈内部省域与圈外省区的关系，其优势在于可以简化模型设计与估计的过程，同时也可以将 4 个经济圈进行独立化对比，使比较结果更有意义。在后文的研究中，涉及这 4 个经济圈的内容都是不考虑经济圈内外省域关系的。

6.3.1　中国制造业的 σ 收敛性分析

根据各省统计年鉴公布的制造业产出（即制造业增加值）及人口数等指标数据，利用式（6-1）分析中国制造业 σ 收敛情况。根据价格指数调整后得到的实际人均产出数据计算出的 σ 值如表 6-2 所示。

表 6-2　　　　　　　　制造业各年份 σ 值

年份	2007	2008	2009	2010	2011	2012	2013	2014	2015	2016	2017
全国	0.841	0.807	0.798	0.798	0.770	0.749	0.748	0.744	0.753	0.722	0.717
长三角	0.728	0.637	0.588	0.551	0.488	0.428	0.388	0.361	0.352	0.318	0.325
珠三角	0.650	0.679	0.682	0.725	0.657	0.626	0.621	0.633	0.638	0.658	0.653
京津冀	0.536	0.538	0.602	0.544	0.535	0.569	0.587	0.620	0.675	0.644	0.604
川陕渝	0.694	0.749	0.717	0.760	0.792	0.762	0.773	0.764	0.732	0.687	0.629

由表 6-2 可以发现，从 2007—2014 年，全国范围计算的 σ 值呈现出逐年下降趋势，一致 σ 收敛状况显现，但在 2015 年 σ 值又出现上升态势，2016—2017 年的 σ 值又有明显的下降趋势，因而严格地说，样本期内尚未形成一致 σ 收敛性。但同时也能看到，2017 年的 σ 值明显小于 2011 年的 σ 值，这一期间的 σ 收敛性也是存在的。也就是说，中国各省、市、区的制造业人均产出的差异性在样本期内呈现出下降的趋势，人均产出水平趋于相同，即呈现收敛现象。因此不难得出，无论是在整个 2007—2017 年的样本期内，还是样本期前段的金融危机时期，或是样本期后段的中国经济新常态阶段，中国制造业的发展都显现出较为明显的 σ 收敛特征。从局部区域来看，长三角经济圈制造业 σ 值在两组样本时段内均呈现出下降趋势，σ 收敛现象明显，且出现了一致 σ 收敛特征。珠三角经济圈 σ 值在金融危机时段的前期 σ 值呈现出逐年上升的趋势，2010—2012 年 σ 值略有下降，出现了 σ 收敛的迹象；进入经济新常态阶段后 σ 值持续上升，即制造业在这一样本时段没有任何 σ 收敛现象。京津冀经济圈的制造业在金融危机样本时段内显现出一定的 σ 收敛性，但进入经济新常态以来，σ 值持续上升，毫无 σ 收敛特征。川陕渝经济圈的制造业在金融危机时段也没有 σ 收敛特征，但进入新常态以来，σ 值下降趋势较为明显，σ 收敛特征显现。

6.3.2 中国制造业的时间 β 收敛性分析

根据 2007—2017 年全国各省、市、区的制造业人均增加值对式（6-4）参数进行估计。为保证研究的全面性，本书将样本期内各时间段的数据都进行了拟合，以展示中国制造业的 β 收敛特征。由于 2007—2012 年和 2013—2017 年是两组不同的样本，因此在分析问题时需要区别对待。在模型估计过程中发现，由于使用的是全国各省市区的截面数据，部分模型受到异方差因素的影响，但根据计量经济学的研究经验来看，这些影响并不严重，不会影响相关分析结论。参数结果如表 6-3 所示。

表 6-3　式（6-4）的参数估计结果

区间段	2007—2008 年	2007—2009 年	2007—2010 年	2007—2011 年	2007—2012 年	2008—2009 年	2008—2010 年	2008—2011 年	2008—2012 年	2009—2010 年	2009—2011 年	2009—2012 年	2010—2011 年
B_0	0.712	0.949	1.285	1.846	2.243	0.250	0.545	1.094	1.501	0.306	0.839	1.209	0.584
B_1	0.941	0.922	0.909	0.865	0.829	0.981	0.972	0.931	0.894	0.991	0.951	0.919	0.956
B_1 的 t 值	26.850***	21.990***	17.940***	15.502***	13.712***	39.320***	28.770***	23.647***	19.417***	40.240***	32.215***	26.824***	3.964***
White 检验 χ^2 值	1.111	0.592	3.364	3.247	1.419	0.619	3.228	0.228	0.032	4.898*	8.221**	1.831	0.879
β	0.061	0.041	0.032	0.036	0.038	0.020	0.014	0.024	0.028	0.010	0.025	0.028	0.045

区间段	2010—2012 年	2011—2012 年	2013—2014 年	2013—2015 年	2013—2016 年	2013—2017 年	2014—2015 年	2014—2016 年	2014—2017 年	2015—2016 年	2015—2017 年	2016—2017 年	
B_0	0.946	0.383	0.163	0.215	0.830	1.003	−0.039	0.556	0.739	0.530	0.702	0.188	—
B_1	0.926	0.968	0.990	0.984	0.920	0.905	1.004	0.943	0.927	0.946	0.931	0.983	—
B_1 的 t 值	32.723***	58.670***	49.880***	24.482***	16.946***	15.345***	42.030***	22.286***	18.924***	32.919***	25.125***	37.694***	—
White 检验 χ^2 值	0.113	2.028	4.239	6.45**	0.636	0.598	5.951*	0.410	0.248	1.298	0.732	0.499	—
β	0.038	0.033	0.011	0.008	0.028	0.025	−0.004	0.029	0.025	0.056	0.036	0.017	—

注：检验统计量值后标有"*"表示统计量值落在10%的检验拒绝域内，标有"**"表示统计量值落在5%的检验拒绝域内，标有"***"表示统计量值落在1%的检验拒绝域内。下同。

表 6-3 中的 β 系数估计值是根据式（6-5）计算得出的。通过 B_1 的估计值或 β 系数估计值可以看出，中国制造业在样本期内的大部分时间段呈收敛状态，只有 2014—2015 年这一时间段呈现出发散状态，且此时 β 的绝对值较小，说明发散状态也不明显。在 2007—2012 年金融危机时段，以 2007 年为基期的 β 系数估计值均显著大于 0，因而可以认为在这一阶段中国制造业整体上呈现出收敛的发展态势，这意味着制造业发达区域（也即中心区域）的发展速度（表现为人均总产出）低于边缘及外围的欠发达地区的发展速度，边缘及外围区域的制造业发展对中心地区呈现出追赶趋势。中国制造业的这种收敛的发展态势一直持续到经济新常态时期，且进入经济新常态以来，制造业 β 收敛性依旧明显。就收敛速度来看，新常态时期的 β 估计值整体上明显小于金融危机时期，这表明新常态时期的收敛速度有所降低。结合时势背景可知，2008—2010 年正是全球金融危机最为严重的阶段，中国政府为缓解金融危机的影响，实施了积极的财政政策和相对宽松的货币政策以刺激经济发展，中小城市的制造业在这一时段发展较快，对区域性中心城市的追赶趋势明显，因而展示出较快的收敛速度。中国经济进入新常态以来，经济发展步入调整换挡阶段，在供给侧改革有序推进的形势下，规模小、效率低、产能落后的制造业企业被逐步淘汰，这些企业多数居于非中心城市及相对落后的地区，这就造成这些地区的制造业发展出现暂时性乏力现象，因此对中心城市和发达地区的追赶动力不足，造成收敛速度降低。因此，根据 2007—2017 年的样本数据，中国制造业在发展过程中整体上呈现出 β 收敛的特征，即欠发达区域的制造业发展速度比发达区域的发展速度更快，欠发达区域对发达区域追赶趋势明显。进入新常态以来，由于中国经济发展需要进行动力转换，中国制造业收敛的速度降低，但我们认为这是暂时性的。

时间 β 收敛是从时间的角度来考察制造业发展的特征，反映了制造业发展速度和发展水平的变动趋势规律：发展水平较低的区域，其发展速度相对较高。按照这一趋势规律，最终所有区域的发展结果将趋于一致。因此可以这样认为，β 收敛是依循时间的变动来考察产业或经济整体不同发展水平下的发展特征。β 收敛的存在为落后地区的发展和落后地区向发达地区实现追赶提供了理论基础，也为发展经济学中的后发优势理论提供现实支持。β收敛性这一理论在全球范围内也可以找到现实依据，在经济发展过程中若没有受到种族、宗教等人性因素阻碍的国家或地区，都可以实现较发达国家更快的发展速度，并实现追赶与超越，例如巴西、印度、南非、中国等发展中国家。这些都涉及更广泛的经济学议题，此处不作讨论。

上述分析是以全国各省域为样本点来考察全国整体的时间β收敛特征，对于不同区域而言，其β收敛特征可能存在差异，因此本书进一步从区域的角度对中国制造业的收敛性问题进行深入考察。根据前文设计的4个经济圈，利用这4个经济圈样本数据估计式（6-4），估计结果如表6-4-a、表6-4-b、表6-4-c和表6-4-d所示。

表6-4-a显示，长三角经济圈制造业发展呈现出明显的时间β收敛特征，各时间区间内的β系数估计值均大于0，这说明样本期内长三角的制造业一直处于收敛状态。在金融危机最为严重的2008—2010年，长三角经济圈制造业收敛速度明显减小，2009—2010年的收敛速度系数降至0.071。2010—2012年，长三角经济圈制造业收敛速度有短暂回升，但经济发展进入新常态以来，又呈现降低趋势，在2016—2017年的样本时段，收敛速度系数仅为0.003。

表6-4-b展示的是珠三角经济圈制造业的时间β收敛信息。可以看出，在金融危机时段，珠三角经济圈制造业在表现出一定收敛性的同时，又有发散的迹象，其中，2010—2012年、2011—2012年两个时间段内的收敛速度最快，分别为0.083和0.053；2007—2008年、2009—2010年两个时间段内的收敛系数分别为-0.038和-0.054，下降趋势明显。进入经济新常态以来，珠三角经济圈制造业的收敛性并不明显，除2013—2015年、2016—2017年的样本时段外，其他时间段内的β估计值均小于0，但估计值的绝对值相对较小。这意味着在新常态时期的2013—2017年，珠三角制造业发展整体上呈现发散状态，但发散速度较缓慢。

表6-4-a 式(6-4) 长三角经济圈的参数估计结果

区间段	2007—2008年	2007—2009年	2007—2010年	2007—2011年	2007—2012年	2008—2009年	2008—2010年	2008—2011年	2008—2012年	2009—2010年	2009—2011年	2009—2012年	2010—2011年
B_0	-1.366	2.190	2.861	3.918	4.809	0.861	1.630	2.798	3.798	0.858	2.062	3.088	1.298
B_1	0.870	0.788	0.738	0.640	0.551	0.916	0.856	0.748	0.649	0.931	0.820	0.720	0.881
B_1的t值	22.640***	10.940***	10.700***	7.902***	6.574***	19.63***	16.830***	11.243***	9.141***	21.240***	16.308***	15.751***	28.907***
White检验χ^2值	1.401	1.994	1.227	0.847	0.630	4.942*	3.299	2.047	2.999	3.243	4.386	0.552	0.950
β	0.139	0.119	0.101	0.112	0.119	0.088	0.078	0.097	0.108	0.071	0.099	0.110	0.127

区间段	2010—2012年	2011—2012年	2013—2014年	2013—2015年	2013—2016年	2013—2017年	2014—2015年	2014—2016年	2014—2017年	2015—2016年	2015—2017年	2016—2017年
B_0	2.476	1.318	0.817	1.156	2.175	2.252	0.319	1.474	1.583	1.363	1.604	0.107
B_1	0.767	0.874	0.927	0.896	0.794	0.794	0.971	0.857	0.853	0.865	0.849	0.997
B_1的t值	15.464***	23.300***	27.370***	14.500***	9.695***	7.308***	23.940***	10.410***	7.336***	8.352***	5.783***	10.801***
White检验χ^2值	3.667	2.938	4.028	1.657	5.409*	3.623	2.231	4.851*	5.137*	5.910*	5.914*	0.860
β	0.133	0.135	0.076	0.055	0.077	0.058	0.029	0.077	0.053	0.145	0.082	0.003

注：表中χ^2是被估计模型的异方差White检验χ^2统计量值，下表同。

表 6-4-b　式(6-4)　珠三角经济圈的参数估计结果

区间段	2007—2008年	2007—2009年	2007—2010年	2007—2011年	2007—2012年	2008—2009年	2008—2010年	2008—2011年	2008—2012年	2009—2010年	2009—2011年	2009—2012年	2010—2011年
B_0	-0.106	0.084	-0.101	1.247	1.920	0.097	-0.116	1.147	1.761	-0.253	0.938	1.514	1.104
B_1	1.038	1.026	1.075	0.937	0.870	0.998	1.050	0.925	0.867	1.056	0.941	0.888	0.898
B_1 的 t 值	22.330***	12.140***	9.437***	6.507***	5.575***	25.530***	14.310***	8.691***	7.394***	21.430***	11.926***	10.073***	19.748***
White 检验 χ^2 值	1.304	1.640	0.815	0.250	0.583	1.450	0.306	0.682	0.253	2.646	2.690	1.641	5.247*
β	-0.038	-0.013	-0.024	0.016	0.028	0.002	-0.024	0.026	0.036	-0.054	0.030	0.040	0.108

区间段	2010—2012年	2011—2012年	2013—2014年	2013—2015年	2013—2016年	2013—2017年	2014—2015年	2014—2016年	2014—2017年	2015—2016年	2015—2017年	2016—2017年
B_0	1.678	0.588	-0.004	0.133	0.066	0.146	0.021	-0.135	-0.037	-0.220	-0.993	0.142
B_1	0.847	0.948	1.010	1.000	1.013	1.009	1.003	1.025	1.020	1.029	1.021	0.990
B_1 的 t 值	13.387***	28.080***	18.320***	11.100***	8.503***	9.043***	26.760***	15.541***	17.860***	34.695***	38.578***	4.249***
White 检验 χ^2 值	1.276	3.838	5.601*	6.332**	7.120**	6.97**	5.566**	4.846*	5.153*	2.367	0.325	0.668
β	0.083	0.053	-0.010	0.000	-0.004	-0.002	-0.003	-0.012	-0.007	-0.029	-0.010	0.010

第6章 中国制造业的空间收敛性研究

表6-4-c 式(6-4)京津冀经济圈的参数估计结果

区间段	2007—2008年	2007—2009年	2007—2010年	2007—2011年	2007—2012年	2008—2009年	2008—2010年	2008—2011年	2008—2012年	2009—2010年	2009—2011年	2009—2012年	2010—2011年
B_0	0.474	-0.061	1.355	2.172	2.023	-0.581	0.748	1.366	1.058	1.148	1.642	1.300	0.420
B_1	0.963	1.033	0.899	0.827	0.851	1.074	0.952	0.903	0.944	0.898	0.863	0.908	0.974
B_1的t值	8.884***	6.159***	5.034***	3.904***	3.549***	9.054***	7.395***	5.731***	5.257***	25.801***	10.945***	9.291***	18.570***
White检验χ^2值	2.066	2.129	1.244	0.537	0.544	6.726**	6.773**	5.121*	3.937	1.290	1.295	1.294	1.423
β	0.038	-0.016	0.036	0.047	0.032	-0.072	0.025	0.034	0.014	0.107	0.074	0.032	0.026

区间段	2010—2012年	2011—2012年	2013—2014年	2013—2015年	2013—2016年	2013—2017年	2014—2015年	2014—2016年	2014—2017年	2015—2016年	2015—2017年	2016—2017年
B_0	-0.022	-0.518	-0.474	-1.253	-0.156	0.425	-0.824	0.216	0.795	0.786	0.648	1.348
B_1	1.028	1.061	1.052	1.129	1.011	0.955	1.082	0.970	0.915	0.913	0.937	0.860
B_1的t值	14.266***	45.131***	30.400***	13.650***	6.262***	6.579***	22.170***	6.856***	7.134***	8.796***	55.105***	9.154***
White检验χ^2值	1.444	1.605	0.337	0.847	0.089	0.210	0.296	0.426	0.618	0.717	0.260	0.906
β	-0.028	-0.059	-0.050	-0.061	-0.004	0.012	-0.079	-0.015	0.030	0.091	0.065	0.075

表6-4-d 式(6-4) 川陕渝经济圈的参数估计结果

区间段	2007—2008年	2007—2009年	2007—2010年	2007—2011年	2007—2012年	2008—2009年	2008—2010年	2008—2011年	2008—2012年	2009—2010年	2009—2011年	2009—2012年	2010—2011年
B_0	-0.336	0.167	0.069	-0.254	0.258	0.448	0.349	0.093	0.567	-0.103	-0.367	0.114	0.028
B_1	1.074	1.021	1.059	1.130	1.078	0.955	0.992	1.053	1.008	1.037	1.098	1.052	1.025
B_1的t值	29.970***	18.170***	10.840***	21.405***	14.829***	40.510***	13.320***	34.587***	20.059***	40.240***	29.057***	20.270***	15.305***
White检验χ^2值	1.188	0.849	4.009	1.294	1.441	0.885	2.507	2.019	1.849	4.898*	0.698	0.956	1.461
β	-0.072	-0.010	-0.019	-0.031	-0.015	0.046	0.004	-0.017	-0.002	-0.036	-0.047	-0.017	-0.025

区间段	2010—2012年	2011—2012年	2013—2014年	2013—2015年	2013—2016年	2013—2017年	2014—2015年	2014—2016年	2014—2017年	2015—2016年	2015—2017年	2016—2017年
B_0	0.423	0.481	0.271	0.817	1.551	2.369	0.469	1.171	2.011	0.647	1.531	0.939
B_1	0.990	0.957	0.981	0.920	0.842	0.747	0.948	0.875	0.779	0.933	0.832	0.893
B_1的t值	17.282***	24.200***	23.300***	11.670***	8.398***	6.558***	20.010***	11.985***	8.255***	25.705***	10.907***	12.554***
White检验χ^2值	2.597	2.028	1.286	0.816	1.339	0.832	1.440	1.666	0.854	3.424	0.647	0.585
β	0.005	0.044	0.019	0.042	0.057	0.073	0.053	0.067	0.083	0.069	0.092	0.113

第 6 章
中国制造业的空间收敛性研究

表 6 – 4 – c 是京津冀经济圈的制造业时间 β 收敛模型的拟合结果。直接观察 β 系数估计结果可以发现，在金融危机时段，京津冀经济圈的制造业主要呈现出收敛态势，其中以 2009 年为基期的收敛速度相对较快，2009—2010 年、2009—2011 年、2009—2012 年的收敛速度系数分别为 0.107、0.074、0.032。进入经济新常态以来，以 2013 年为基期的 β 估计值基本小于 0，其他年间基本大于 0，这意味着这一样本期内京津冀经济圈的制造业发展呈现出短暂的发散态势后有收敛迹象。另外 2014—2017 年、2015—2017 年、2016—2017 年样本时段的 β 估计值依次为 0.030、0.065、0.075，呈持续上升趋势，这表明进入新常态以来京津冀经济圈的制造业发展处于明显的收敛态势，且收敛速度有加快迹象。

表 6 – 4 – d 是以陕川渝为中心的中国西部制造业时间 β 收敛模型的拟合结果。可以发现，在金融危机时段的 β 估计值多数是负数，表明其收敛性特征并不明显。进入经济新常态以来，β 估计值表现为正数，收敛性特征明显。另外，在新常态时段的 2013—2017 年、2014—2017 年、2015—2017 年和 2016—2017 年样本时段的 β 估计值依次为 0.073、0.083、0.092 和 0.113，呈现出逐步上升态势，这是西部地区制造业收敛速度加快的一个迹象。

通过将 4 个经济圈的时间 β 收敛系数进行对比分析不难发现，这 4 个经济圈的制造业收敛性状分化明显。在金融危机时段，长三角和京津冀经济圈的制造业都显示出明显的 β 收敛特征，但珠三角和川陕渝经济圈的制造业收敛性并不明显，且珠三角经济圈还显示出较为明显的发散性特征。进入经济新常态以来，长三角和川陕渝两大经济圈制造业均表现出明显的收敛性特征，但珠三角和京津冀经济圈的制造业发展却呈现出发散态势。在收敛的经济圈中，长三角的收敛速度最为显著，无论是金融危机时期还是经济新常态阶段，长三角经济圈制造业的收敛速度明显高于其他经济圈，这表明长三角外围省份的制造业发展动力较大，向中心区域追赶的势头强劲；同时也表明，以江浙沪为中心的长三角经济圈对周边省份发展的带动能力强，辐射性明显。这一收敛性特征也符合改革开放以来，尤其是 20 世纪 90 年代以来长三角经济圈的发展特点和规律。珠三角经济圈的收敛特征在新常态时段呈现出发散态势，这说明珠三角外围省份的制造业在发展水平上与中心区域的差距较明显，体现了珠三角制造业逐渐向以广东省为中心区域的区域集聚发展，对周边省份的经济辐射作用较小。川陕渝经济圈制造业的 β 收敛速度相对较小，这和西部经济整体发展水平较低有一定的关系，但在进入新常态以来其收敛的趋势是明显的，而且有加大的趋势。京津冀经济圈制造业发展在新常态以来不存在 β 收敛性，呈现出发散性的发展模式，这意味着这一经济圈内的制造业发展存在分化趋势，中心区域发展水平会越来越明显地高于外围区域。换句话说，中心区域制造业发展对外围省份没有形成有效的拉动作用，经济辐射效应不明显。这一发现也符合京津冀地区近年来经济发展的现实。另外还可以发现，进入新常态以来，无论是整体还是局部区域，制造业的 β 收敛速度都有降低态势。

6.3.3　中国制造业空间 β 收敛性分析

根据样本数据的初步分析发现，中国制造业呈现出中心—外围的空间分布特征，中心省域的制造业发展水平相对较高，外围省域的发展水平相对较低，因此需要从空间的角度考察中国制造业的收敛性。根据式（6-8）的设计，我们对中国制造业空间 β 收敛性进行研究检验，以探索空间收敛性特征。这里仍将样本分为 2007—2012 年和 2013—2017 年两部分，并以此构建空间面板数据模型并展开分析研究。式（6-8）是带有一阶空间邻接矩阵的线性回归模型，在估计过程中需要关注模型随机项的空间依赖性，因而采用空间面板数据的最大似然估计法来完成模型参数的估计。

通过表 6-5 的估计结果可以看到，在金融危机时段的 2007—2012 年样本期内，模型参数 β 的估计值为 0.198，说明这一样本期内的中国制造业是空间 β 收敛的；在经济新常态时段的 2013—2017 年样本期内，参数 β 的估计值为 0.114，这同样表明中国制造业是空间 β 收敛的，但收敛速度小于 2007—2012 年样本期。不同时段下的制造业空间 β 收敛模型的参数估计结果表明，中国制造业存在空间 β 收敛性，但在收敛速度上存在差异，即进入新常态以来，中国制造业的空间 β 收敛速度小于早前的金融危机时段，整体上存在放缓的趋势。这一研究结论和先前的时间 β 收敛研究结论一致。因此，中国经济进入新常态以来，中国制造业的发展产生了明显的变化，其收敛速度放缓，这意味着落后地区对发达地区的追赶速度有所降低。基于这一结论，本书认为中国制造业的发展在短期内面临新常态下经济动力转换所带来的风险，尤其是式（6-8）中所表述的外围区域的制造业，更面临着供给侧改革的压力，如果不能及时有效地应对市场风险，就可能被淘汰。当然，从产业经济发展的角度来看，这一风险的存在将有利于中国制造业的发展，中国制造业将形成一个优胜劣汰的产业升级过程。

表 6-5　　　　　　　　式（6-8）的参数估计结果

样本时段	模型参数	估计值	t统计量	P值
2007—2012 年	截距	1.567	1.326	0.187
	$e^{-\beta}$	0.820	6.640	0.000
	β	0.198	—	—
2013—2017 年	截距	0.824	1.037	0.301
	$e^{-\beta}$	0.892	10.146	0.000
	β	0.114	—	—

进一步，可以利用式（6-8）分别研究长三角、珠三角、京津冀、川陕渝 4 大经济圈的空间 β 收敛状况。利用两个样本时段所形成的制造业人均产出面板数据，可以得到各经济圈下的参数估计结果如表 6-6 所示。

表 6-6　　　　　各经济圈样本式（6-8）的参数估计结果

样本时段	模型参数	长三角 估计值	长三角 t统计量	珠三角 估计值	珠三角 t统计量	京津冀 估计值	京津冀 t统计量	川陕渝 估计值	川陕渝 t统计量
2007—2012 年	截距	-1.050	-1.903	0.165	0.239	1.187	0.675	0.361	0.899
	$e^{-\beta}$	1.112	20.059***	0.954	13.559***	0.879	4.863***	0.935	24.990***
	β	-0.106	—	0.047	—	0.129	—	0.067	—
2013—2017 年	截距	2.552	1.939	1.473	1.141	0.769	1.223	0.339	2.614**
	$e^{-\beta}$	0.747	5.663***	0.822	6.216***	0.922	13.576***	1.064	0.524
	β	0.291	—	0.196	—	0.081	—	-0.062	—

根据表 6-6 的参数估计结果，不难得出下述基本结论：

（1）在空间依赖关系视角下，长三角经济圈的制造业在全球金融危机时段（2007—2012 年）呈现发散性的特点，表现为 β 值为负数，即中心区域的制造业发展与外围区域的差距加大。经济发展进入新常态以来，即在 2013—2017 年的样本时段，长三角经济圈的制造业显现出收敛的趋势，此时 β 值为正数。因此，从空间的角度来看，长三角经济圈的制造业在整个 2007—2017 年的样本时段内由发散转向收敛，这与时间角度下这一地区的收敛性考察结论有所差异。

（2）珠三角经济圈制造业在两组样本时段内都呈现出空间 β 收敛特征。在金融危机时段，β 为正值，空间 β 收敛性较为明显；经济进入新常态以来，参数 β 估计结果依旧为正值，继续呈现空间 β 收敛的特征。另外不难发现，在两组样本时段内，$\beta_{2013-2017} = 0.196 > 0.047 = \beta_{2007-2012}$，因此珠三角经济圈制造业空间 β 收敛速度呈加快趋势。

（3）京津冀经济圈制造业的空间 β 收敛特征亦很明显，无论在金融危机时段还是进入新常态以来，模型参数 β 的估计值均显示为正数。但是进入新常态以来，参数 β 估计结果明显小于金融危机时段的参数 β 估计结果，$\beta_{2013-2017} = 0.081 < 0.129 = \beta_{2007-2012}$，因此京津冀经济圈制造业空间 β 收敛速度略有下降。

（4）川陕渝经济圈制造业的收敛性在两组样本时段内呈现出不同。在金融危机时段，模型参数 β 的估计值为正，表现出收敛性特征；而进入经济新常态以来，这一估计值为负，呈现发散状态。进一步分析不难发现，两组样本时段内 β 的估计值的绝对值都较小，这意味着无论是收敛还是发散，其速度都较小。

6.3.4 中国制造业时空 β 收敛性分析

上文利用空间 β 收敛模型研究的结论和时间 β 收敛模型研究结论具有一定的差异性，其根本原因是研究视角的不同，即它们分别是基于空间依赖视角和时间相关视角，对收敛性的解释角度不同，因而产生一定的差异性。因此，这里进一步利用式（6-9）从时间和空间双视角对中国制造业的收敛性展开研究。依据前文的分析，式（6-9）展示了产业发展水平的差距和发展速度的差距之间的变动关系，进而体现收敛性的特征。基于全国整体状况的估计结果如表6-7所示。

表6-7　　　　　式（6-9）的参数估计结果

样本时段	模型参数	估计值	t统计量	P值
2007—2012年	截距	0.190	1.740	0.082
	λ	0.388	4.262	0.000
	$-(1-e^{-\beta})$	-0.011	-0.874	0.382
	β	0.011	—	—
2013—2017年	截距	0.053	0.531	0.595
	λ	0.259	0.496	0.013
	$-(1-e^{-\beta})$	-0.002	-0.023	0.818
	β	0.002	—	—

注：由于模型中的增长率变量消耗1个基年数据，因此样本时段2007—2012年中是5年的面板数据，而2013—2017年中是5年的面板数据；经过检验而确定在个体固定效应下估计面板数据模型。表6-6与此同。另外表中未显示模型随机项的空间自相关系数。

由表6-7可以看出，在2007—2012年的样本时段，β的估计值大于0，在2013—2017年的样本时段，β的估计值亦大于0，这表明中国制造业在2007—2017年的样本期内整体上是收敛的，这种收敛的形态可以表述为在当前时期外围区域与中心区域制造业发展水平存在较大差异的情形下，下一时期的发展速度差异性更容易变小。换句话说，外围区域向中心区域的追赶现象是存在的。在经济新常态阶段，参数β的估计值为0.002，小于金融危机时段的估计值0.011，这说明中国制造业进入新常态以来收敛速度在整体上呈现出下降的趋势。这一研究结论和时间β收敛模型的研究结论以及空间β收敛模型的研究结论是一致的，它们之间相互印证。

从区域角度来看，中国制造业的收敛状态和收敛速度下降的趋势在各经济圈中又有显著差异。表6-8即利用4大经济圈的两组样本时段的面板数据对式（6-9）进行估计的结果。

表 6-8　　各经济圈样本式（6-9）的参数估计结果

样本时段	模型参数	长三角		珠三角		京津冀		川陕渝	
		估计值	t统计量	估计值	t统计量	估计值	t统计量	估计值	t统计量
2007—2012 年	截距	0.036	2.194**	-0.177	-3.427***	0.067	2.743**	-0.002	-0.154
	$e^{-\beta}-1$	-0.342	2.855**	-0.025	-0.380	-0.515	-3.942***	0.001	0.075
	β	0.419	—	0.026	—	0.724	—	-0.001	—
2013—2017 年	截距	0.001	0.114	-0.064	-4.955**	0.003	0.187	0.007	0.394
	$e^{-\beta}-1$	-0.079	-2.074**	-0.022	-3.275***	-0.002	-0.554	-0.113	-0.812
	β	0.082	—	0.022	—	0.002	—	0.120	—

表 6-8 展示了在同时考虑时间变动因素和空间依赖性情形下各经济圈在不同样本时段的制造业收敛性状态。不难发现，长三角经济圈在两组样本时段内都呈现出收敛性，同时由于在 2013—2017 年的样本时段内 β 估计值明显减小，因而可以认为在进入经济新常态以来长三角地区制造业的收敛速度降低。和长三角经济圈相似，珠三角经济圈制造业在两组样本时段内也都呈现出收敛状态，同时新常态时段的收敛速度较金融危机时段亦有所降低。京津冀经济圈制造业在金融危机时期呈现出收敛的特征，但进入经济新常态以后其收敛速度明显下降。川陕渝经济圈制造业在金融危机时段略显出发散性特征，但进入经济新常态以后，其收敛性特征较为突出。

6.3.5　稳健性检验

从研究模型的角度看，本章共使用了 σ 收敛、时间 β 收敛、空间 β 收敛以及时空 β 收敛 4 类研究模型，在不同的样本时段、全国整体样本区域以及各经济圈的样本区域内，各研究模型得出的研究结论基本一致，从而证明了研究模型在运用中是稳健的。当然，由于 4 类研究模型研究视角的不同，即 σ 收敛仅在静态条件下考虑了发展水平的波动性，时间 β 收敛模型强调了经济发展的初始水平对发展速度的影响而并未涉及空间区位和空间依赖关系，空间 β 收敛模型的考察视角是基于空间经济学中的中心—外围理论和空间依赖关系，时空 β 收敛模型综合考虑了时间变动和空间依赖关系，因此得出的研究结论不完全一致也属情理之中。

从样本的角度看，如果模型及估计结果是稳健的，那么少量样本点的变动对模型的估计结果不会形成致命影响。对于时间 β 收敛性的研究，不同时间样本下的模型参数估计结果均已展示，且这些估计结果表明，不同时间样本下的检验结论基本一致，说明了研究设计的稳健性。对于空间视角下的两类收敛模型而言，本章分别从时间角度和空间角度展开检验。在时间上，本章将两组样本时段数据分别剔除了 2007 年度和 2013 年度的数据，形成相应的检验样本，用这两组检验样本重新估计了空间 β 收敛模型和时空 β 收敛模型，对比检验样本的估计结果和原估计结果发现，无论是全国整体区域内还是 4 个经济圈内，模型参数估计值及显著性检验结论均有所差异，但收敛或发散的基本结论并没有改变。在空间上，本章对长三角经济圈增加了 1 个省域，而对其他 3 个经济圈都各自减少了 1 个省域，形成了 4 个新的空间样本，对比新空间样本和原 4 个经济圈空间样本的两类空间收敛模型的估计结果发现，收敛或发散的结论没有明显变化，只是估计值前后有所不同。因此，从样本的角度看，我们的研究设计是稳健的。因篇幅关系，检验样本的估计结果这里不予显示。

6.4 本章小结与启示

本章根据 Barro 和 Sala-I-Martin 的 β 收敛方程对中国制造业的收敛性进行实证检验，并借助 Barro 和 Sala-I-Martin 的思想从不同视角构建空间收敛模型来考察中国制造业的收敛性问题。本章在方法研究和经验研究方面都有一些新的认知，并能在此基础上进一步对中国制造业的发展政策产生启示。

人们对经济学收敛性问题的认知基本是一致的，但研究收敛问题的视角不尽相同。本章关于中国制造业收敛性的实证研究中，分别从 σ 收敛，Barro 和 Sala-I-Martin 的时间 β 收敛，以及在时间 β 收敛基础上进一步设计的空

间 β 收敛和时空 β 收敛 4 个角度开展研究。在这 4 个角度的研究中，σ 收敛性研究相对粗略，主要用于作对比，因而看似较为独立。除此以外，其他 3 个视角的研究都具有紧密的联系。从属性上来看，σ 收敛主要从各样本区域产业发展水平的波动性角度来研究收敛性态，波动性越小，说明发展水平越趋于一致，即形成收敛状态。虽然 σ 收敛主要是通过计算发展水平的 σ 值并由其形成的时间序列来考察收敛性状，但 σ 值的测算并不涉及时间因素，更不涉及空间因素。时间 β 收敛的研究侧重于考查经济或产业发展水平与发展速度的关系，是从时间变动的角度构建 β 收敛方程，从而研究收敛性状。在时间 β 收敛问题研究中，人们通常不由自主地把经济发展水平低的区域和现实中经济落后的区域联系起来，形成了一种空间研究视角的错觉，而事实上，时间 β 收敛问题的研究并未对空间区位问题作出既定假设。因此，时间 β 收敛的研究仅从时间维度对收敛性问题开展分析探索。本章在 β 收敛的基础上，将时间维度转换为空间维度，从而设计了基于空间视角的收敛模型，即空间 β 收敛模型。由于空间 β 收敛模型并未考虑时间变动问题，因而也是一类静态模型，它展示了经济或产业发展的空间状态，从区位的角度刻画空间区域经济或产业发展的依赖关系。时空 β 收敛模型则将发展速度引入到空间 β 收敛模型中，这一模型既包含空间维度，也包含时间维度，可以全面展示研究对象收敛状态的空间依赖关系和动态演进过程。

综合文中 4 个角度的研究过程和研究结果不难发现，在不同区域的研究中，由于考虑了时间因素，时空 β 收敛模型研究结果和时间 β 收敛模型研究结果更为接近，同时时空 β 收敛模型研究结果和空间 β 收敛模型研究结果差异性亦较小。就实证研究的整体结果来看，在 2007—2017 年的样本期内，中国制造业发展整体上呈现出明显的收敛趋势，同时新常态时段的收敛速度低于金融危机时段。就局部区域来看，虽然 4 类角度的研究结果略有差异，但主体结论仍是清晰的。首先，长三角经济圈制造业在金融危机时段和经济新常态时段都显示出明显的收敛状态，4 类研究视角的研究结果均支持这一结论。其次，珠三角经济圈制造业在金融危机时段和经济新常态时段也均呈现出收敛状态，尤其是空间 β 收敛模型和时空 β 收敛模型研究结果显示支持这一结论；同时时间 β 收敛模型也显示，进入经济新常态以来珠三角经济圈制造业呈现出收敛性特征。再者,京津冀经济圈制造业的收敛性不甚明显,尤其是进入经济新常态以后。空间 β 收敛模型和时空 β 收敛模型显示,在金融危机时段京津冀经济圈制造业呈现出一定的收敛性,但进入经济新常态以后,时间 β 收敛模型以及时空 β 收敛模型均显示这一区域的制造业收敛速度有所下降。最后,川陕渝经济圈制造业发展的收敛性特征在逐步体现。研究表明,在金融危机时段川陕渝经济圈的制造业几乎没有收敛的迹象,但进入经济新常态以来,包含时间视角的研究均认为这一区域的制造业出现收敛性特征,且收敛的趋势在日趋增强。

从时间角度考察的 σ 收敛和 β 收敛表明,中国制造业存在 σ 收敛和 β 收敛特征,包括时间 β 收敛、空间 β 收敛和时空 β 收敛。其中,β 收敛特征在不同的样本期内和不同的样本区域内也各有差别,整体上看,在金融危机期间的 2007—2010 年,β 收敛特征并不明显,但在经济新常态时期的 2013—2017 年,制造业的 β 收敛性显现;4 大经济圈的样本建模分析表明,珠三角和京津冀经济圈的 β 收敛特征最不明显,但川陕渝经济圈的 β 收敛特征较为显著,长三角存在 β 收敛特征,但相对较弱。在空间视角下,通过构建空间 β 收敛模型并进行实证分析的结果表明,中国制造业的空间 β 收敛性是明显的,但经济新常态时期相对于金融危机时期,空间 β 收敛的速度降低。由此可以认为,中国制造业的发展在时间上和空间上都存在收敛性。基于此,我们提出如下政策建议:

(1) 加大地方政府支持力度。加大中西部地区制造业的投资及相关政策的支持力度,是实现制造业区域协调发展的重要途径。由于中国制造业的发展存在收敛性,因此中西部地区的后发优势是存在的,利用好后发优势可以实现制造业发展的有效追赶甚至赶超。借助后发优势及政策层面上的支持,积极对接国家"一带一路"倡议,加大基础设施建设投入,改善投资环境,以提高中西部地区制造业的投资回报率,这将有助于改善制造业发展空间不均衡的局面,促进制造业区域协调发展。

(2) 优化产业成长环境,积极承接产业转移。现有文献表明,产业转移对于转出方和承接方都是有益的,是实现产业良性发展的重要途径。因此,改善中西部地区产业发展环境,做好承接制造业转移的准备,有益于西部地区制造业的发展。根据本章的实证研究结果，制造业收敛性的存在意味着落后地区后发优势的存在，对于产业资本来说预示着落后地区拥有更多的利润。利润一方面促进当地产业的发展，另一方面也会吸引更多的产业资本进入，形成制造业转移。因此，中西部地区尤其是西部地区应进一步改善制造业发展的环境，做好承接制造业转移的准备，实现本地区制造业的良性发展。就中国制造业发展的实际来看，制造业向中西部地区转移也是产业发展的客观要求，合理、有序地承接制造业转移对中西部地区来说是难得的发展机遇。

（3）制订适宜政策，发挥区域优势。认清东、中、西部经济发展实际，因地制宜地制订制造业发展政策，突出区域自身优势，实现制造业健康发展。本章研究表明，在经济发达程度不同的地区，制造业的收敛性特征也有较大差异，西部地区的收敛性更为明显。因此本书认为，各地区应根据自身的经济发展实际和相关产业发展状况，制定并实行差异化的制造业发展策略，以充分发挥各自的产业优势和区域优势，避免全国一刀切。各省域应结合自身发展特点，审时度势，科学合理地确定自己的主导产业，积极培育符合自身发展的优势产业。同时，地方政府须要处理好两类关系：一是制造业与其他产业的配比关系，这是产业结构问题，影响着制造业乃至经济整体的发展；二是制造业的空间分布关系，这关系到制造业发展空间布局的优化。

（4）积极应对风险，主动适应并参与变革。由实证分析结果可以看出，中国制造业发展收敛速度有下降趋势，进入经济新常态以来更为明显。这意味着经济欠发达区域和外围区域的制造业对发达区域和中心区域的追赶速度在减小，后发优势有所下降。因此，非中心城市及相对落后地区制造业企业应更加重视进入经济新常态以来经济发展动力转换所带来的风险。这些区域的制造业企业应积极应对这一阶段的风险，顺应国家相关产业政策和市场发展趋势，主动适应并参与供给侧改革，坚持创新发展，努力提升产品质量和生产制造效率，进而提升产品附加值和企业竞争力，以适应并引领经济新常态。

（5）发挥自身优势，实现协调发展。各大经济圈应结合自身发展优势，利用好国家发展战略平台，实现区域内部协调发展。就局部区域来看，长三角和珠三角经济圈作为中国改革开放和经济发展的前沿阵地,制造业发展的收敛性状在一定程度上也表明这两个区域的中心区域对外围区域的辐射效应和拉动效应是明显存在的,这是一种中心—外围区域相互促进的发展模式,已取得了良好的发展成效。长三角和珠三角经济圈应继续保持自身的传统优势,并利用好国家级中心城市、海上丝绸之路等发展机遇,在实现自身发展的同时,带动周边区域制造业快速发展。京津冀和川陕渝经济圈也应结合自身现状,学习长三角和珠三角经济圈的制造业发展模式,释放更大的辐射效应和对周边地区的拉动效应,以进一步缩小发展差距,实现制造业发展收敛。当前,国家正实施京津冀一体化发展战略,这一战略发展的重心区域正是本章所讲述的京津冀经济圈重心区域。通过本章京津冀经济圈制造业发展的收敛性研究结果来看,中心区域带动外围区域发展并实现外围区域向中心区域的追赶,是区域经济协调发展的有效途径。因此,京津冀经济圈可借助国家战略优势推进制造业整体发展。对于川陕渝经济圈而言,相对于中国经济发展整体,位于西部的川陕渝经济圈本身就属于经济欠发达地区,除了全国东中西部均衡发展的问题之外,川陕渝经济圈内部也存在均衡发展问题。就本章制造业收敛性研究结果来看,川陕渝经济圈制造业在进入经济新常态以来出现了收敛发展的趋势,为保持这一良好发展势头,川陕渝经济圈除了积极吸收东部发达地区的发展成果外,也需要借助丝绸之路经济带建设这一国家级发展战略平台,坚持全国方位开放,充分发挥后发优势,实现川陕渝经济圈制造业的协调发展。

第7章 空间视角下的中国制造业产能过剩问题研究

产能过剩问题是关系经济发展质量的一个重要问题。宏观经济层面上所说的产能过剩一般是指受到社会总需求的限制，经济活动未达到正常限度的产出水平，从而造成资源未能得到充分有效利用，一部分生产能力出现了闲置。轻微的产能过剩是经济发展过程中的正常现象，而且一定程度上也有利于改善市场竞争环境，促进产业结构优化。但是，如果产能过剩明显超出正常范围，且不能得到有效治理，不仅会造成持续的生产资源的低效率配置和闲置，甚至会诱发系统性风险。因此，研究产能过剩问题具有重要的理论和现实意义。中央及各级地方政府也十分关注产能过剩问题，并一直在宏观管理层面上致力于实现中国产业结构的优化发展，以有效化解产能过剩问题。

制造业作为中国实体经济的核心产业，近年来发展迅速并成就了我国世界制造业大国的地位，"中国制造"已成为国家名片。但也应看到中国制造业在发展过程中存在的诸多不足。一个严峻的现实是，中国制造业中有很大一部分属于劳动密集型产业、制造初级产品产业、低附加值产业以及高污染高能耗低效率产业，这些产业的存在使中国的制造业发展受制于人，产能利用率不高，出现产能过剩问题。尤其是2008年国际金融危机以来，产能过剩成为中国突出的宏观经济风险之一，多个制造行业产能利用率低下，企业亏损严重。因此，制造业产能过剩的化解成为当前中国经济发展的一个重要战略议题。2015年5月国务院在发布的《中国制造2025》（国发〔2015〕28

第 7 章
空间视角下的中国制造业产能过剩问题研究

号)中提出"制造业是国民经济的主体,是立国之本、兴国之器、强国之基",并强调要"深入推进制造业结构调整",着力推动中国由制造大国向制造强国转变。

基于此背景,本章将重点研究中国省域制造业过剩问题,主要关注中国各省份制造业产能利用率的地区差异及影响因素。

7.1 产能过剩研究文献回顾

经济学界目前对产能过剩还未形成统一的界定或概念,一般来说是指某一行业的实际生产能力大于这一行业现有产出水平的一种经济状态。产能过剩通常与产品低质量、重复生产、过度投资以及需求不足等问题联系起来,往往会导致企业利润下降、经营困难、资金链断裂甚至大范围的金融违约风险。就一般的理解,产能过剩表现为实际产出与产能产出之间的关系。近年来,由于全球金融危机及后续政策的影响作用,产能过剩问题逐渐被人们关注。对中国而言,中国经济进入新常态,中国的产能过剩问题尤其是制造业产能过剩问题受到了广泛关注。综合现有文献来看,衡量产能过剩情况多数采用产能利用率这一指标。这里将在介绍产能利用率测度方法的基础上,进一步对制造业产能过剩的国内外研究文献进行梳理。

目前国内外普遍使用产能利用率指标来衡量产能过剩程度。这一指标最早由 Chamberlin(1947)提出,Chamberlin 将其定义为实际产出与产能产出(或潜在产出)之比。学术界测度产能利用率的方法主要包括峰值法、协整法、生产函数法、成本函数法和数据包络分析法(DEA)。峰值法由 Klein 在 1960 年提出,它是考虑在技术水平和资本量不变的条件下某一定时期内最大化的行业产能产出。生产函数法由 Klein 和 Preston 在 1967 年提出,通过设定具体的生产函数,并利用要素投入数据估计生产函数的相关参数,进而计算得出产能利用率。成本函数法是由 Berndt 和 Morrison(1981)提出的,他们认为在规模报酬不变时,产能产出为短期成本曲线最低点时的产出,成本函数法是目前运用较为广泛的一种方法。为了避免函数形式设定偏误，在产能产出与资本存量之间存在长期稳定关系这一假设条件下，Shaikh 和 Moudud（2004）提出了产能利用率的协整测度法，这一方法避开了函数形式设定的主观性，因而应用较为广泛。数据包络（DEA）法也是使用较为广泛的一种产能利用率测度方法，它通过求解生产前沿面，进而估计出偏离生产前沿面的无效率部分，是一种非参数方法。这些方法在应用过程中各有优劣。诸多学者运用这些方法测度分析了中国制造业的产能利用率。孙巍等（2008）基于成本函数法测度了中国制造业各行业的产能利用率，并运用协整法实证检验了产能利用率和固定资产之间的数量关系。韩国高等（2011）分别对中国制造业 28 个行业按重工业和轻工业进行划分，利用成本函数法测算了 1999—2008 年的制造业产能利用率，由此得出黑色金属、有色金属等 7 大重工业行业存在较为严重的产能过剩问题。程俊杰（2015）利用协整法测度了中国省域制造业的产能利用率并作出比较分析。董敏杰等（2015）采用 DEA 方法，对全国的工业产能利用率进行分行业和分地区的差异分析，认为制造业中的轻工业产能利用率普遍比重工业高，东部地区产能利用率远高于其他地区，东北、中部及西部地区产能利用率则较为接近。马军和窦超（2017）运用协整法探究了中国钢铁行业产能过剩问题，发现中国钢铁行业存在明显的产能过剩，且经济波动、地方政府投资和资本密集度对产能过剩产生正向影响，市场需求对其影响不显著。刘磊等（2018）利用 SFA 方法分别测算了中国制造业总体及 15 个细分行业的产能利用率，发现中国制造业存在明显的产能过剩。范林凯等（2019）扩展了成本函数法的产能测度框架，并以此研究了中国工业产能过剩问题。在文献梳理过程中我们发现，协整法不需要对函数形式进行设定，也不需要对投入要素进行选择区分，回避了主观误差，使用较为广泛。因此本章考虑使用协整法来测度中国除西藏和港澳台以外 30 个省（直辖市、自治区）制造业的产能过剩程度，并根据测度结果进行地区差异分析。

有关产能过剩成因的研究方面，西方学者对产能过剩成因的研究主要围绕企业行为等微观角度展开分析。产能的增加或减少，是一个跨期决策，因此，企业为了应对未来市场需求的不确定性，需保持一定的过剩产能，从而

第 7 章
空间视角下的中国制造业产能过剩问题研究

企业容易陷入一种占有过度产能的状态。Kamien 和 Schwartz（1972）认为，现有企业对竞争对手进入市场的时机和规模无法给出正确判断，进而无法预知竞争对手进入市场后引起的市场份额的变化，从而导致企业产能的调整与实际市场之间出现不匹配，即形成产能过剩。Bulow 和 Klemperer（1985）发现，完全垄断企业为阻止竞争对手进入并分割市场，会扩大产能进行生产，以压缩竞争对手的利润，这种行为容易造成产能过剩。由于中国产业政策的支持和政府宏观管理调控的程度较深，形成产能过剩的原因不同于西方国家。周黎安（2007）根据博弈规则分析了地方政府的干预造成产能过剩的机制和原因。林毅夫（2007）认为投资上的"潮涌现象"是导致产能过剩的主要原因。何彬和范硕（2013）认为中国产能过剩主要是过度依赖投资的经济增长模式所导致，因此须改变这种由投资驱动的增长模式，转向需求拉动的经济增长方式，进而解决产能过剩问题。钟春平和潘黎（2014）认为资源要素价格的扭曲导致产能过剩，并提出要建立长效的价格机制，以减轻和纠正资源要素的价格扭曲。程俊杰（2015）认为导致产能过剩的主要原因是产业政策的过多干预。胡荣涛（2016）认为，固定资产投资失误所造成的产业结构扭曲是中国产能过剩的直接原因，粗放增长、僵化的体制和失误的产业政策是造成产能过剩的深层原因。钱爱民和付东（2017）从微观视角研究了中国制造业产能过剩的形成原因，实证检验了信贷资源配置对制造业企业产能过剩的影响作用。还有学者从其他角度对产能过剩的形成原因和机制进行了剖析。

以上学者的研究对中国制造业产能过剩的成因提出众多有价值的观点，但现有文献主要是从行业角度研究中国的产能过剩成因问题，考虑空间因素分析中国省域产能利用率影响因素的文献不多。中国各省份经济发展的不平衡，导致产能过剩的影响因素也有所不同，因此，本章在研究产能过剩成因部分，引入空间效应探讨中国各省份制造业产能利用率在空间上的相关性与差异性，进而构建空间动态面板模型分析其影响因素，得出中国制造业产能过剩在空间上具有相关性且主要受到进出口比重、政府干预程度、企业投资行为以及产业高级化的影响，并发现研发投入对各地区制造业产能过剩的影响并不明显。

7.2 机理分析与研究设计

随着经济的快速发展,中国各省(直辖市、自治区)在社会、经济等诸方面存在明显差异,不同区域的产业结构等不同,导致产能过剩的因素也不尽相同。但现实的问题是,考虑政策的相似性和发展过程中的学习效应,即"干中学"效应,不同地区的产业结构也并非完全不同,它们之间也有相似之处。本文从空间的角度研究中国 30 个省份制造业的产能利用水平及影响因素,由于西藏数据缺失较多,本章的样本区域未予考虑。本章的研究路径:首先,利用协整法对中国制造业的产能利用水平进行测度,并分地区对产能利用情况展开分析;其次,讨论影响产能过剩的诸因素,进行空间相关性分析,进而构建空间动态面板模型研究中国制造业产能过剩的成因;最后,根据实证结果得出结论与政策启示。

7.2.1 产能过剩的测度

衡量产能过剩的指标通常选择产能利用率,其测算的难点在于对产能产出的估计。本章选用 Shaikh 和 Moudud(2004)提出的协整法对中国各省域制造业产能产出进行测算。Shaikh 和 Moudud(2004)认为,从长期来看产能产出与资本存量之间存在着稳定的变动关系。基于这种稳定关系可以计算产能产出和资本存量之间的相关参数,进而根据资本存量计算出产能产出,最后测得产能利用率。

协整法由如下的产出表达式出发:

$$Y(t) = (Y/Y^*) \times (Y^*/K) \times K \qquad (7-1)$$

其中,Y 是实际产出,Y^* 是产能产出,即潜在产出,K 是资本存量。构造资本—产出比 $v = K/Y^*$,产能利用率 $u = Y/Y^*$,并对式(7-1)两边取对数,得:

$$\log Y(t) = \log K(t) - \log v(t) + \log u(t) \quad (7-2)$$

根据一般观点，长期来看实际产出是围绕产能产出波动的，因此实际产能利用率也围绕期望产能利用率上下波动，因此可将产能利用率视为随机误差项，即：

$$\log u(t) = e_u(t) \quad (7-3)$$

同时，伴随着技术的进步，资本也在不断增加，进而使得资本—产出比也不断提高。因此，资本—产出比的增长率可以表示为：

$$g_v = b_1 + b_2 \times g_k \quad (7-4)$$

其中，g_v 为资本—产出增长率，g_k 为资本存量的增长率，b_1 为自发技术进步，b_2 为资本积累导致的技术进步。

对式（7-4）两边积分，并引入随机误差项，可得：

$$\log v(t) = b_0 + b_1 t + b_2 \log K(t) + e_v(t) \quad (7-5)$$

综合式（7-2）、式（7-3）和式（7-5）得出：

$$\log Y(t) = a_0 + a_1 t + a_2 \log K(t) + e(t) \quad (7-6)$$

式（7-6）即展示了产能产出（或潜在产出）与资本存量之间的数理关系，其中，$a_0 = -b_0$，$a_1 = -b_1$，$a_2 = 1 - b_2$，$e(t) = e_u(t) - e_v(t)$。根据式（7-6）和相关数据进行参数估计，从而计算出产能产出 Y^*，最后根据公式计算产能利用率 $CU = Y/Y^*$。

7.2.2 影响因素模型设计

1. 影响因素分析

首先分析研究影响制造业的产能利用率的因素，为进一步构建模型作铺垫。

（1）在开放的经济体中，内部的经济活动一般都会受到外部市场环境的影响。因此，考察中国制造业产能利用率的变动，不能忽略国际市场的影响。国际市场需求的变化直接影响中国制造业产能利用率的变化，国际市场需求越大，滞销风险越低，越容易化解过剩产能。由此我们预期，国际市场需求对制造业产能利用率会产生正向的影响作用。这里使用制造业出口交货值占制造业销售产值的比重（exp）来衡量国际市场的变化。

（2）一个企业的发展往往离不开政府的支持。因此，探究中国制造业产能过剩的成因，要充分考虑政府的因素。国有经济比重高的地区往往有更多的国有企业，它们在贷款融资以及政府支持上更有优势，容易造成过度投资从而导致产能过剩。由此我们预期，国有经济比重对产能利用率存在负向影响。这里使用规模以上工业企业的制造行业实收资本中国家资本所占的比重（soe）来衡量政府的干预程度。

（3）企业生产过程中，适度有效的投资至关重要。因此，考察中国制造业产能过剩的成因时不能忽视企业投资行为的影响。过度的固定资产投资是导致产能过剩的直接原因，会直接造成产能利用率偏低，由此我们预期固定资产投资对产能利用率会造成负向影响。这里使用各省市的制造业固定资产投资额占各省市制造业总产值的比重（inv）来反映企业的投资行为。

（4）在创新驱动发展大背景下创新阶段逐渐成为产品生命周期中最为关键的阶段，传统意义上的技术禀赋也越来越多地渗透着创新的成分。在一般文献中，用于衡量创新能力的指标有多种，例如专利申请数、科技人员数量及 R&D 经费支出等。相对来说，前两项指标都较为片面，而 R&D 经费支出指标一般认为最能反映生产能力的水平。因此，研究中国制造业产能利用率，不能忽视研发投入（R&D）的影响。一般来说，研发投入可以直接缓解供求关系的结构性失衡，加快企业产品的更新速度以满足市场的需求，由此我们预期研发投入对产能利用率有着正向影响。这里使用制造业 R&D 活动经费支出占各省市制造业总产值的比重（R&D）来衡量各省市的研发创新能力。

（5）高新技术制造行业的产品质量较高，通常能够满足市场的需要，而且高新技术行业存在着较高的进入门槛和技术壁垒，无助于过剩产能的形成。由此我们预期产业高级化对产能利用率存在正向影响。这里使用高新技术制造行业总产值占制造业总产值的比重（stru）来衡量产业高级化。

2. 模型构建

（1）空间计量模型构建。基于时间上和空间上的双重影响作用，在研究中国制造业产能利用率时，一方面不能忽视地理因素和空间效应的影响，即要在计量模型中纳入被解释变量的空间因素以反映中国制造业产能利用率的空间相关性和空间效应；另一方面将滞后期的被解释变量作为自变量引入模型，以降低模型设定误差所造成的影响，这里将在模型中引入产能利用率的一阶滞后变量以实现修正。进一步参考 Yu 等（2008）的模型设定方法，这里模型具体设定如下：

$$C_{nt} = \alpha_{n0} + \tau C_{n,t-1} + \lambda W_n C_{nt} + \rho W_n C_{n,t-1} + X_{nt}\beta + V_{nt}, \quad t = 1, 2, \cdots, T \tag{7-7}$$

其中，$C_{nt} = (CU_{1t}, CU_{2t}, \cdots, CU_{nt})'$ 是 $n \times 1$ 的列向量，为第一部分测度得到的产能利用率；α_{n0} 是 $n \times 1$ 的固定效应截距项；β 为回归系数；τ、λ、ρ 分别为空间动态面板模型中的时间滞后项系数、空间滞后项系数和时空滞后项系数；W_n 是 $n \times n$ 空间权重矩阵，体现着空间影响作用；$W_n C_{nt}$ 反映了当期产能利用率的空间影响作用；$W_n C_{n,t-1}$ 是滞后一期的产能利用率的时空影响作用；X_{nt} 是解释变量的 $n \times k_x$ 矩阵，主要包括出口比重、国有经济比重、固定资产投资、研发投入以及产业高级化等变量；$V_{nt} = (V_{1t}, V_{2t}, \cdots, V_{nt})'$ 是 $n \times 1$ 的列向量，$V_{it}(i = 1, 2, \cdots, n)$ 是服从均值为 0、方差为 σ^2 的独立同分布的随机误差项。

（2）空间权重矩阵的选择。使用空间计量经济学模型需要设定适当的空间权重矩阵，传统空间邻接权重（Rook 邻接或 Queen 邻接）涵盖地区间的空间相关信息相对较少，因此结合本章研究内容，基于经济发展的相似性，选用经济空间权重矩阵，具体设定如下：

经济发展水平相近的省份之间的经济特征也较为相似，同时经济发展水平较高的地区会对经济发展水平较低的地区产生更强的空间影响与辐射作用。因此，本章选用省际间人均国内生产总值差值的倒数作为经济空间权重矩阵中元素的取值，形式为：

$$W_{ij}^e = \begin{cases} \dfrac{1}{|\overline{Y_i} - \overline{Y_j}|}, & i \neq j \\ 0, & i = j \end{cases} \qquad (7-8)$$

其中，$\overline{Y_i}$ 和 $\overline{Y_j}$ 分别表示省份 i 和省份 j 在样本期间内的人均 GDP 均值。

7.3 中国制造业产能问题实证分析

7.3.1 样本数据的选择

选取 2001—2017 年中国 30 个省（直辖市、自治区）制造业相关数据测度省域层面的产能利用率，数据来自 2002—2018 年中国各省的统计年鉴及《中国统计年鉴》。具体说明如下：

（1）制造业总产值（Y）。本章用制造业总产值来衡量产能产出，并将历年各地区的名义制造业总产值用地区生产者出厂价格指数平减，得到以 2000 年为基期的各地区实际制造业总产值，取对数后即为模型中的被解释变量 $\log Y(t)$。其中由于橡胶与塑料制品业在 2011 年以后被分为橡胶制品业和塑料制品业两个行业，为了保持统计口径的一致，将 2011 年以后的橡胶制品业和塑料制品业两个行业数据合并加总，仍统计为橡胶与塑料制品业。另外，汽车制造业是从 2011 年开始被单独统计为 1 个分行业，同样为了保持统计口径一致，将汽车制造业合并入交通运输业。制造业部门中的其他制造业、废弃资源综合利用业、金属制品、机械和设备修理业 3 个行业由于只在 2011 年之后才有数据，故舍去。其他少数缺失数据用插值法补齐。

（2）资本存量（K）。用永续盘存法对 2001—2017 年分地区制造业全社会固定资产投资额进行处理计算得出资本存量，对其取对数得到解释变量 $\log K(t)$。

（3）代表技术进步的时间趋势项（t）。假定自发的技术水平具有完全线性趋势，为简化起见，这里用时间变量 t 来表示。从 2001—2017 年，分别取 t 值为 1，2，…，17 来代替自发技术进步。

影响因素模型的被解释变量为前文测度得到的中国除西藏和港澳台以外的 30 个省份制造业的产能利用率。解释变量指标释义如表 7-1 所示。

表 7-1　　　　　　　　模型变量名称及指标释义

变量名称	指标名称
出口比重（exp）	出口交货值/制造业销售产值
国有经济比重（soe）	规模以上工业企业的制造业国家资本/实收资本
固定资产投资（inv）	各省市制造业固定资产投资额/制造业总产值
研发投入（R&D）	制造业 R&D 投入/制造业总产值
产业高级化（stru）	规模以上高新技术制造行业总产值/制造业总产值

鉴于解释变量数据的可获得性，样本选择中国除西藏以外的 30 个省份制造业 2001—2017 年的面板数据。其中，关于高新技术产业的判定目前国际上还没有统一的标准，经济合作与发展组织（OECD）以及大多数西方国家采用研发与开发的强度、研发人员占总员工数的比重、新工艺的应用和新产品的制造等指标来判定高新技术产业。中国通常是按照产业的技术密集和复杂程度来界定，根据 2002 年 7 月国家统计局印发的《高技术产业统计分类目录的通知》（国统字〔2002〕33 号），本书高新技术制造行业包括航天航空器制造业、电子及通信设备制造业、电子计算机及办公设备制造业、医疗制造业和医疗设备及仪器仪表制造业等行业。指标数据均来自 2002—2018 年《中国统计年鉴》以及各省统计年鉴。

7.3.2　中国制造业产能利用率的测度

根据前文研究设计，这里将首先利用协整法对中国制造业的产能利用率进行测度，对其测度结果进行分地区分析，并在此基础上实证检验中国制造业产能利用率的影响因素，并展示其数量依赖关系。

1. 面板协整检验

采用协整法估算产能产出的前提假设是证明产能产出与资本存量间存在协整关系。检验结果如表7-2所示。

表7-2　　　　　$\log Y(t)$ 和 $\log K(t)$ 面板协整检验

检验方法		统计检验量	p值
Kao 检验	Augmented Dickey - Fuller t	-1.6711***	0.0000
Pedroni 检验	Modified Phillips - Perron t	2.6860***	0.0036
	Phillips - Perron t	-1.0037	0.1578
	Augmented Dickey - Fuller t	5.7264***	0.0000
Westerlund 检验	Variance ratio	1.7445***	0.0000

注：*** 分别表示在1%的水平上显著。

Pedroni(1999)的蒙特卡洛模拟实验结果显示，对于大样本，所有统计量的检验效力都很好并且很稳定；但对于小样本，ADF(Augmented Dickey - Fuller)统计量是相对有效力的。本章研究样本属于小样本，从表7-2可看出，MPP(Modified Phillips - Perron)统计量和ADF统计量在1%或5%的显著水平上均拒绝不存在协整关系的原假设。Kao(1999)检验和Westerlund(2005)检验结果也与Pedroni(1999,2004)检验保持一致。所以，检验结果表明制造业工业总产值和资本存量之间存在协整关系，可进一步进行回归分析。

2. 测度模型构建

根据豪斯曼(Hausman)检验结果，卡方统计量为11.07，因此选择固定效应模型进行回归分析，估计结果如表7-3所示。

表7-3　　　　　　　　　　回归结果

变量	logK（t）	t	C
系数	0.3183***	0.0053***	-2.5376***
t值	16.18	5.64	-63.95

第7章 空间视角下的中国制造业产能过剩问题研究

续表

变量	logK（t）	t	C
p 值	0.0000	0.0000	0.0000
R^2	0.9383	F–statistic	442.97
		Prob（F–statistic）	0.0000

注：*** 分别表示在1%的水平上显著。

从表7–3可看出，R^2的值为0.9383，说明模型拟合效果较好。解释变量logK(t)和t在1%的水平下对被解释变量有统计意义上的显著影响作用，Prob(F–statistic)远小于0，说明各解释变量对被解释变量logY(t)有很好的统计学解释能力。根据回归估计结果可计算出产能的潜在产出Y^*，利用公式$CU = Y/Y^*$得出各省份时序变化的产能利用率。

3. 测度结果分析

目前，国际上尚未建立统一的衡量产能过剩的科学评价标准。欧美国家一般采用产能利用率或设备利用率作为是否存在产能过剩的评价依据。它们认为产能利用率的标准范围在79%~83%，若低于79%，则认为存在产能过剩现象；若高于90%，则认为存在产能不足。因此，本章也运用国际上广泛使用的标准，对中国除西藏和港澳台以外30个省份制造业的产能过剩进行判别。

（1）从时间和空间两个维度对中国除西藏和港澳台以外30个省份制造业产能利用率情况进行整体分析。

从时间层面来看，2001—2017年，中国各地区制造业产能利用率的变化趋势与经济波动情况基本保持一致。这里仅以北京市为例，由图7–1不难看出，2003—2006年，随着经济发展，制造业的产能利用率也相应提高。2006年，中国经济快速发展，产能利用率达到峰值。2008年以来，受到全球金融危机及后续欧债危机的影响，经济增速下降，产能利用率持续下降；中国政府为了应对金融危机，推出4万亿元投资计划，国内制造业的市场需求上升，因此2009年之后，中国制造业产能利用率小幅度上升。全球金融危机的冲击和政府的过度干预使中国制造行业供求关系的结构性矛盾暴露，

2010年以来,中国制造业的产能利用率呈现长期下滑趋势。2016年中国中央经济工作会议将"去产能"确定为"三去一降一补"五大工作之一,各级政府采取措施化解过剩产能,取得初步成效,制造业产能利用率再次上升。2017年,随着供给侧结构性改革的推进,中国制造业产能利用率上升。

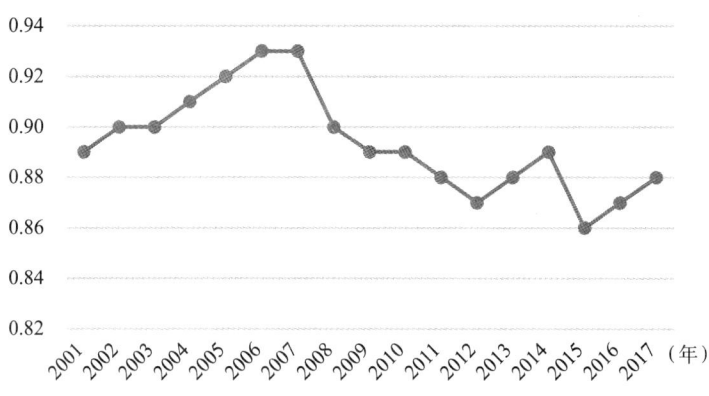

图7-1 2001—2017年北京市制造业产能利用率

从空间层面来看,中国制造业产能利用率的空间分布规律特征明显。限于篇幅,这里仅以2017年数据为例进行展示说明。中国各省份制造业产能利用率在空间分布上存在明显的高集聚区和低集聚区,其中东部地区和中部地区为高产能利用率区域,而西部地区为低产能利用率区域。整体上看,中国各地区制造业的产能利用率虽未达到全面的产能过剩,但已基本接近警戒值79%,尤其是甘肃、青海、新疆、河北、山西、内蒙古等地区的产能过剩情况较为严重。

出现这种集聚现象的原因,从区域上看,经济较发达地区会带动邻近以及周边地区工业经济的发展,进而使得周边地区的产能利用率提高。例如,北京、天津、河北属于相邻区域,进而形成京津冀都市经济圈,北京自身拥有雄厚的经济基础和中央的政策扶持,天津自身具备海港优势,因此河北的重工业优势能够凭借北京和天津的空间辐射效应得以释放,从而带动河北工业经济发展,促使产能利用率提高。此外,雄安新区的建立及北京大兴新机场的落成,均能带动河北地区工业经济的发展,不易形成产能过剩,即这种高产能利用率集聚效应会在邻近地区间产生相互影响。长三角、珠三角经济圈产能利用率均较高,除了自身经济发展水平较高外,还有其邻近以及周边地区的辐射效应,带动其协同发展;与长三角、珠三角地区相反,西部地区和东北部地区因经济发展水平相对较低,进而造成制造业产能利用率偏低。

(2) 将中国各省份为东部、东北、中部和西部4个区域①,以进一步分析中国制造业产能利用率的空间差异。

从表7-4可看出,东部地区绝大多数省份的制造业产能利用率一直维持在0.8以上,产能利用情况相对充分。2008年之前,各省份的产能利用率均在0.9上下波动。2008年金融危机发生之后,各省份的制造业产能利用率均出现下降态势,对外依存度高、经济发展较好的东部地区表现较为明显。

表7-4　　　2001—2017年东部各省直辖市的制造业产能利用率

	北京	天津	河北	上海	江苏	浙江	福建	山东	广东	海南
2001	0.89	0.90	0.85	0.89	0.89	0.90	0.91	0.86	0.86	0.91
2002	0.90	0.89	0.86	0.90	0.89	0.90	0.89	0.87	0.88	0.91
2003	0.90	0.90	0.83	0.91	0.89	0.89	0.89	0.88	0.92	0.90
2004	0.91	0.93	0.86	0.90	0.90	0.90	0.90	0.90	0.91	0.89
2005	0.92	0.94	0.88	0.90	0.90	0.90	0.90	0.89	0.90	0.87
2006	0.93	0.95	0.87	0.90	0.91	0.91	0.91	0.91	0.90	0.86
2007	0.93	0.95	0.87	0.89	0.90	0.90	0.89	0.90	0.90	0.91
2008	0.90	0.94	0.88	0.89	0.88	0.88	0.88	0.87	0.89	0.90
2009	0.89	0.90	0.86	0.87	0.87	0.86	0.86	0.87	0.88	0.90
2010	0.89	0.89	0.86	0.88	0.87	0.85	0.85	0.86	0.85	0.90
2011	0.88	0.90	0.87	0.88	0.87	0.87	0.88	0.86	0.86	0.91
2012	0.87	0.88	0.87	0.88	0.86	0.86	0.86	0.85	0.87	0.90
2013	0.88	0.87	0.82	0.87	0.84	0.84	0.84	0.84	0.87	0.88
2014	0.89	0.87	0.80	0.85	0.83	0.82	0.83	0.83	0.86	0.86
2015	0.86	0.86	0.76	0.82	0.80	0.80	0.81	0.81	0.85	0.83
2016	0.87	0.85	0.77	0.83	0.82	0.82	0.82	0.83	0.84	0.84
2017	0.88	0.87	0.81	0.85	0.85	0.86	0.86	0.85	0.87	0.87

---

① 东部地区包括北京、天津、河北、上海、江苏、浙江、福建、山东、广东和海南10个省份,东北地区包括辽宁、吉林和黑龙江3个省份,中部地区包括安徽、山西、江西、河南、湖北和湖南6个省份,西部地区包括内蒙古、广西、四川、重庆、云南、贵州、陕西、甘肃、青海、宁夏和新疆11个省份(市、区)。

表 7-5　　2001—2017 年东北部及中部各省的产能利用率

年份	辽宁	吉林	黑龙江	安徽	山西	江西	河南	湖北	湖南
2001	0.90	0.91	0.90	0.85	0.79	0.77	0.84	0.87	0.83
2002	0.86	0.88	0.86	0.83	0.77	0.75	0.82	0.85	0.80
2003	0.80	0.85	0.77	0.80	0.72	0.73	0.79	0.82	0.79
2004	0.82	0.87	0.80	0.82	0.74	0.76	0.80	0.83	0.82
2005	0.84	0.83	0.84	0.84	0.76	0.80	0.81	0.84	0.84
2006	0.85	0.82	0.83	0.85	0.73	0.82	0.82	0.84	0.84
2007	0.87	0.87	0.84	0.85	0.75	0.85	0.84	0.85	0.87
2008	0.85	0.86	0.82	0.84	0.79	0.80	0.82	0.85	0.86
2009	0.85	0.86	0.83	0.83	0.72	0.85	0.80	0.79	0.84
2010	0.86	0.86	0.84	0.85	0.75	0.83	0.80	0.82	0.84
2011	0.88	0.90	0.85	0.88	0.77	0.85	0.82	0.84	0.85
2012	0.87	0.89	0.82	0.86	0.72	0.84	0.78	0.85	0.84
2013	0.82	0.88	0.81	0.84	0.70	0.85	0.77	0.82	0.82
2014	0.80	0.86	0.80	0.82	0.66	0.80	0.75	0.81	0.81
2015	0.76	0.84	0.77	0.80	0.62	0.79	0.74	0.80	0.80
2016	0.75	0.83	0.75	0.81	0.64	0.82	0.78	0.80	0.79
2017	0.77	0.85	0.78	0.84	0.68	0.83	0.81	0.82	0.85

从表 7-5 可看出，东北地区的产能利用率主要在 0.8—0.9 波动，且波动幅度较大。不难发现，在 2003—2012 年东北地区的制造业产能利用率较高，制造业发展较快。结合相关背景可以看出，2003 年是振兴东北老工业基地战略正式启动的年份，在此期间，东北地区制造业的发展正是得益于这一振兴战略。但是，近几年来东北地区的经济整体下滑，尤其是 2012 年，经济出现断崖式下跌，制造业开始出现明显的产能过剩。东北地区制造业产能过剩及由此带来的其他一系列经济发展问题已经成为相关政府部门及学术界的重要关注点。

从表 7-5 还可看出，中部地区各省份的产能利用率大小及变动趋势极为相似，总体在 0.8 上下波动。2004 年中部崛起计划的实施，在一定程度上促进了中部地区经济的发展，但制造行业仍普遍存在产能过剩，产业结构过度依赖重工业,工业增长方式较粗放,这些都是导致制造业产能利用率低下的重要原因。不难发现,山西省的产能过剩情况较为严重,长期处于0.8以下,并且近几年持续下滑,甚至低于0.7。

从表7-6可看出,西部地区各省份的产能利用率普遍较低,尤其是甘肃、贵州、云南、青海和宁夏,产能利用率长期低于0.8。2000年,中国实施西部大开发战略之后,西部地区成为承接东部产业转移的主战场,东部地区部分落后产能和过剩产能陆续向欠发达的中西部地区转移,再加上地方政府的盲目投资,致使传统制造业成为西部产业结构的重要组成部分,进而导致西部地区制造业出现明显的产能过剩。

表7-6　　　　2001—2017年西部各省份的产能利用率

年份	广西	重庆	四川	贵州	内蒙古	云南	陕西	甘肃	青海	宁夏	新疆
2001	0.86	0.85	0.86	0.79	0.80	0.78	0.75	0.71	0.69	0.76	0.78
2002	0.84	0.82	0.83	0.75	0.81	0.73	0.73	0.72	0.68	0.74	0.76
2003	0.80	0.80	0.79	0.72	0.79	0.70	0.72	0.70	0.70	0.73	0.75
2004	0.81	0.81	0.81	0.74	0.82	0.72	0.74	0.74	0.71	0.75	0.77
2005	0.82	0.82	0.82	0.75	0.84	0.74	0.81	0.79	0.50	0.77	0.80
2006	0.82	0.82	0.84	0.75	0.85	0.75	0.80	0.77	0.75	0.80	0.82
2007	0.85	0.83	0.83	0.77	0.86	0.80	0.81	0.81	0.74	0.81	0.81
2008	0.84	0.82	0.82	0.80	0.87	0.78	0.82	0.77	0.79	0.80	0.82
2009	0.82	0.81	0.80	0.76	0.82	0.73	0.80	0.76	0.72	0.75	0.78
2010	0.82	0.80	0.79	0.73	0.80	0.72	0.79	0.73	0.71	0.73	0.80
2011	0.84	0.83	0.81	0.77	0.81	0.77	0.79	0.75	0.70	0.73	0.75
2012	0.83	0.81	0.78	0.75	0.80	0.72	0.78	0.73	0.68	0.74	0.70
2013	0.84	0.81	0.77	0.74	0.72	0.70	0.76	0.72	0.65	0.76	0.65
2014	0.84	0.80	0.78	0.74	0.68	0.74	0.71	0.64	0.75	0.62	
2015	0.84	0.80	0.79	0.74	0.70	0.65	0.71	0.70	0.62	0.73	0.61
2016	0.86	0.82	0.78	0.74	0.69	0.70	0.73	0.68	0.65	0.74	0.66
2017	0.87	0.84	0.81	0.77	0.71	0.71	0.74	0.72	0.64	0.77	0.68

图7-2展示了研究样本2001—2017年,中国制造业产能利用率在时空上的变化趋势。整体上看东部地区制造业产能过剩问题不明显,中西部地区和东北地区均存在较严重的产能过剩现象。在2001—2017年,东部、东北、中部及西部地区制造业的产能利用率在时间上的变动趋势是一致的,呈现出

同步上升或下降的态势,且与中国经济大环境的波动相一致。从空间差异上看,东部地区的产能利用率明显较高,主要原因在于东部地区工业经济发展较快、设备技术先进,生产的产品质量较高,再加上交通基础设施等的便利,对内外贸易往来较为频繁,制造业产品流通速度快,从而不易产生产能过剩问题。西部地区制造业产能利用率偏低,主要有两方面原因:一是从地理位置上,西部地区是承接中东部产业转移的主战场,中东部的一些落后产能向西部转移,再加上西部地区自身技术的不强大,不能将落后产能转移出去,进而导致产能过剩;二是从经济发展水平上,西部地区经济发展落后,工业生产技术不强、产品的低质量、地区间的经济独立以及缺乏对内外的贸易合作交流等都可能导致制造业产能利用率偏低。

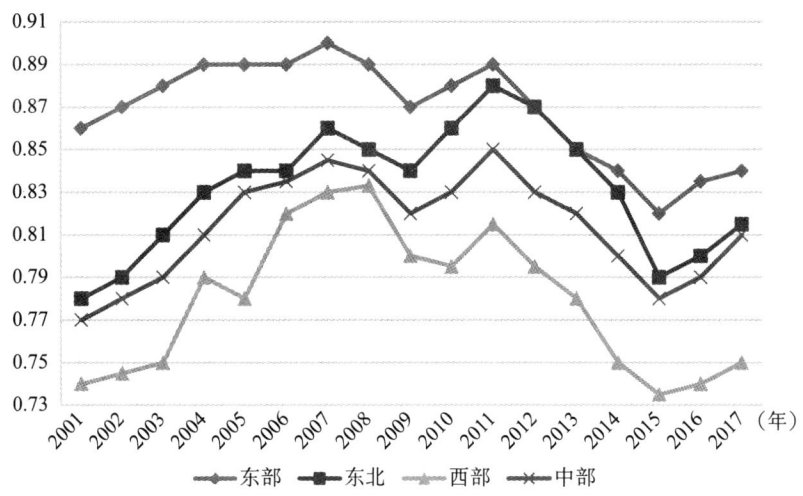

图 7-2　2001—2017 年中国制造业产能利用率的区域差异

7.3.3　影响因素模型构建与分析

1. 空间相关性检验

本章用 Moran's I 指数对中国制造业产能利用率从全局和局部进行空间相关性分析。由表 7-7 不难看出,中国制造业产能利用率的 Moran's I 指数均显著大于 0，这说明中国各省份制造业的产能利用率之间存在显著的空间相关性，这也意味着在对中国制造业产能利用率进行研究时，不能忽视空间效应的影响作用，即要在所构建的计量经济学模型中引入被解释变量的空间滞后项。为进一步分析中国制造业产能利用率局部地区集聚特征，采用 Moran 散点图对其进行局域空间相关分析。限于篇幅，这里仅展示 2017 年中国制造业产能利用率的 Moran 散点图，如图 7-3 所示。

表 7-7   2003—2017 年中国制造业产能利用率的 Moran's I 值

年份	Moran's I	p-value	年份	Moran's I	p-value
2003	0.300***	0.000	2011	0.129**	0.034
2004	0.309***	0.000	2012	0.168**	0.012
2005	0.177***	0.003	2013	0.122**	0.040
2006	0.377***	0.000	2014	0.138**	0.028
2007	0.264***	0.000	2015	0.130**	0.032
2008	0.324***	0.000	2016	0.112*	0.051
2009	0.226***	0.002	2017	0.142**	0.024
2010	0.200***	0.005	—	—	—

注：*、**、*** 分别代表 10%、5%、1% 显著性水平。

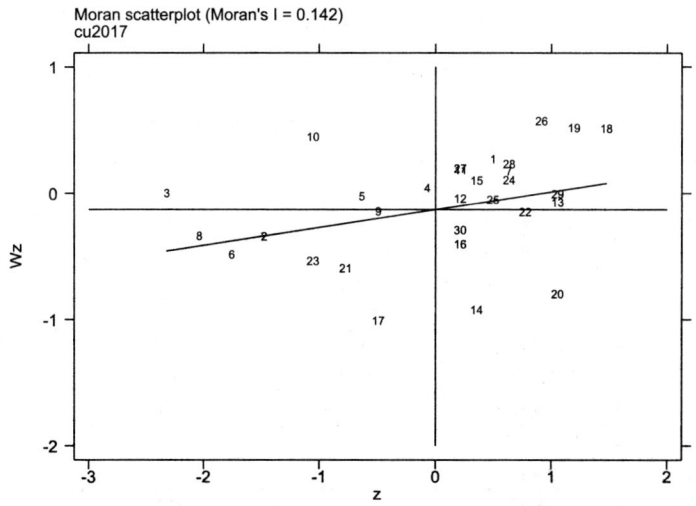

图 7-3   2017 年中国制造业产能利用率 Moran 散点图

由图 7-3 可看出，中国各省份多落在第 1、3 象限，呈现出高—高和低—低集聚，说明中国各省份制造业产能利用率具有较强的空间正相关性。另外，浙江、北京、上海、广东、天津、江苏、安徽等区域在第 1 象限呈现显著的高—高集聚，体现了这几个区域与其周围区域制造业产能利用率都较高，在空间上存在相互集聚现象；甘肃、贵州、青海、宁夏、云南、山西、河南等地区位于第 3 象限，呈现出显著的低—低集聚，说明这些区域与其相邻区域制造业产能利用率都较低；陕西、四川、新疆、内蒙古等区域位于第 2 象限，呈现出低—高集聚，由于这些区域位于其制造业产能利用率较高的区域周围，相较而言制造业产能利用率水平较低进而呈现出此现象；河北、湖南、黑龙江、广西、海南位于第 4 象限，呈现高—低集聚，体现出这些区域制造业产能利用率相对较高，而其相邻区域较低。

2. 模型参数估计

利用样本数据对式（7-7）进行参数估计。根据 Hausman 检验，卡方统计量为 25.82，拒绝随机效应模型原假设，选择固定效应模型。这里采用拟极大似然法来估计空间动态面板模型，以前文测度的中国除西藏和港澳台以外的 30 个省份制造业的产能利用率为被解释变量，出口比重、国有经济比重、固定资产投资、研发投入以及产业高级化 5 个指标为解释变量，对式（7-7）参数进行估计，结果如表 7-8 所示。

表 7-8　各省份产能利用率动态空间面板模型估计结果

参数	变量	回归系数	t 值	p 值
λ	空间滞后项	0.2891***	3.86	0.0001
ρ	时空滞后项	0.1749***	2.95	0.0007
τ	时间滞后项	0.2538***	3.77	0.0000
β	出口比重	0.1536*	1.98	0.0589
	国有经济比重	-0.0385	-0.49	0.3690
	固定资产投资	-0.0864***	-5.43	0.0000
	研发投入	-0.2681	-0.65	0.3261
	产业高级化	0.1632**	2.08	0.0311
Log L	对数似然值	897.6437		
R^2	拟合优度	0.8766		

注：***、**、* 分别表示在 1%、5% 和 10% 的水平上显著。

第7章
空间视角下的中国制造业产能过剩问题研究

从表 7-8 可看出，λ、ρ、τ 均显著为正，即中国各省份产能过剩具有时间上的动态延续性，空间上的相关性以及时空上的跨期影响性。首先，时间滞后项系数为 0.2538，且显著，表明制造业产能过剩存在明显的时间趋势上的惯性特征即上一期的产能过剩会造成当期的产能过剩，这与中国制造业产能过剩"久治不愈"和"日益严重"现象也相吻合。其次，空间滞后项系数为 0.2891，且显著，说明中国制造业产能过剩在各地区之间具有明显的空间溢出效应，即某些省份的产能过剩会给邻近或周围其他省份带来同样的产能过剩，其在地区间相互影响。尽管中国各省份间存在着市场分割，但相邻省份的制造业也有着共同的需求市场，也会面临产品价格竞争，因此某个省份的产能过剩容易导致相邻或周边其他省份的产能过剩。最后，时空滞后项系数为 0.1749，且显著，说明中国制造业产能过剩在各地区之间具有明显的跨期影响效应，即上一期邻近省份的产能过剩会造成当期本省份的产能过剩。

另外，5 个解释变量的回归结果总体符合预期，模型估计结果较好。出口比重回归系数值为正，且在 10% 的显著性水平下显著，表明出口比重对产能利用率的影响是正向显著的。国有经济比重衡量的是政府的干预程度，回归系数值为负，且不显著，说明单纯从政府的角度解决制造业产能过剩问题，效果可能不显著，还要结合市场的作用。固定资产投资回归系数值为负，且在 1% 的显著性水平下显著，表明过度的固定资产投资是产能过剩形成的直接原因，减少固定资产的投资额，可以提高产能利用率。产业高级化的系数为正，且在 5% 的显著性水平下显著，表明制造业产业的高级化对产能利用率具有正向显著影响；但是，研究发现研发投入的回归结果与预期不符，其系数值不显著，说明研发投入对中国各省份制造业产能利用率的影响并不存在统计上的显著性，即从统计上来看，研发投入对缓解产能过剩的作用不明显。

对于研发投入对化解制造业产能没有显著作用的这一现象，我们也可以从近 20 年来中国工业经济发展历史中找到答案。一直以来，中国经济的发展是以加工制造产业为发展龙头的，制造业是中国经济发展的动力产业。纵观中国工业经济发展的历史不难发现，中国经济的增长长期以来都是资源投入型的粗犷式增长，技术要素对增长的推动作用远低于其他要素。直到近几年来，各种内部、外部或主观、客观的条件均要求中国内生经济增长动力须由投资驱动转向创新驱动，创新在经济发展中的作用才逐渐凸显出来。文中的研发投入指标是社会创新水平的重要代表，但在 2001—2017 年的样本数据中，多数年份均属于投资驱动增长的年份，因此研发投入对化解制造业产能没有显著作用，也在情理之中。

7.4 本章小结与启示

本章用协整法对中国除西藏和港澳台以外的 30 个省份制造业的产能利用率进行测度，并在此基础上，引入空间因素构建空间动态面板模型研究各地区产能利用率的影响因素，得出以下几点结论：

第一，中国制造业的产能利用率具有明显的时空异质性。从时间上看，2008 年以前，中国制造业的产能过剩表现为一般性、局部性和周期性；2008 年以后，受到全球金融危机的冲击，中国制造业出现结构性的变化，从此制造业产能过剩呈现出长期性、全局性和复杂性的特点。从空间上看，东部地区制造业的产能利用率最高，东北、中部地区次之，西部地区的产能利用率最低；另外，制造业产能利用率的空间差异性并没有随时间的推移而减小，而是在区域间蔓延；总体而言，经济新常态背景下的制造业产能过剩问题更为复杂，更应引起重视。

第二，中国制造业产能过剩主要受到出口比重、政府干预程度、企业投资行为、研发投入以及产业高级化的影响，而且研究发现中国制造业产能过剩在地区间存在空间溢出效应。具体而言，出口比重对产能利用率有正向的拉动作用，说明提高出口比重，鼓励企业"走出去"有利于缓解中国制造业的产能过剩问题。国有经济比重和企业固定资产投资对产能利用率的影响均为负，说明政府的过度干预对产能过剩的调控效果不佳，甚至会加剧其过剩程度。企业的固定资产投资导致制造业产能过剩，说明中国大量投资是低效

第 7 章
空间视角下的中国制造业产能过剩问题研究

率和低质量的,这与林毅夫(2007)的观点相吻合,即企业容易对某一个前景乐观的行业产生积极的共识,并将大量资本投资于此行业,形成投资上的"潮涌现象",从而导致产能过剩。产业高级化对产能利用率的影响是正向的,说明高新技术制造行业的产品越多、质量越高,产能利用率相应越高;从理论上讲,研发投入对产能利用率具有正向显著影响,但实证结果表明,研发投入对产能利用率的影响与理论相反且不显著,为进一步探究创新驱动发展化解产能过剩提供了思路。

中国制造业产能过剩已经导致诸多社会问题,产能过剩不仅会造成企业利润率下降,破坏产业结构健康发展,甚至会影响社会稳定。因此,需要对中国制造业产能过剩给予高度重视,采取措施积极化解产能过剩。基于此,并结合本章研究结论,就中国制造业产能过剩的化解可得下述几点政策启示:

一是坚持"走出去",尤其是要鼓励中西部地区的企业大力发展对外投资贸易,提高出口比重,让过剩的制造业产品走出去。具体来说,把握全球产业格局再调整的机遇,通过"一带一路"深化与沿线国家的产能合作,推进互联互通,建设经济走廊,发展经贸产业合作园区,打破发展瓶颈,更好地融入全球价值链、产业链以及供应链之中,通过国际产能合作化解产能过剩。

二是激发企业有效投资,避免企业投资的"潮涌现象"。研究结果表明,企业的低效率及低质量投资是导致产能过剩的重要原因。因此,我们要激发企业有效投资的动机、优化企业的投资结构以及提高企业的投资质量,有效缓解制造业产能过剩问题,而不是一味地遏制固定资产的投资方式。

三是优化制造业产业结构。研究结果表明,产业的高级化有利于化解产能过剩。中国制造业产能过剩的根本原因在于供给大于需求,供需结构出现矛盾而导致供需不平衡。一方面,供给的产品趋于同质化,没有那么多的需求来消化,从而导致产能过剩;另一方面,中国的制造业大而不强,很多地区的制造业行业拘泥于传统制造行业,从事的是低端的代工等,没有自己的技术和品牌,满足不了中国以及国外的高端需求市场。因此,要优化制造业产业结构,加大研发投入和技术创新,生产高端产品,刺激带动国内外需求，让中国由制造业大国向制造业强国转变，实现中国制造 2025 的目标。

四是积极构建非相邻区域间的多重经济联系，加强区域间的合作，扩大非相邻区域间的空间溢出效应。研究发现，中国制造业产能过剩在区域间存在空间溢出效应，即一个地区的产能过剩不仅受到本地区的影响，还会受到相邻或其他周边地区的影响，因此，制造业产能过剩的治理需要各地区政府间的协调合作。

第8章 空间视角下的中国制造业产业结构变动研究

产业结构问题是关系经济发展质量的一个重要的问题，一般宏观经济层面上所说的产业结构主要是指国民经济发展中各产业间的对比关系，这种对比关系的发展变化即为产业结构调整的过程。在经济发展过程中，政府和监管当局通常需要对产业结构的调整演化过程进行适度干预，目的是实现产业结构的合理化、效率化和高级化，以进一步实现经济的可持续发展。中共中央及各级地方政府一直以来都关注产业结构问题，并一直在宏观管理层面上致力于实现中国产业结构的优化发展。制造业作为中国实体经济的核心产业，在近几十年的发展中已取得了辉煌成绩，成就了中国世界制造业大国的地位，"中国制造"已经成为我们国家的一张名片。但另一方面，也要看到中国制造业发展过程中存在的诸多不足。一个严峻的现实是，中国制造业中有很大一部分属于劳动密集型产业、制造初级产品产业、低附加值产业、高污染高能耗低效率产业，这些产业的存在使中国的制造业发展受制于人，同时也付出了巨大的环境成本。因此，制造业产业结构调整已经成为当前中国经济发展的一个重要战略议题。2015年5月国务院在发布的《中国制造2025》（国发〔2015〕28号）中提出"制造业是国民经济的主体，是立国之本、兴国之器、强国之基"，并强调要"深入推进制造业结构调整"。因此，本章将重点研究中国制造业产业结构问题，关注中国制造业产业结构的发展演化。这里将以制造业的产业间比例关系为基础，重点从空间关系和空间变动特征的角度入手，展开中国制造业产业结构演化问题的研究。

8.1 产业结构研究文献回顾

目前，尚没有在考虑空间因素条件下关于中国制造业产业结构调整演化的文献，考虑空间因素的文献主要集中于国民经济中第一、二、三产业结构的讨论，例如高更和和李小建（2006）通过研究河南省三次产业对经济增长的贡献发现，经济增长会对产业结构调整产生影响；王立平和王健（2010）研究了第三产业产值结构和就业结构对经济增长的影响作用，认为产业结构调整对经济增长有着明显的促进作用；高远东和陈迅（2010）探索了影响第二产业比重和第三产业比重的因素并建立空间计量经济模型，发现人均GDP是影响产业结构变动的重要因素；万庆和曾菊新（2013）从空间角度对武汉市城市群的产业结构进行了分析，发现产业结构变动的稳定性特征。也有文献涉及制造业的产业结构问题，但主要是通过运用统计指标对产业结构及其相似性进行测度，并没有涉及产业结构调整的驱动因素（胡森林和滕堂伟，2016）；另有文献从碳排放的角度分析了我国制造业行业结构的演进态势（艾明晔等，2012）；还有文献从生产率角度入手，认为中国制造业未来的发展依赖于产业结构的升级（曲玥，2011）。因此，本章从空间关系的角度对制造业产业结构的调整演化及动力因素进行分析研究，期待实现空间数量分析方法在制造业产业结构研究中的应用创新。本章按如下路径展开研究。首先，设计中国制造业产业结构空间关系研究方法，包括设计用于度量产业结构空间相似度的指数，检验及衡量产业结构空间辐射效应的指数以及刻画制造业产业结构演化的空间计量经济学模型。这是一种层次递进的研究设计思路，产业结构空间相似度是进行空间辐射效应测度的基础，产业结构的空间辐射效应是对产业结构空间关系建模的必要前提。其次，根据制造业的行业特征对制造业行业进行分类，由此构造反应制造业产业结构变动的统计指标，并根据此指标研究中国制造业产业结构变动的时空轨迹。进一步根据产业结构空间相似性指数和空间辐射效应指数，衡量和分析区域内部制造业产业结构的空间相似度及区域空间辐射效应。再者，运用空间回归技术对中国制造业产业结构演化的影响因素进行实证分析。最后得出结论与启示。

8.2 产业结构空间关系研究设计

8.2.1 产业结构空间相似性测度方法

产业结构决定着产业发展，不同区域的产业结构不同，产业发展的路径也各自相异。但现实的问题是，由于政策的相似性和发展过程中的学习效应，不同地区的产业结构也并非完全不同，它们之间也有一定的相似之处。于是，度量产业结构空间相似性是本章提出的关于产业结构研究的一个问题。由于产业结构空间相似性的本质是考察不同区域的产业发展模式和发展路径的相似性，这对于推广产业发展经验、制订产业发展战略都具有重大意义，因而对中国制造业产业结构的空间相似性进行分析研究十分必要。

首先设计产业结构空间相似性指数。设计产业结构空间相似性指数的目的是刻画不同区域的产业结构相似程度。设计的思路是，如果两个样本区域目标产业的产业内部各子行业在各自区域的产业整体中所占比重大致相当，则认为此两个样本区域的产业结构具有相似性。一种极端的情况是，如果两个区域的各个子产业占比对应完全相同，则认为这两个目标区域的产业结构完全无差异。基于这种测度思路，我们选用皮尔逊（Pearson）相关系数作为产业结构空间相似性指数，即通过计算两个样本区域间的子产业占比的皮尔逊相关系数，来衡量产业结构的相似程度。因此，产业结构的空间相似性指数可以表述为：

$$R = \frac{\sum_{i=1}^{n}(p_{Ai} - \bar{p}_A)(p_{Bi} - \bar{p}_B)}{\sqrt{\sum_{i=1}^{n}(p_{Ai} - \bar{p}_A)^2 \sum_{i=1}^{n}(p_{Bi} - \bar{p}_B)^2}} \quad (8-1)$$

R 即表示样本区域 A 和 B 的空间相似性指数，p 为子产业占产业整体的比重，i 表示不同的子产业，n 为子产业个数。如果实际中测得 R≤0，则认为产业结构不存在空间相似性；如果 R<0 则认为产业结构存在空间互补性。R=1 和 R=-1 分别意味着产业结构完全相同和产业结构完全互补，这两类极端情形在现实中几乎见不到。显然，这种产业结构空间相似性指数符合衡量区域之间产业结构相似度的要求。

8.2.2 产业结构辐射效应测度方法

根据中国经济发展现实，诸如北京、上海、广东等经济发达的中心省市对周边省域的经济发展都有着带动作用，因而笔者推断，这些中心省域的制造业产业结构对相邻省域有着辐射效应，如何检验这种产业结构辐射效应的存在及衡量辐射效应的大小是本章提出的又一问题。显然，周边省域制造业的产业结构和中心省域相似性越强，越能说明中心省域的辐射效应明显。基于此，仍需从产业结构相似性的角度来衡量中心省域的辐射效应。但一个现实的问题是，中心省域拥有多个周边相邻省域，直接计算空间相似性指数是行不通的。由于所要衡量的是一个中心省域与多个相邻省域的相关性问题，于是可以转而考虑使用统计学中的复相关系数。

复相关系数是一类用于衡量单个变量与多个变量之间相关性的统计指标，是在皮尔逊相关系数基础上的拓展，它本质是某一个变量和另外多个变量形成的某类线性组合之间的 Pearson 相关系数。复相关系数与一般意义上的 Pearson 相关系数不同之处在于，复相关系数不存在负值。复相关系数计算方法并不唯一，常见的是一种基于线性回归拟合的计算方法。设某一变量 y 和另一组变量 $x_1, x_2, \cdots, x_k$，计算 y 和 $x_1, x_2, \cdots, x_k$ 间的复相关系数可以按下述过程进行：

首先在最小二乘法下拟合 y 对 $x_1, x_2, \cdots, x_k$ 的线性回归方程，y 的拟合

值$\hat{y}$:

$$\hat{y} = \hat{\alpha}_0 + \hat{\alpha}_1 x_1 + \hat{\alpha}_2 x_2 + \cdots + \hat{\alpha}_k x_k \tag{8-2}$$

在最小二乘法下可以得到x_1, x_2, …, x_k的线性组合$\hat{y}$。进一步计算出变量y和$\hat{y}$之间的 Pearson 相关系数,此相关系数即为y和x_1, x_2, …, x_k间的复相关系数。由于$\hat{y}$和y在最小二乘法下不可能是负相关,因此计算出的复相关系数必不小于零。

显然,通过复相关系数来反映中心省域与相邻省域间产业结构的相关性,并以此展示中心省域的产业结构对相邻省域间的产业结构变化的辐射效应是可行且有逻辑性的。这里将由制造业子产业比重而计算出的复相关系数称为产业结构的辐射效应指数。

8.2.3 产业结构演化模型设计

一般而言,影响产业增长与产业发展的经济环境因素,即产业外部因素,而非诸如产业资本等生产投入因素,都会对产业结构的变动产生直接或间接的作用。知识创新与技术进步、市场环境、经济发展水平、国际贸易、资源禀赋等诸多要素都是产业增长与产业发展的重要影响因素,因而它们也会对产业结构的调整变动产生影响作用。基于此,本章拟从经济发展水平、知识技术水平、人力资源素质、国际贸易等角度研究考察影响中国制造业产业结构调整变动的因素。考虑到数据的可得性和模型设计的简约性,这里选择省域 GDP、制造业 R&D 投入、专科以上学历人数比重、外商投资额 4 个统计变量分别表示经济发展水平、知识技术水平、人力资源素质、国际贸易 4 个影响产业结构调整的因素,利用这些变量来构建中国制造业产业结构调整的影响因素模型。需要特别解释的是对外商投资额这一指标的选择,这是因为这一指标会直接转换为制造业产业结构变化的信息。例如,当研究制造业中各子行业外商投资额的分布变化时,就涵盖了产业结构变化调整的信息。除了避免这种信息覆盖,选择外商投资额这一变量的另一目的是,它代表了一个地区的对外开放程度和市场进步程度,这可能是影响制造业产业结构变动的重要因素。考虑到产业结构调整的空间相关性,本章设计出如下的制造业产业结构调整影响因素空间模型，即式（8-3）：

$$IS_{it} = \alpha_0 + \rho W IS_{it} + \alpha_1 \log(GDP_{it}) + \alpha_2 \log(R\&D_{it}) + \alpha_3 P_{it} + \alpha_4 \log(T_{it}) + \mu_{it}$$
(8-3)

$$\mu_{it} = \lambda W \mu_{it} + \varepsilon_{it} \qquad (8-4)$$

其中，IS 表示产业结构（Industrial Structure），R&D 为制造业 R&D 投入，P 表示专科以上学历人数比重，T 表示外商投资额，W 为空间权重矩阵。考虑到变量的数量单位的影响，模型中对存在单位的变量取了对数，这在一定程度上可以减小数据波动性对模型参数估计的干扰。在设计模型时考虑到可能存在不同的空间模型形式，这里写出了空间自回归和空间误差模型的综合形式，但在实际估计结果中也可能仅是其中的某一种形式。

空间权重矩阵 W 通常设计为一阶空间邻接矩阵，这一类型的权重矩阵形式简单，同时也突出了空间地域相邻的信息，可以满足大多数模型设计和参数估计的需要。

8.3 中国制造业产业结构空间关系实证分析

8.3.1 产业结构量化处理方法

从产业分类的角度来看，产业结构调整就是逐步提高高技术、高附加值、低能耗产业的比重。因此，使用高技术、高附加值、低能耗产业以及在国民经济运行中占重要地位的产业的比重来量化制造业产业结构是一种科学的方法。为方便表述，这里将这些高技术、高附加值、低能耗产业以及在国民经济运行中占重要地位的产业统称为高端制造业。显然，技术密集型和部分资本密集型制造业属于高端制造业，而劳动密集型产业不属于高端制造业。通过对国民经济行业分类中关于制造业内容的表述，结合技术密集型、资本密集型产业的一般性定义，并重点参考《中国制造 2025》（国发

第 8 章
空间视角下的中国制造业产业结构变动研究

〔2015〕28 号）中突出强调的制造业发展的领域，本章选择医药、通用设备、专用设备、汽车制造业、交通运输设备、电气机械和器材、计算机通信和其他电子设备、仪器仪表等制造业子行业作为高端制造业的代表行业，用代表行业的工业总产值占制造业整体总产值的百分比来量化制造业产业结构，并由此来分析研究制造业产业结构的空间演化，我们不妨将这一百分比称为制造业产业结构值。显然，用此方法表述的产业结构值越高，意味着制造业越向高端化发展。由于个别省份各制造业子行业产值数据缺失，例如河南省，本章采用对应行业的资产总量占比来表述其产业结构值，这种方法比空间插补法更具合理性。本章使用的原始数据包括制造业总产值除西藏和港澳台外的 30 个省份的 30 个子行业的数据，以及 GDP、制造业 R&D 投入、专科以上学历人数比重、外商投资额在 30 个省份的面板数据，数据来源于 2007—2017 年各省统计年鉴。

8.3.2 中国制造业产业结构变动的时空轨迹统计分析

从全国范围来看，制造业产业结构整体上呈现出优化调整状态，即高端行业产值占比呈现出上升趋势。具体值如表 8-1 所示。

表 8-1　　　　　　　　全国产业结构值　　　　　　　　单位：%

年份	2007	2008	2009	2010	2011	2012	2013	2014	2015	2016	2017
产业结构值	36.78	36.21	37.30	37.50	36.54	38.83	35.79	36.09	37.58	38.71	40.81

由表 8-1 可以发现，2007—2017 年，制造业高端产业产值比重整体上呈现出递增趋势，2017 年较 2016 年的产业结构值也有明显的增加，因此可以认为，中国制造业在整体上产业结构优化趋势明显。

就各省份的制造业产业结构发展状况而言，其差异性较大，高端制造业比重在部分省份不足 10%，而在另一地方比重则达到 60% 以上。这里以北京市、福建省、四川省和甘肃省为例，来观察制造业产业结构值的变化特征。数据如表 8-2 所示。

表 8-2　　　　　　　　　代表性省份的产业结构值　　　　　　　　单位：%

年份	2007	2008	2009	2010	2011	2012	2013	2014	2015	2016	2017
北京	44.18	60.61	64.02	64.82	63.54	65.78	68.85	70.70	72.71	74.49	74.51
福建	30.25	29.36	27.97	28.89	27.48	25.19	24.65	23.15	23.21	23.16	22.87
四川	32.69	32.8	32.76	32.49	31.56	34.23	36.13	37.01	37.57	41.20	43.58
甘肃	7.61	8.36	10.02	11.97	10.53	10.83	11.46	10.76	10.57	11.98	10.48

由表 8-2 不难看出，不同省域间的产业结构值差异性较为明显。例如，北京市的产业结构值近年来在60%以上，而甘肃省的仅在10%左右；时间上的变化趋势也不尽相同，北京的产业结构值增长趋势明显，而四川省和甘肃省的增长趋势并不突出，福建省的产业结构值呈现出显著的下降趋势，显现出制造业产业结构恶化的信息。同时也可看出，上述 4 个省域中，仅北京市的产业结构值在全国平均水平以上，而福建省、四川省和甘肃省的产业结构值都不及全国整体水平。这是中国制造业发展的一个现状，即多数省域的产业结构值都在全国整体水平以下，这体现了中国制造业发展在各省域的不均衡性。表 8-3 以 2017 年数据为例，列出产业结构值在 40% 以上的区域和 20% 以下的区域，以展示这种不均衡性。

表 8-3　　　　　2017 年产业结构值在 40% 以上和 20% 以下的区域

	区域									
40% 以上	安徽	北京	广东	湖南	吉林	江苏	上海	四川	天津	浙江	重庆
20% 以下	甘肃	海南	内蒙古	宁夏	青海	新疆	云南	—	—	—	—

表 8-3 显示，产业结构值较高（40%以上）的区域主要是一些经济发展较好的地区，而产业结构值在 20% 以下的区域经济都相对落后，由此可以得出简单的结论，即经济发展水平较高的区域制造业产业结构优化程度较好。另外也可以看出，产业结构值较低的区域主要集中在西部欠发达地区，空间分布的块状特征明显。

不同区域产业结构值在时间层面上的变化幅度也呈现出较大的差异性，

第8章
空间视角下的中国制造业产业结构变动研究

这里计算了各区域在 2013—2017 年产业结构值的年平均增加幅度,其中增长在 2% 以上和 -2% 以下的区域如表 8-4 所示。

表 8-4 2013—2017 年产业结构值增长在 2% 以上和 -2% 以下的区域

	区域																
2%以上	安徽	北京	广东	广西	贵州	河北	河南	黑龙江	湖北	湖南	吉林	江苏	江西	辽宁	宁夏	青海	山西	陕西	上海	四川	云南	浙江	重庆
-2%以下	福建	甘肃	海南	内蒙古	山东	天津	新疆																

通过表 8-4 可以看出,产业结构值增长在 2% 以上的省域个数明显大于 -2% 以下的区域个数,说明中国多数区域的制造业产业结构是向优化方向和高端方向发展。同时也可以看出,产业结构值增长幅度的变化在各区域的空间分布中并没有显著的规律性特征。

北京、上海、广东、重庆 4 个省市的制造业产业结构值在全国处于领先地位,可以将其视为产业结构调整的中心区域,这些中心区域对周边区域产业结构调整存在空间影响作用。在北京市的周边省域中,天津市、辽宁省、吉林省的制造业产业结构值相对偏高,显著高于周边其他省域,呈现出块状的特征。(如表 8-5 所示)

表 8-5 北京、天津、辽宁、吉林 4 省市产业结构值   单位:%

年份	北京	天津	辽宁	吉林
2007	44.18	51.11	38.63	49.83
2008	60.61	48.90	39.72	46.28
2009	64.02	44.67	40.63	47.14
2010	64.82	42.92	40.77	48.26
2011	63.54	40.12	39.33	45.38
2012	65.78	40.71	38.86	45.36
2013	68.85	41.36	32.09	46.06

续表

年份	北京	天津	辽宁	吉林
2014	70.70	41.07	32.95	46.97
2015	72.71	40.35	34.58	45.09
2016	74.49	43.43	38.25	47.00
2017	74.51	43.85	35.34	55.14

以 2017 年数据为例,从北京、天津、辽宁、吉林 4 省市产业结构值空间分布。可以看出,虽有河北省区域相隔,但北京、天津、辽宁、吉林 4 省市的产业结构值块状分布仍旧明显,这意味着产业结构高端化在京津及东北地区存在空间依赖。

上海作为华东地区的经济中心,其制造业产业结构值高,且周边区域的产业结构值也相对较高,这体现了上海市制造业产业结构高端化的辐射特点。上海市及周边区域的产业结构值如表 8-6 所示。

表 8-6　　　　上海市及周边区域的产业结构值　　　　单位: %

年份	上海	江苏	安徽	河南	浙江	福建	江西	湖北	湖南
2007	55.99	41.20	33.79	25.49	34.53	30.25	21.95	37.88	22.95
2008	55.92	43.34	32.82	25.34	34.36	29.36	22.27	36.89	24.93
2009	59.04	45.07	36.22	25.64	35.65	27.97	24.69	36.18	29.35
2010	58.68	46.33	36.51	26.91	35.42	28.89	24.82	36.54	30.47
2011	58.45	51.07	37.07	27.57	34.27	27.48	23.91	32.67	31.19
2012	57.57	46.20	36.97	28.16	34.05	25.19	23.93	31.66	44.74
2013	57.41	46.15	37.01	27.66	33.12	24.65	25.53	32.56	32.80
2014	59.07	49.05	37.18	28.94	34.12	23.15	24.66	33.01	33.50
2015	60.57	49.97	39.15	30.05	36.15	23.21	26.19	44.47	34.55
2016	61.81	47.17	40.48	32.19	38.22	23.16	27.94	35.19	45.41
2017	62.27	53.52	47.32	33.06	40.19	22.87	35.08	38.11	45.31

第8章
空间视角下的中国制造业产业结构变动研究

由表8-6可以看出，上海市高产业结构值使其居于中心地位，其产业高端化对周边省域的影响辐射作用明显，例如江苏、浙江乃至安徽，都有相对较高的产业结构值。上海市制造业高端化的辐射作用范围直至外围省域，例如湖北、河南、湖南等中部省域，其辐射特点可以用"两线一面"来概括。首先是由上海市向西经由江苏、安徽直至河南，形成一条向西方向的辐射线，其产业结构值由于距离的增加而逐渐减小；第二条线是向南经浙江到福建、江西，形成一条向南的辐射线，线上省域的产业结构值也随着距离的增加而减小。上海市制造业产业结构高端化的辐射路径并非仅沿着这两条辐射线而产生作用，在这两条线所夹的中间区域都受到了上海市的辐射作用，包括湖南、湖北等省域，这样就形成了一个辐射面。

上海市"两线一面"的产业结构优化辐射区域是较为明显的，并最终形成一个圆形区域。

广东省是华南地区的经济中心，其制造业产业结构优化幅度也高于周边省域，并且也形成了明显的辐射作用。广东省及周边省域的产业结构值如表8-7所示。

表8-7　　　　　广东省及周边省域的产业结构值　　　　　单位：%

年份	广东	广西	海南	福建	江西	湖南
2007	52.01	27.87	19.84	30.25	21.95	22.95
2008	50.71	26.23	14.37	29.36	22.27	24.93
2009	50.51	31.55	16.88	27.97	24.69	29.35
2010	49.48	31.00	20.02	28.89	24.82	30.47
2011	48.94	26.82	20.42	27.48	23.91	31.19
2012	49.63	27.11	22.65	25.19	23.93	44.74
2013	48.95	27.94	32.80	24.65	25.53	32.80
2014	49.41	28.77	33.50	23.15	24.66	33.50
2015	50.69	30.28	34.55	23.21	26.19	34.55
2016	52.17	30.95	45.41	23.16	27.94	45.41
2017	54.65	30.31	45.31	22.87	35.08	45.31

通过表8-7可以看出，广东省制造业产业结构优化对周边省域的影响

作用体现在湖南、广西及福建相对较高的产业结构值上。江西省在地理上和珠三角相邻，在经济上既受到珠三角的辐射作用，也受到长三角的辐射作用，且产业结构值逐年上升，可以认为这一省份制造业的产业结构不断调整完善。海南省近几年的产业结构值也在不断增长。

重庆市是西南地区的工业重镇，其制造业产业结构优化程度显著高于其周边省域，且其周边省域的产业结构优化程度也相对较高，形成以重庆市为核心，四川、陕西、湖南及湖北4个省份共同发展优化的块状格局。这些省域近年来的产业结构值如表8-8所示。

表8-8　　　　重庆市及周边省域的产业结构值　　　　单位：%

年份	重庆	四川	陕西	湖南	湖北
2007	58.37	32.69	40.81	22.95	37.88
2008	56.52	32.80	38.76	24.93	36.89
2009	58.61	32.76	39.92	29.35	36.18
2010	56.54	32.49	39.32	30.47	36.54
2011	55.38	31.56	34.33	31.19	32.67
2012	57.72	34.23	31.78	44.74	31.66
2013	59.22	36.13	32.28	32.80	32.56
2014	60.93	37.01	29.95	33.50	33.01
2015	62.05	37.57	30.66	34.55	44.47
2016	63.76	41.20	32.51	45.41	35.19
2017	65.02	43.58	35.17	45.31	38.11

四川、陕西、湖南、湖北是重庆市周边产业结构值相对较高的省域，形成中部—西部地区制造业产业结构优化板块。

上述的4个制造业产业优化板块，都以各自的中心省域形成区域块状的发展模式，各块状区域间在一些省域形成重合，受到来自不同方位的空间效应影响，例如湖南省几乎同时受到上海市、广东省和重庆市3个区域的影响，使得湖南省的产业结构优化速度高于其他省域，2007年湖南省高端制造业产业仅占不足23%，而这一数字到2017年超过了45%。

8.3.3　中国制造业产业结构的相似性与辐射效应检验

首先来看中国制造业的产业结构的空间相似性。根据前文分析结果，这

第8章 空间视角下的中国制造业产业结构变动研究

里重点关注北京、上海、广州、重庆4个中心省份的制造业产业结构的相似性，计算其两两之间的空间相似性指数，计算结果如表8-9所示。

表8-9　　　　　中心省域间的产业结构空间相似性指数

年份	北京—上海	北京—广东	北京—重庆	上海—广东	上海—重庆	广东—重庆
2007	0.5470	0.2587	0.6567	0.8833	0.3751	0.1423
2008	0.9339	0.8572	0.3744	0.8769	0.3928	0.1542
2009	0.9326	0.8180	0.5807	0.8488	0.5213	0.1936
2010	0.9397	0.7700	0.6790	0.8345	0.5890	0.2268
2011	0.9134	0.6966	0.8117	0.8152	0.7212	0.3617
2012	0.8815	0.6458	0.8278	0.8091	0.7900	0.5264
2013	0.8813	0.5914	0.8905	0.7640	0.8416	0.5888
2014	0.8891	0.5865	0.9163	0.7358	0.8765	0.6315
2015	0.8713	0.5248	0.9344	0.7453	0.8879	0.6290
2016	0.8712	0.4501	0.9249	0.7072	0.9100	0.6557
2017	0.8965	0.5083	0.9174	0.6937	0.9184	0.7307

通过表8-9可以发现，4大中心省份的制造业产业结构相互之间都具有相似性，但相似程度不同。上海市与广东省、上海市与北京市的两组相似性指数较高，除了极个别年份外相似性指数均在0.8以上，说明它们之间制造业产业结构相似程度很高；广东省与重庆市之间的空间相似性指数偏低，说明广东省与重庆市的制造业产业结构相似程度较低；同时也能发现，重庆市与上海市和北京市的相似性指数都不高，说明重庆市与其他3个省域间的制造业产业结构相似程度都不高；北京市与广东省的产业结构空间相似性指数有一定的波动性，但整体上来说相对较高。另外还可以发现，重庆市与其他3个省份间的制造业产业结构相似性指数都呈现出上升趋势，说明重庆市制造业产业结构在向北京市、上海市、广东省这3个省份靠拢；上海市与广东省之间的产业结构相似性指数在逐年降低，也意味着两者的制造业产业结构出现了分化趋势。不难看出，这些中心省份制造业产业结构相似性与相异性并存，即中心省域在产业发展模式上既存在模仿，也存在分化，这些特征在下文的辐射效应研究中亦有体现。

再看中国制造业的产业结构的辐射效应。以北京、上海、广东、重庆 4 个省份为中心的辐射效应指数如表 8-10 所示。

表 8-10　　　　　　　　　　中心省域的辐射效应指数

年份	北京	上海	广东	重庆
2007	0.6801	0.8764	0.7832	0.9233
2008	0.8881	0.8869	0.7609	0.9018
2009	0.9327	0.8640	0.6968	0.8938
2010	0.9457	0.8714	0.7362	0.9084
2011	0.9001	0.8438	0.6800	0.8692
2012	0.8162	0.7839	0.6654	0.6948
2013	0.7381	0.7628	0.6239	0.7066
2014	0.7227	0.7125	0.5891	0.7064
2015	0.5213	0.7366	0.5779	0.8414
2016	0.6615	0.6981	0.5751	0.7530
2017	0.5817	0.7299	0.5892	0.8139

由表 8-10 可以看出，4 个中心省份的产业结构辐射效应指数整体上都较高，说明中心省份和相邻省份的制造业产业结构具有较高的相似性，中心省份的辐射作用明显。整体上看，重庆市的产业结构辐射效应指数高于其他 3 个省份，这说明重庆市的制造业产业结构辐射效应最强，而广东省的辐射效应指数相对偏小，其辐射效应相对较弱。可以发现，北京、上海、广东、重庆 4 个省份的辐射效应指数整体上呈现出减小的趋势，即产业结构的辐射能力都在减弱。究其原因，本章认为这是制造业产业发展在空间上遵循了"模仿—衍生—分化"的产业发展模式，即在产业发展初期（样本期内早些时候），相邻省份对中心省份的制造业产业发展采取了模仿的形式，和中心省域生产相同的或者是同质性较强的制造业产品，同时中心省份的制造业也可能向相邻省份转移，这样就使中心省份和相邻省份的产业结构相似性较强，表现为辐射效应指数较高；随着经济的发展、产业空间集聚效应以及产业空间溢出效应的共同作用，周边相邻省份的制造业逐渐转向相关产业或中心省份较弱的产业，使制造业产业结构产生分化，表现为产业结构辐射效应

指数减小。因此可以认为，中心省份产业结构辐射效应指数减小是制造业产业发展的必然结果，是制造业产业集聚效应、产业溢出效应的综合体现，也是产业结构优化的必然选择。

8.3.4 中国制造业产业结构变化的空间建模研究

这里拟根据前文设计出的模型式（8-3）对中国制造业产业结构调整演化进行建模研究，目的是探索影响制造业产业结构变化的经济因素，分析产业结构变化的特征。式（8-3）中的产业结构变量用前文中的产业结构值表述，这不是为人熟知的经济指标，而是自行设计的相对数指标，可以考虑构建 Logit 模型。本章所设计的模型中，被解释变量 IS_{it} 表示高端产业所占比重，即产业结构值，取值范围是 [0, 1]，符合 Logit 模型的数据要求，因此可以考虑对 IS_{it} 进行 Logit 变换，即：

$$\text{Logit}(IS_{it}) = \ln\left(\frac{IS_{it}}{1-IS_{it}}\right) \quad (8-5)$$

用 $\text{Logit}(IS_{it})$ 替代原式（8-3）中的 IS_{it} 变量，这样做可以保证模型对 IS_{it} 的预测结果（当需要使用模型进行预测时）都处于 [0, 1] 范围内。但此时也需要指出，将 IS_{it} 进行 Logit 变换而重新构造的模型并非是严格意义上的 Logit 模型：其一，比重 IS_{it} 虽在 0—1 取值，但不是概率；其二，用于计算 IS_{it} 的高端产业产值是连续的数值型变量，而非 Logit 模型中的定性变量。因此，高端产业产值并非服从二项分布。$\text{Logit}(IS_{it})$ 为连续分布变量，为简单起见，可以假定其服从正态分布，这样就可以在正态性条件下估计回归模型。下面对式（8-3）的参数进行估计。由于样本数据口径问题，这里和前几章一样继续对样本进行分割，分为 2007—2012 年和 2013—2017 年两组子样本，分别用这两组子样本进行参数估计。

估计在一阶邻接矩阵 W 下的式（8-3）参数，估计结果如表 8-11 所示。这里根据豪斯曼检验结果确定模型为个体随机效应，并通过 BSJK 检验确定模型形式为 SEM。

表 8-11　　　　　邻接矩阵 W 下的式 (8-3) 估计结果

样本区间	模型参数	估计值	t 统计量	P 值	AIC/SC
2007—2012 年	α_0	-0.271031	-0.37	0.709	-14.94631/10.59734
	α_1	-0.127185	-1.20	0.230	
	α_2	0.165640	2.77	0.006	
	α_3	-0.106142	-1.35	0.178	
	α_4	0.001222	0.07	0.948	
	λ	0.154323	1.36	0.174	
2013—2017 年	α_0	-6.26427	-5.28	0.000	-31.88101/-7.795929
	α_1	0.458215	3.01	0.003	
	α_2	0.163010	1.85	0.064	
	α_3	-0.022692	-0.23	0.818	
	α_4	0.108621	0.64	0.523	
	λ	0.234201	1.62	0.106	

表 8-11 显示，在样本期 2007—2012 年，影响中国制造业产业结构调整优化的主要因素 R&D 投入。R&D 投入变量的回归系数显示，R&D 投入对制造业产业结构调整优化具有明显的正的影响作用，在其他因素不变的情况下，R&D 投入每增加 1 个相对单位（例如 100%），会使得比值 $\dfrac{IS_{it}}{1-IS_{it}}$ 平均增加 0.165640 个相对单位，即高端制造业与非高端制造业产出比值平均增加 0.165640%。在样本期 2007—2012 年，GDP、外商投资额、代表人力资源素质的专科以上学历人数比重和外商投资额对制造业产业结构的变化并没有产生显著影响。

继续看样本期 2013—2017 年的模型信息，不难发现，在样本期 2009—2011 年对产业结构值产生显著影响的 R&D 投入继续在 2012—2013 年对产业结构值产生影响，变量回归系数分别为 0.163010。除了 R&D 投入外，GDP 和外商投资额对制造业产业结构值的变化也产生了比 2007—2012 年更明显的影响作用，在其他因素不变的情况下，GDP 和外商投资额每增加 1 个百分点，会引起高端制造业与非高端制造业的产值比重分别平均增加 0.458215 个和 0.108621 个百分点。人力资源结构对制造业产业结构优化起到的影响作用和前一样本期相比还不显著，可能制造业的人力资源素质整体水平还较低，对产业结构的影响效应还未显著，另外也可能是因为各个省域的人力资源结构不一且存在较大差异。因此，提高人力资源的素质水平在制造业的发展过程中越来越重要，知识驱动、创新驱动制造业发展的任务已经刻不容缓。

通过所构建的空间模型发现，制造业产业结构的优化主要受到各投入要素的影响，要素的投入量可以反映经济发展的水平，因为较高的经济发展水平不仅意味着较高的产出，也意味着较高的投入和较高的效率。在样本期2007—2012年，GDP 对制造业产业结构的变化没有显著的影响作用，但不能因此推断经济发展水平对制造业产业结构优化没有影响，GDP 仅仅是经济发展水平的代表之一，相比之下，R&D 投入要素对制造业产业结构的影响更大。前文根据表 8-3 得出的初步分析结论认为，经济发展水平较高的区域，制造业的产业结构较为优化，这与建模研究的结论互相印证。制造业产业结构的变动优化过程也可能受到经济发展效率的影响，其背后的因素包括产业发展政策和相关经济制度，但是由于本章研究的样本区域是各省份相关产业政策背景并不统一且难以量化，因此本章在建模时未予考虑，即我们的研究基于这样的一个隐含假定：样本区域及样本期内的相关经济制度与政策保持不变。当然，考虑政策与政府行为干预条件下的中国制造业产业结构变动的研究将是一个值得探索的方向。

8.4 本章小结与启示

中国制造业在产业结构调整优化过程中存在显著的空间效应。在空间分布方面，制造业产业结构出现了北京、上海、广东、重庆 4 个优化省份，并以 4 个优化省份为中心，形成了 4 个制造业产业结构优化板块，空间分布特征明显。换句话说，中心省份的制造业产业结构优化带动周边省域的产业结构优化，空间影响及辐射效应明显。在所构建的旨在探索影响制造业产业结构调整的影响因素的产业结构演化模型中，空间影响效应不可忽略；并且发现对外开放程度是影响制造业产业结构调整的重要因素，对外开放程度越高，产业结构越趋于优化；同时也发现 R&D 投入也是促使制造业产业结构优化的重要因素；人力资源结构对制造业产业结构变动产生的影响并不明显，但对于人力资源的优化调整刻不容缓。基于上述发现，可以从下述几个方面入手来促进中国制造业产业结构调整优化：

一是多区域布局，形成以点带面的结构优化趋势。可以优先考虑部分省域和部分城市的制造业产业结构优化，利用产业结构优化的空间依赖性和辐射性，带动周边区域的产业结构优化发展。

二是加大研发投入，优先促进高端制造业发展，进而促进制造业的产业结构优化。研发投入的主要流向是高端产业，可以加快高端产业的发展，因而可以促进制造业产业结构优化，同时加大研发投入本身就是提高产业生产效率、促进产业高端化的必要之举。

三是引进外资、扩大开放，以提升资本密集型制造业和高端制造业的比重。外资的进入不仅是资本的流入，也伴随着技术的升级，在相关政策的鼓励引导下，引进外资、扩大开放可以有效促进制造业产业结构优化。

四是加大人力资本投入，优化人力资本，提高人力资源素质。高端制造业的发展需要高知识、高技术及高水平人才，同时，提高人力资源素质也必然能促进产业结构的调整优化，提高人力资源素质对于制造业发展乃至整体经济的发展来说都是重要举措。

第 9 章

中国制造业空间转移趋势及其动力机制研究

区域间产业级差的持续扩大，已成为中国经济发展过程中区域发展不平衡的首要问题，也是当前中国社会主要矛盾的重要体现。制造业作为中国实体经济的主体，区域发展不平衡问题由来已久。改革开放以来，中国逐渐实现向市场经济的转轨，使劳动力和各类资源等要素禀赋的优势得以显现，加之经济全球化的驱使，东部地区率先承接由发达国家和地区转移来的制造业，东部地区制造业迅速崛起，逐步造就了今日中国世界制造中心的地位，推动了中国制造业的发展。但由于自然、地理以及历史等条件的限制作用，中国制造业的东、中、西部发展差距逐渐增大，这将会阻碍中国经济可持续、协调化发展。因此，调整产业的空间布局、改善现有的发展缺陷以及缩小区域间的差距是促进经济发展的时代需求。在这一背景下，国家推进西部大开发、中部崛起及东北振兴等相关战略，积极引导制造业向中西部地区转移，以促进东、中、西部经济的协调发展。根据一般的经济学经验，产业空间转移能够加速技术溢出、提高资源配置效率，是优化生产力空间分布、形成产业合理布局的重要举措。因此，研究制造业在不同区域的分布格局以及空间转移趋势，探究影响制造业空间转移的动力机制，对于实现制造业在东、中、西部的合理布局，推进制造业乃至经济整体的区域协调化发展，都有重要的理论和现实意义。

9.1 产业空间转移研究文献回顾

产业空间转移是指产业在空间位置上发生了位移，具体来说主要指由于要素禀赋、市场供求等发生变化或产业的发展经历由盛到衰，所引发的区位重置的过程（张国胜和杨怡爽，2014）。关于产业空间转移的研究一直以来备受学者们关注。就中国制造业空间转移问题而言，学者们的研究主要集中在3个方面：一是关于转移测度的方法研究，二是关于转移趋势的研究，三是关于转移机制的研究。通过梳理文献我们发现，由于制造业的相关数据难以获取，导致定量研究受阻；再者，测量方法、测度时间及选取指标的不同，所得结论存在差异，所以学术界对产业空间转移的研究存在不少争议。

在制造业空间转移的测度方法和空间转移趋势的研究方面，刘红光（2011）等根据1997—2007年的制造业相关数据，利用投入产出模型，测算区域间产业的转移情况，发现产业空间转移呈现出"北上"特征，中西部地区承接产业转移的优势并不突出。范剑勇（2011）等根据产业份额的相对变动分析产业空间转移的趋势发现，2004年左右东南沿海地区的制造业开始向北部沿海、中部地区转移，但东南沿海地区的区位优势仍比较突出，集聚发展优势明显。黄顺魁（2013）等基于2005—2010年的数据，采用了偏离—份额分析方法，研究发现制造业开始从东南沿海地区向广大中、西南部地区转移，类似结论的研究还有胡安俊（2014）等。作为统计分析技术，制造业空间转移的测度方法可以进一步探索和改进；就制造业空间转移趋势而言，鲜有文献讨论制造业各细分行业（即子行业）的情形，同时人们对区域间是否发生空间转移的判断也莫衷一是。这些都为本章的研究留下了值得探索的空间。

在制造业空间转移机制的研究方面，覃成林（2013）等的研究表明，影响制造业空间转移的因素较多，根据区域间的异质性可分为区域的经济发展模式、区域间的位置关联度与经济关联度、产业所处的发展时期、产业要素构成和要素流动形式及各区域的相关政策等。毛琦梁（2014）等的结论显示，促进产业发生扩散式空间转移的根本原因在于集聚外部性的变化，同行业的竞争是驱动产业空间转移的主要动力，由劳动密集型产业空间转移趋势可知，拥挤效应的作用尤为重要。樊士德（2015）等利用拓展与修正的核心边缘模型，探究劳动力转移对产业空间转移的影响作用，结果表明劳动力外流阻碍了产业的空间转移。敖梦娅（2015）等建立面板回归模型探究产业空间转移的影响因素，发现劳动力、土地成本、工业基础、交通条件以及全球化因子是推动产业空间转移的重要因素。安树伟（2016）等的研究表明，相对稀缺的资本要素是推动制造业空间转移的关键因素，劳动力要素的作用明显下降，投入产出关联和交通条件均有显著的正效应，市场化改革也可以推动产业的空间转移。李伟（2017）等建立面板数据回归模型，研究劳动力成本上升对制造业空间转移的影响，发现劳动力成本的上升是推动制造业空间转移的重要影响因素，且在时间上具有跳跃性。区域一体化趋势的存在，为制造业在都市经济圈或省域内部的空间转移创造了条件，因此，刘清春（2017）等选择山东省17个地级市2003—2014年27个制造业分行业的面板数据，基于空间杜宾模型研究影响制造业时空分异的因素，发现市场规模、交通条件和人力资本都对制造业份额的提升有明显的促进作用。上述文献对于研究产业空间转移尤其是制造业空间转移的原因和机制等问题作出了重要贡献，但我们也发现了两个方面的不足。一是鲜有文献探讨各种因素对不同类型制造业空间转移的影响作用。制造业包括多种不同的行业，这些子行业在原材料投入、技术水平及劳动者技能等方面均有较大差异性，如果将制造业作为一个整体来考虑，就会忽略行业异质性的影响作用，势必造成估计结果的偏误。二是空间关联性在诸多文献的讨论中被忽略。随着经济社会的快速发展，各区域已经形成"你中有我，我中有你"的共同体，因此某一区域的产业空间转移不仅依赖于本区域的要素禀赋、经济政策等因素，而且与周边区域的发展有着密不可分的联系，若直接用传统的面板数据模型，将会使估计结果存在偏误。

　　本章在前人研究的基础上综合考虑生产要素、区位要素和全球化因素，进一步引入空间效应探究影响不同类型制造业空间转移的因素，力求突破现有文献的不足，这将有助于更好地理解中国制造业空间格局演变的特征以及其所隐含的机制。首先根据产业份额的绝对变动，分析制造业整体空间格局的演变特征；其次借助制造业区位熵的相对变动，分析分行业空间转移趋势；在此研究基础上，进一步引入空间效应构建空间计量模型，分析各类因素对产业空间转移的影响作用，并检验模型的稳健性；最后总结本章，提出相应的建议。

9.2 制造业空间转移理论机制和研究设计

本章拟在对制造业空间转移进行测度的基础上，通过对影响机制的分析构建计量经济学模型，以探索影响中国制造业空间转移的因素和动力机制。从表面上看，产业空间转移和产业集聚是没有关系的两类经济现象，产业空间转移重点关注某类产业在地理空间上的位移，研究方法通常是比较静态分析或动态分析；而产业集聚重点研究的是某类产业向某空间位置集结的状态，通常使用静态分析方法。但是，在经济实践中这两者却有着紧密的关系。经济实践表明，产业的集聚必然先经历产业空间转移，产业集聚是产业空间转移的结果；产业空间转移也不是产业在空间上随机的位移，其结果也会出现产业集聚（或产业扩散）。因此，可以考虑使用产业集聚的测度指标来测度产业空间转移，其他学者对此也有类似的考虑（覃成林和熊雪如，2013）。

就中国制造业而言，产业空间转移有着内在的动力，这种动力机制可以从转出地和转入地来进行分析。从转出地看，随着制造业在转出地（即东部地区）集聚，东部地区非贸易品价格居高不下，劳动力、地租等要素成本不断上升、环境污染加剧，这对于产业转出有强烈的推动作用。从转入地看，作为转入地的广大中西部地区市场空间大，原材料等资源和劳动力等要素禀赋较充足，为制造业的发展提供了良好的市场条件，这对于产业转入有强烈的吸引作用。另外，中国当前推进供给侧结构性改革，产业结构调整步伐明显加快，产业的对外转移和承接转移等都符合经济发展的需求。影响产业空间转移的因素较多，有关动力机制的分析将在后文中进一步展开。

9.2.1 制造业空间转移的测度方法

本章选取2007—2017年除西藏、青海和港澳台之外的29个省份制造业总产值数据，分析制造业的空间转移情况，数据源于各省的统计年鉴、《中国工业经济统计年鉴》和《中国交通年鉴》。

这里从地理集聚的角度分析中国制造业的空间转移。产业空间结构布局的变动是通过产业活动在地理位置上的迁移和自身结构及规模变动两个途径来实现的（原嫄等，2013）。根据研究目的，我们通过计算各地区的制造业总产值占全国制造业总产值的绝对份额及研究期内份额的增减来反映制造业空间转移的演变特征，揭示制造业空间转移的总体趋势。区位熵是测度地区某产业专业化程度的指标，同时也可以反映某产业在某地区的集聚情况，因此借鉴覃成林（2013）的方法对 i 区域 k 产业的区位熵指数 $LQ_{i,t}^k$ 进行差分处理，用来测度 k 产业的相对空间转移量，进一步研究各子行业的空间转移情况。即：

$$\Delta LQ = LQ_{i,t}^k - LQ_{i,t-1}^k \quad (9-1)$$

其中，$LQ_{i,t}^k = \dfrac{x_{i,t}^k / \sum_{k=1}^{m} x_{i,t}^k}{\sum_{i=1}^{n} x_i^t / \sum_{k=1}^{m} \sum_{i=1}^{n} x_{i,t}^k}$，$x$ 表示 k 产业的总产值，t 为时间，$LQ_{i,t}^k$ 表示 t 时期 i 区域 k 产业总产值占本地区 m 个产业总产值的份额与全国 k 产业总产值占全国 m 个产业总产值的份额之比。如果 $\Delta LQ_{i,t}^k > 0$，说明 i 区域为 k 产业的转入区域，如果 $\Delta LQ_{i,t}^k < 0$，则说明 i 区域为 k 产业的转出区域。如果 $\Delta LQ_{i,t}^k = 0$，则说明 i 区域 k 产业既没有转出也没有转入。

研究制造业各子行业空间转移格局时，将本章所研究的制造业27个子行业分为劳动密集型、资本密集型和技术密集型产业，并基于 ΔLQ 值的变动测度东部、东北、中部和西部地区3类产业的空间转移情况，从而揭示制造业在区域间的空间转移路径，进一步通过计算29个省份制造业的 ΔLQ 值，探索各行业的空间转移情况,最后对比分析3类产业的空间转移特征。

9.2.2 制造业空间转移动力机制分析与模型设计

产业空间转移问题历来受到人们的关注。对产业空间转移问题的讨论将因产业属性、经济发展阶段、区位因素以及产业政策等诸多背景的不同而各异,因而到目前为止没有形成完备的理论体系。因此,本章将结合制造业属性、现阶段经济发展状况等事实,讨论制造业空间转移的动力机制,做到具体问题具体分析。在动力机制的基础上进一步设计计量经济学模型,以展开实证分析。

1. 生产要素对制造业空间转移产生的动力机制

根据比较优势理论,产业是根据每个地区所具备的要素禀赋特征发展的,相对成本差异是影响产业区位选择的重要因素,而成本差异通常由各地区的资源禀赋和技术差异所决定(王业强和魏后凯,2007)。多数产业的比较优势主要来源于资本要素和低技能的劳动力要素(Harrigan,1995)。此外,各地区的经济也不是相互独立的,而是互相关联的开放的经济系统,资本、劳动力和技术等生产要素在地区间的流动,会相对减弱地区专业化水平,缩小地区间生产要素相对投入量的差异(孙久文,2006)。要素禀赋投入状况是企业生产规模和生产能力的体现,地区间差距的缩小可以推动产业发生空间转移。因此本章从资本要素、劳动力要素、技术创新3个角度分析生产要素对制造业空间转移的影响。

资本要素是产业发展的根本保障。从企业运转角度来说,资本存量可以反映企业现有的生产经营规模和水平,对企业发展具有直接影响;另外,资本积累也会促进劳动力要素的积累及技术的进步。比较优势理论认为,地区内相对稀缺的生产要素,其价格越高。由于东部地区资本要素充足,中、西部地区相对匮乏,所以资本要素在中、西部地区的价格会高于东部地区,企业倾向于追求利润最大化,因此东部地区的资本要素存在向中、西部地区流动的动力,从而促使制造业发生空间转移。

劳动力要素首先是影响产业成本的重要因素，为产业的发展提供人力保证。企业获得的劳动力数量越多，劳动力成本相对而言越低，尤其是劳动密集型产业，因为它对劳动技能没有太高的要求，因此区域间劳动力要素的差异会影响生产相对成本进而影响产业的集聚与空间转移。其次，制造业从业人数反映了一个地区的制造业对缓解就业压力所作的贡献，可观的就业率是衡量地区经济发展状况的重要尺度，经济状况反过来又会对制造业的发展产生重要影响。

创新是提高生产效率的根本动力，经济生产活动中的技术创新重点关注两个方面：一是技术、方法、知识等；二是要将成果最终用于经济领域，给生产者带来一定的经济效益（Joseph，1982）。随着科技的发展，技术创新是生产者追求利润最大化的重要手段，在行业竞争中扮演越来越重要的角色，这对于技术密集型产业更为突出。此外，技术创新能力强的地区能够吸引更多高新技术产业的从业人员，科技效应具有外部性，从而能够带动整个地区行业的发展。弗农（1996）的研究也证实，产业空间转移最根本的原因是产品具有生命周期，即创新、成熟和标准化三个阶段，其中在创新阶段主要依靠先进的技术，技术创新是产业永葆生机的关键。R&D活动作为技术创新的主要活动之一，代表着创新发展的水平，其规模和强度是衡量一个国家科技综合实力和核心竞争力的重要指标。R&D活动的贯彻与落实是推动技术创新的强大动力，是促进经济增长的主要内在驱动力，同时也是推动中国经济转型必不可少的条件之一。

2. 区位要素对制造业空间转移产生的动力机制

新经济地理学理论认为，影响产业集聚与空间转移的本质因素是经济力量，即规模报酬递增。两个地区即使在自然条件方面基本相近，也有可能因为存在部分偶然因素使产业集聚在某一个地方发展。在地区间的交易成本对交易没有产生直接影响之前，由于存在规模报酬递增规律，可能会出现产业集聚发展，但当交易成本足够大以至于对交易市场产生影响时，可能会促使产业发生空间转移（金煜等，2006）。在新经济地理理论中，市场规模及交通条件作为区位要素的代表，被认为是影响产业集聚与空间转移的重要因素。

市场规模是产业产生集聚外部性的根源，正如吴天宝（2009）所述，产业集群能够促进产业空间中的结构组织状态，空间上的关联为企业的合作和竞争提供了良好的条件，从而为企业提供更多的信息交流机会、产品流通途径以及降低交易的成本等。一个地区的企业数目越多，新进入的企业得到生产要素供给的机会就越大，并且所生产的产品在当地的流通越顺畅。通常情况下，产业倾向于向企业数量多、市场规模大的地区转移，当地区的企业集聚达到一定程度时，会为这一地区获得产业竞争优势。

产业空间转移受交通条件的影响。当运输成本过高时，市场关联的作用相对会弱化，产业将分布于各个地区，本地的市场需求将占据主导地位；但当运输成本没有高到阻碍地区间的贸易时，由于集聚外部性的存在，产业会进一步集聚到市场需求量大的地区发展，因为此时集聚带来的收益大于交易成本。因此，一方面，企业为了降低运输成本会向市场需求大的地区转移形成规模经济；另一方面，良好的交通条件本身具有优势，可以促进区域内各种产品的流动，这种内生性优势会直接带动关联产业的发展进而带动整个地区的发展。所以，交通条件是制造业区位选择的重要参考因素，王业强（2007）等对这一问题也作了证实研究。

3. 全球化对制造业空间转移产生的动力机制

随着经济全球化的发展，对外开放逐渐成为一个国家或地区经济增长和产业发展的中坚力量。对外开放水平深化往往会引起全球范围内的对外贸易合作和跨国资本的流动，而外贸产品的差异性及外商对投资行业的选择偏好会对产业的发展产生多种影响。Figlio（2000）等的研究表明，对外开放引进的外资会提高本行业从业人员工资水平，同时也会增强行业的竞争意识，从而提升企业自身的效率。产品生命周期理论中强调通过外贸市场输入和输出产品的同时，相应的技术会从先进国家转移至落后国家，有助于提升落后国家的生产效率，这一过程就容易导致产业空间转移。近年来中国倡导全球化发展，坚持推进开放，这为制造业的空间转移提供了动力，是制造业区位选择的重要引导机制。

4. 制造业空间转移模型设计

根据前文关于制造业空间转移的动力机制分析，本章将从生产要素、区位要素和全球化因素入手分析它们各自对中国制造业空间转移的影响作用。

随着经济的发展，区域间的交往日益频繁，因此空间效应在产业空间转移过程中发挥着重要的作用，空间计量模型将空间依赖性纳入传统的面板数据模型，可以有效提高模型估计的精度，而且可以在一定程度上解决模型的遗漏变量问题。空间滞后模型（SLM）和空间误差模型（SEM）是两种空间效应模型，若经济变量间存在空间相关性，则仅考虑自身的解释变量无法很好地估计对被解释变量的影响，可选择 SLM；若模型的空间误差项在空间上相关，可选择 SEM。本章从地理集聚角度研究产业空间转移，区位熵可以度量某一产业在特定区域内的空间分布情况，反映这一产业部门的专业化水平，同时也可以反映某产业在地区的集聚情况。为更好地研究上述各因素对不同类型产业空间转移的影响作用，选用制造业分行业的区位熵作为被解释变量，考虑到产业空间转移存在空间相关性，构建如下的计量模型：

$$y_{it} = \beta_0 + \rho W y_{it} + \beta_1 \ln Cap_{it} + \beta_2 \ln Lab_{it} + \beta_3 \ln R\&D_{it} + \beta_4 \ln Tra_{it}$$
$$+ \beta_5 \ln Ent_{it} + \beta_6 \ln Open_{it} + \mu_{it}$$
$$\mu_{it} = \lambda W \mu_{it} + \varepsilon_{it} \quad (9-2)$$

其中，y_{it} 表示 i 地区 t 年制造业分行业的区位熵；Cap_{it} 为 i 地区 t 年的资本存量，是将实际固定资产投资额采用永续盘存法计算的结果，反映资本要素；Lab_{it} 表示 i 地区 t 年的制造业从业人数，反映劳动力要素；$R\&D_{it}$ 表示 i 地区 t 年制造业 R&D 投入，反映技术创新；Tra_{it} 表示 i 地区 t 年的公路通车里程数，反映交通条件；Ent_{it} 表示 i 地区 t 年规模以上工业企业数，用以反映市场规模；$Open_{it}$ 表示 i 地区 t 年进出口总额占 GDP 的比重，是对外开放水平的度量，反映全球化因素，ρ 为空间自回归系数；W 为空间权重矩阵，鉴于本章从省际层面研究区域间的相互作用，结合行政区的划分原则，选择 Rook 一阶邻接空间权重矩阵。为减小因变量单位的不同对模型参数估计结果造成的干扰，对解释变量均取对数。这里给出了空间误差和空间自回归模型的通式，在实证分析中将根据样本数据的结构来决定其具体形式。

区位熵作为衡量产业集聚的指标，在计量经济学模型中可以用来展示产业空间转移的信息。如前文所述，产业集聚是产业空间转移的结果，产业集聚的变化正是产业空间转移强度和空间转移趋势的变化。因此，如果衡量产业集聚的指标（例如区位熵）发生了变化，无论是增加还是减少，都意味着出现了产业空间转移，而且增减量越大，产业空间转移的强度越大。计量经济学模型所描述的变量间的关系是一种动态的关系，即解释变量的变化引起的被解释变量的变动状况，因此式（9-2）的回归系数展示了相关因素对产业空间转移的影响作用。

9.2.3 立体化研究路径

本章的研究将同时从整体和局部展开，力求从多个方面对中国制造业的空间转移问题进行立体化分析。具体来说，本章的研究将从如下几个角度展开：在产业上，既有对中国制造业整体空间转移状况的分析，更有在对制造业进行分类的基础上讨论不同类型制造业的空间转移状况及动力机制；在时间上，首先利用全时间样本构建计量经济学模型，分析检验制造业空间转移的动力机制，进一步从时间角度对样本进行分割，讨论动力机制在不同时期所发生的变化；在空间上，既有对制造业区域性空间转移的分析，又有对省域层面的空间转移状况的探究；在研究方法上，从描述性分析入手，在得到一些基本结论和观点后进一步构建空间计量经济学模型，实现对制造业空间转移动力机制的推断研究。这种立体化的研究路径将始终围绕中国制造业空间转移状况及动力机制展开，力求研究结论丰富而不片面。

9.3 中国制造业空间转移实证分析

前文定义了基于产业份额的绝对变动测度制造业空间格局演变和根据ΔLQ值的相对变动度量分行业空间转移的指标，并综合生产要素、区位要素及全球化因素等影响作用，设计了空间计量经济学模型以探究各因素对制造业空间转移的影响机制。下面将通过实际数据展开实证分析。

9.3.1 制造业空间格局的演变

观察不同地区产业产值所占比重的变化情况是分析产业空间格局演变的一个简单而有效的方法。因此这里首先计算出 2007—2017 年各省份制造业总产值占全国比重，如表 9-1 所示。

表 9-1　　各省（市、自治区）制造业总产值占全国比重及变化　　　　单位：%

地区	2007 年	2009 年	2011 年	2013 年	2015 年	2017 年	2007—2017 年增量
北京	2.41	1.96	1.52	1.36	1.26	1.28	-1.14
天津	2.59	2.39	2.37	2.48	2.48	2.39	-0.20
河北	4.14	4.30	4.57	4.31	4.04	4.20	0.06
上海	6.18	4.80	4.23	3.39	2.97	3.04	-3.14
江苏	14.34	13.43	13.91	14.00	14.17	14.67	0.32
浙江	9.21	7.68	6.79	6.07	5.83	5.41	-3.80
福建	3.24	3.18	3.38	3.29	3.64	3.89	0.65
山东	12.99	13.75	12.26	13.15	13.54	11.97	-1.02
广东	14.52	13.15	11.63	10.86	11.25	11.59	-2.93
海南	0.26	0.19	0.19	0.17	0.16	0.16	-0.10
东部地区	69.88	64.83	60.86	59.08	59.36	58.59	-11.29
辽宁	3.57	5.38	5.33	5.26	3.03	1.89	-1.67
吉林	1.60	1.86	2.05	2.21	2.11	2.20	0.60
黑龙江	1.02	1.03	1.03	1.08	0.89	0.82	-0.20
东北地区	6.18	8.27	8.42	8.55	6.03	4.91	-1.27
山西	1.38	1.03	1.11	0.96	0.69	0.68	-0.70
河南	4.34	4.84	5.53	5.80	6.69	6.94	2.60
湖北	2.41	2.91	3.50	4.03	4.30	3.99	1.58
湖南	2.10	2.81	3.20	3.26	3.42	3.75	1.66

续表

地区	2007年	2009年	2011年	2013年	2015年	2017年	2007—2017年增量
江西	1.55	1.82	2.23	2.48	2.81	3.24	1.68
安徽	1.98	2.35	3.06	3.23	3.60	4.11	2.13
中部地区	13.76	15.76	18.63	19.76	21.51	22.71	8.95
广西	1.14	1.26	1.55	1.81	2.04	2.24	1.10
重庆	1.14	1.27	1.48	1.61	2.00	1.86	0.73
四川	2.68	3.24	3.51	3.37	3.50	3.77	1.09
贵州	0.49	0.46	0.50	0.57	0.75	0.76	0.27
云南	1.02	0.88	0.84	0.87	0.79	0.87	-0.16
陕西	1.11	1.22	1.32	1.45	1.45	1.59	0.48
甘肃	0.75	0.63	0.65	0.67	0.56	0.46	-0.29
宁夏	0.22	0.22	0.22	0.26	0.27	0.31	0.09
新疆	0.51	0.50	0.59	0.63	0.56	0.63	0.12
内蒙古	1.11	1.48	1.43	1.35	1.18	1.29	0.18
西部地区	10.18	11.14	12.09	12.61	13.10	13.78	3.61

产业所占比重的变化在很大程度上反映了产业空间转移的强度。从四大地区制造业总产值占全国比重来看，2007年东部、东北、中部、西部地区的占比分别为69.88%、6.18%、13.76%、10.18%，说明制造业在东部地区集聚程度较高，其他地区与东部地区存在较大的差距。随着时间的推移，东部地区的比重呈下降趋势，东北地区先上升后下降，中、西部地区持续上升。在2007—2017年，东部地区的份额减少了11.29%，东北地区减少了1.27%，中部地区增长了8.95%，西部地区增加了3.61%。从各省、市、区的比重来看，2007年排名前5位的依次为广东、江苏、山东、浙江、上海；2017年排在前5位的依次为江苏、山东、广东、河南、浙江，上海已经退出了前5名的行列，取而代之的是河南。从全国来看，在2007—2017年期间，制造业总产值占全国比重增长最快的是安徽，增长了2.13%；其次是江西，增长了1.68%；下降最快的是浙江，下降了3.80%，上海的降幅次之，为3.14%。东部地区制造业比重呈普遍下降态势，下降最快的3个地区为浙江、上海、广东；中部地区制造业比重除山西存在较小程度下降外，其

他地区均有明显的增长,增长最快的 3 个地区为河南、安徽和江西;西部地区虽然在增加的同时也伴随着减少,但整体上呈现上升趋势,其中广西和四川最为明显;东北地区整体有所下降。比重的变化态势表明,中国制造业的整体空间布局发生了变化,东部地区的集聚程度明显下降,东部、东北地区的制造业已经向广大中西部地区发生了转移。

9.3.2 制造业空间转移趋势

区位熵可以度量某一产业在特定区域内的空间分布情况,反映这一产业部门的专业化水平。我们对区位熵进行了差分处理,用于分析区域间产业相对变化的情况,以考察制造业的空间转移趋势。为弱化行业间异质性的影响,下面将研究制造业各子行业的空间转移情况。

参考张国胜(2014)和石奇(2012)的分类方法将制造业分为劳动密集型、资本密集型和技术密集型产业 3 类,由于海南、新疆、宁夏和内蒙古的文教体育用品制造业(C_{24})、化学纤维制造业(C_{28})、废弃资源和废旧材料回收加工业(C_{43})数据缺失严重,因此未将这 3 个子行业入样,具体的分类如表 9-2 所示。

表 9-2　　　　　　　　　制造业行业分类①

类别	行业
劳动密集型产业	农副食品加工业(C_{13}),食品制造业(C_{14}),饮料制造业(C_{15}),烟草制品业(C_{16}),纺织业(C_{17}),纺织服装、鞋、帽制造业(C_{18}),皮革、毛皮、羽毛(绒)及其制品业(C_{19}),木材加工及木、竹、藤、棕、草制品业(C_{20}),家具制造业(C_{21}),造纸及纸制品业(C_{22}),印刷业和记录媒介复制业(C_{23})

---

① 这里根据国家统计局发布的《国民经济行业分类》国家标准(GB/TA754-2002)进行分类。

续表

类别	行业
资本密集型产业	石油加工、炼焦及核燃料加工业（C_{25}），化学原料及化学制品制造业（C_{26}），医药制造业（C_{27}），橡胶制品业（C_{29}），塑料制品业（C_{30}），非金属矿物制品业（C_{31}），黑色金属冶炼及压延加工业（C_{32}），有色金属冶炼及压延加工业（C_{33}），金属制品业（C_{34}）
技术密集型产业	通用设备制造业（C_{35}），专用设备制造业（C_{36}），交通运输设备制造业（C_{37}），电气机械及器材制造业（C_{39}），通信设备、计算机及其他电子设备制造业（C_{40}），仪器仪表及文化、办公用机械制造业（C_{41}），工艺品及其他制造业（C_{42}）

1. 劳动密集型产业的空间转移

根据本章研究设计，计算出劳动密集型产业的区位熵，并得到其增量 ΔLQ，用于分析劳动密集型产业的空间转移问题（见表9-3）。

表9-3　　　　　　　　各区域劳动密集型产业 ΔLQ 值

区域	劳动密集型产业整体及分行业 ΔLQ 值										
	C_{13}	C_{14}	C_{15}	C_{16}	C_{17}	C_{18}	C_{19}	C_{20}	C_{21}	C_{22}	C_{23}
东部地区	-0.12	-0.11	-0.18	-0.17	0.09	-0.02	-0.21	-0.06	-0.08	-0.14	0.00	-0.08
东北地区	0.27	0.45	-0.01	0.05	0.10	0.02	-0.10	-0.08	0.37	-0.49	0.01	-0.09
中部地区	0.05	-0.13	0.20	-0.33	-0.82	0.13	0.74	0.39	-0.31	0.53	-0.21	0.18
西部地区	-0.01	-0.24	0.18	0.09	-1.00	0.00	0.18	-0.11	0.34	0.19	0.11	-0.23

首先分析劳动密集型产业在全国四大区域间的转移趋势。由表9-3可知，劳动密集型产业整体上在东、西部地区有转出趋势，在东北、中部地区有不同程度的转入。分行业来看，烟草制造业（C_{16}）在东部、东北地区的 ΔLQ 值仍大于0，中、西部地区均小于0，表明此行业并未向中、西部地区空间转移；造纸及纸制品业（C_{22}）的 ΔLQ 值在中部地区小于0，而在其他地区大于或等于0，表明中部地区是这类行业的主要转出地，皮革、毛皮、

羽毛（绒）及其制品业（C_{19}）及印刷业和记录媒介复制业（C_{23}）与其相反，中部地区是这两类行业的转入地；食品制造业（C_{14}），纺织服装、鞋、帽制造业（C_{18}），家具制造业（C_{21}）出现了从东部、东北地区向中、西部地区的空间转移，这3类行业的 ΔLQ 值在四大区域间出现了明显的"此消彼长"；农副食品加工业（C_{13}）的 ΔLQ 值在东北地区明显上升，东、中、西部地区都有不同程度的下降，可见，这类行业有向东北地区集聚的趋势；纺织业（C_{17}）出现了从东部地区向全国范围内的扩散式空间转移；饮料制造业（C_{15}）、木材加工及木竹藤棕草制品业（C_{20}）的 ΔLQ 值在东、中部地区小于0，东北、西部地区大于0，这种变化表明这两类行业有向东北、西部地区空间转移的趋势，但这种空间转移趋势并未拓展到中部地区。

再分析劳动密集型产业在省域间的转移趋势（见表9-4）。整体上看，劳动密集型产业在区域内及区域间均存在空间转移，其中东部地区转出趋势明显，北京、上海、江苏、浙江、山东、广东和海南的 ΔLQ 值均小于0；山西、湖北、江西、安徽、黑龙江、吉林的 ΔLQ 值均大于0，再次表明东北、中部地区为劳动密集型产业的转入地；广西、重庆、四川、新疆和内蒙古的 ΔLQ 值均小于0，表明劳动密集型产业的空间转移并没有拓展到整个西部地区。分行业看，北京、上海、浙江和广东的农副食品加工业（C_{13}），饮料制造业（C_{15}），纺织业（C_{17}），皮革、毛皮、羽毛（绒）及其制品业（C_{19}），木材加工及木竹藤棕草制品业（C_{20}），印刷业和记录媒介复制业（C_{23}）的 ΔLQ 值均小于0，黑龙江、湖北和山西均大于0，表明这几类行业的空间转移呈现出相似特征。虽然东部地区的 ΔLQ 值整体呈下降趋势，但天津与福建出现了明显的上升，特别是农副食品加工业（C_{13}），食品制造业（C_{14}），皮革、毛皮、羽毛（绒）及其制品业（C_{19}），造纸及纸制品（C_{22}），印刷业和记录媒介复制业（C_{23}）5类行业的 ΔLQ 值均大于0，说明东部地区劳动密集型产业在转出的同时也伴随着转入，除了区域间的空间转移外，还存在区域内的空间转移；西部地区中贵州和云南除烟草制造业（C_{16}）、印刷业和记录媒介复制业（C_{23}）外，其他行业的 ΔLQ 值均大于0，说明西部地区部分省份也有较强的承接能力。

表 9-4　　各省域劳动密集型产业 ΔLQ 值

省域	劳动密集型产业整体及分行业 ΔLQ 值										
	C_{13}	C_{14}	C_{15}	C_{16}	C_{17}	C_{18}	C_{19}	C_{20}	C_{21}	C_{22}	C_{23}
北京	-0.05	-0.11	0.55	-0.08	0.26	-0.13	-0.05	-0.03	-0.12	-0.19	0.20	-0.99
天津	0.37	0.14	1.84	-0.11	0.12	-0.09	0.63	0.20	-0.11	0.09	0.29	0.05
河北	0.00	-0.25	-0.68	-0.19	-0.17	0.34	0.08	0.60	-0.34	0.12	-0.18	0.42
上海	-0.08	-0.05	-0.27	-0.26	2.03	-0.17	-0.41	-0.04	-0.29	-0.28	-0.01	-0.61
江苏	-0.26	0.06	-0.19	-0.04	-0.04	-0.36	-1.44	-0.02	0.13	-0.08	-0.14	0.23
浙江	-0.33	-0.10	-0.28	-0.31	0.49	-0.22	0.14	-1.11	-0.54	0.12	0.42	-0.31
福建	0.16	0.02	0.31	0.11	-0.34	0.65	-0.03	0.88	0.04	-0.24	0.39	0.13
山东	-0.29	-0.72	-0.45	-0.41	-0.04	0.10	0.18	-0.39	-0.13	-0.11	-0.43	0.33
广东	-0.04	-0.07	-0.39	-0.12	0.01	-0.02	0.36	-0.23	-0.07	0.21	-0.47	
海南	-0.08	-0.26	-3.37	-1.08	1.12	-0.11	0.10	-0.01	-0.46	-0.51	0.94	-0.35
辽宁	-0.17	-0.21	-0.20	-0.15	0.17	-0.14	-0.28	-0.35	-0.68	-1.07	0.01	-0.37
吉林	0.23	0.00	-0.37	0.64	-0.32	0.15	0.16	0.04	-0.07	0.26	0.09	0.11
黑龙江	1.02	2.27	0.51	0.06	0.24	0.15	0.10	0.22	1.78	-0.17	-0.15	0.09
山西	0.20	0.37	0.19	0.07	0.29	0.03	0.07	0.06	0.08	0.06	0.05	0.05
河南	-0.16	-0.76	-0.14	-0.34	-0.43	-0.01	0.76	0.41	-0.54	0.35	-0.90	0.23
湖北	0.15	0.29	0.24	0.58	-0.68	0.37	0.39	0.26	0.04	0.37	0.14	0.12
湖南	-0.09	-0.05	0.66	0.10	-2.20	-0.07	0.14	0.37	-0.74	0.12	-0.28	0.24
江西	0.15	0.13	0.23	-0.38	-0.59	0.25	1.17	0.55	-0.77	1.08	0.14	-0.50
安徽	0.03	-0.11	0.01	-0.54	-1.47	0.02	1.09	0.18	-0.18	0.85	0.11	0.22
广西	-0.13	-1.34	-0.49	-0.45	-0.71	0.03	0.32	-0.26	1.27	0.34	0.00	-0.53
重庆	-0.03	-0.02	-0.07	-0.39	-0.67	-0.23	0.10	0.14	0.28	-0.26	0.45	-0.23
四川	-0.08	-0.79	0.40	-0.01	-0.34	0.05	0.14	-0.59	0.01	0.40	0.03	-0.10
贵州	0.29	0.14	0.60	2.83	-2.57	0.06	0.25	0.41	0.03	0.70	0.62	-0.31
云南	0.10	0.57	0.88	0.61	0.50	0.04	0.08	0.07	0.09	0.07	0.08	-1.05
陕西	0.16	0.35	0.20	-0.21	-0.63	0.08	0.08	0.12	0.19	0.18	-0.19	
甘肃	0.13	0.09	-0.22	-0.09	2.18	-0.08	0.03	-0.13	-0.04	0.00	0.08	-0.08
宁夏	0.24	-0.05	0.45	-0.13	0.64	1.51	0.06	0.16	0.21	0.24	-1.27	0.49
新疆	-0.15	-0.22	-0.42	-0.15	-0.03	0.07	0.15	-0.10	-0.36	-0.66	0.06	-0.37
内蒙古	-0.19	0.14	-0.21	0.09	-0.45	0.22	0.04	-0.27	-0.11	0.12	0.04	

2. 资本密集型产业的空间转移

根据本章研究设计,计算出资本密集型产业的区位熵,并得到其增量 ΔLQ,用于分析该产业的空间转移问题(见表9-5)。

表9-5 各区域资本密集型产业 ΔLQ 值

区域	资本密集型产业整体及分行业 ΔLQ 值									
		C_{25}	C_{26}	C_{27}	C_{29}	C_{30}	C_{31}	C_{32}	C_{33}	C_{34}
东部地区	0.01	0.22	-0.11	0.01	0.06	-0.05/0.00	-0.19	0.10	0.05	-0.08
东北地区	-0.37	-0.50	0.05	0.55	0.08	0.22/-0.35	0.03	-0.18	-0.49	-0.02
中部地区	-0.17	-0.61	0.06	-0.22	-0.11	0.18/0.05	-0.13	-0.55	-0.46	0.20
西部地区	-0.04	-0.27	0.10	-0.57	0.10	0.24/-0.02	0.18	-0.11	-0.79	0.28

(注:C_{29} 为2007—2012年橡胶制品业的 ΔLQ 值,C_{30} 中第1列为2007—2012年塑料制品业的 ΔLQ 值,第2列为2013—2017年橡胶和塑料制品业的 ΔLQ 值)。

首先分析资本密集型产业在全国四大区域间的转移趋势。由表9-5,从整体来看,资本密集型产业仍在东部地区集聚,其他3个地区均未出现转入趋势。分行业来看,石油加工、炼焦及核燃料加工业(C_{25}),黑色金属冶炼及压延加工业(C_{32})及有色金属冶炼及压延加工业(C_{33})在东部地区的 ΔLQ 值大于0,其他地区均小于0,说明这3类行业持续在东部地区集聚,向外转移迹象不明显;化学原料及化学制品制造业(C_{26})从东部地区向其他地区扩散;医药制造业(C_{27})的 ΔLQ 值在东部和东北地区大于0,中、西部地区小于0,说明此行业并未向中、西部地区转移;金属制品业(C_{34})的转移动向与医药制造业相反;橡胶制品业(C_{29})的 ΔLQ 值在中部地区小于0,在其他地区均大于0,塑料制品业(C_{30})的 ΔLQ 值①在东部地区小于

---

① 由于2013年制造业行业分类标准发生了变化,其中橡胶制品业和塑料制品业合并为橡胶和塑料制品业,交通运输设备制造业分为两类行业——汽车制造业,铁路、船舶、航空航天和其他运输设备制造业,因此,文中几处表格内 C_{30}、C_{37} 列的 ΔLQ 有两组数。

0，在其他地区大于0，表明塑料制品业向其他地区扩散式转移，橡胶制品业并未向中部地区转入，反而有转出趋势。统计口径发生变化后，橡胶制品业和塑料制品业合为橡胶和塑料制品业，其空间布局也发生了改变，东北和西部地区成为转出地，中部地区为主要的转入地；非金属矿物制品业（C_{31}）逐渐从东、中部转向东北和西部地区。

再分析资本密集型产业在省域间的转移趋势（见表9-6）。整体上看，东部地区中大部分省、市的资本密集型产业ΔLQ值均大于0，说明东部地区的资本密集型产业集聚程度有所上升，其中山东和天津明显大于其他地区；东北地区中吉林、辽宁的ΔLQ值大于0，但黑龙江小于0，可见东北地区此类行业在转入的同时伴随着转入趋势。中、西部地区中大部分省（市、区）的ΔLQ值小于0，但陕西、新疆和内蒙古的ΔLQ值却明显大于0，说明陕西、新疆和内蒙古对此类行业承接能力较强，其他地区有不同程度的转出。分行业来看，天津、河北、浙江和山东的石油加工、炼焦及核燃料加工业（C_{25}），橡胶制品业（C_{29}），黑色金属冶炼及压延加工业（C_{32}）的ΔLQ值均大于0，东北、中、西部地区大部分省、市、区这3类行业的ΔLQ值存在减小迹象，同时这些行业的ΔLQ值在东部的各省份之间呈现出此消彼长的特征，说明这些行业整体上在向东部地区转移，且东部地区内部各省份之间也存在明显的转移趋势。东部地区除海南的非金属矿物制品业（C_{31}）ΔLQ值大于0外，其他地区均小于0，但在东北、西部大部分省（市、区）其ΔLQ值均大于0，如吉林、黑龙江、山西、甘肃、云南、陕西和贵州等，表明此类行业开始从东部地区向东北、西部地区转移；北京、江苏、海南、吉林、云南和甘肃医药制造业（C_{27}）的ΔLQ值明显高于其他地区，可见此类行业是这些地区的优势产业；金属制品业（C_{34}）的ΔLQ值既在东部和东北各省域内部出现了此消彼长，也在东部、东北地区与中、西部各区域间出现了明显的此消彼长，说明此行业既在东部和东北区域内发生了空间转移，也在区域间发生了空间转移，主要表现为从东部、东北地区向中、西部地区转移。

表 9-6　　各省域资本密集型产业 ΔLQ 值

省域	资本密集型产业整体及分行业 ΔLQ 值									
	C_{25}	C_{26}	C_{27}	C_{29}	C_{30}	C_{31}	C_{32}	C_{33}	C_{34}
北京	-0.03	-0.29	-0.35	1.09	-0.05	-0.04/-0.12	-0.20	-0.63	-0.04	-0.17
天津	0.22	0.16	-0.93	-0.39	0.14	-0.05/0.13	-0.05	0.77	0.37	0.28
河北	-0.14	0.00	-0.37	-0.47	0.37	0.03/0.55	-0.43	0.23	-0.03	1.03
上海	-0.04	0.09	0.09	0.10	-0.29	0.01-0.09	-0.16	-0.12	-0.13	-0.53
江苏	-0.37	-0.02	0.03	0.23	0.00	-0.24/0.01	-0.03	-0.15	-0.24	-0.18
浙江	0.16	0.13	0.19	-0.21	0.09	-0.03/-0.32	-0.09	0.12	-0.06	-0.27
福建	0.17	0.46	-0.04	-0.20	-0.16	0.33/-0.28	-0.41	0.13	0.41	0.08
山东	0.33	1.07	0.45	0.10	0.03	0.02/-0.13	-0.55	0.01	0.36	0.15
广东	0.01	-0.09	-0.09	-0.06	0.00	0.18-0.11	-0.16	0.08	-0.06	-0.37
海南	0.51	0.30	0.55	1.88	0.03	-0.27/-0.08	0.72	-0.19	0.01	-0.54
辽宁	0.12	1.24	0.27	0.10	0.24	0.23/-0.65	-0.43	0.66	0.03	-0.32
吉林	0.08	-0.14	-0.60	0.68	-0.02	0.15/0.14	0.33	-0.33	-0.17	0.10
黑龙江	-0.27	-2.03	0.29	-0.62	-0.15	0.16/0.10	0.46	-0.36	-0.06	0.08
山西	-0.33	-0.28	-0.41	0.26	0.16	0.12/-0.11	0.30	-0.08	0.46	0.09
河南	-0.09	-0.24	0.04	-0.15	-0.21	0.19/0.02	-0.60	-0.21	-0.66	0.25
湖北	-0.07	-0.31	0.06	-0.48	0.13	0.09/0.05	0.19	-0.30	-0.43	0.18
湖南	-0.25	-0.73	0.00	-0.06	-0.04	0.17/-0.09	0.01	-0.50	-0.83	0.25
江西	-0.28	-0.32	0.47	-1.02	-0.03	0.27/0.15	-0.06	-0.54	-1.85	-0.04
安徽	-0.21	-0.41	-0.02	0.06	-0.50	0.06/0.06	-0.09	-0.47	-0.69	0.13
广西	0.05	0.59	-0.24	-0.69	-0.09	0.12/-0.01	0.04	0.20	-0.18	0.30
重庆	-0.15	-0.04	-0.21	-0.48	0.53	0.19/-0.01	-0.22	-0.22	-0.83	0.09
四川	-0.07	0.15	-0.12	-0.62	0.04	0.13/-0.01	-0.03	-0.11	-0.59	0.11
贵州	-0.37	-0.11	-0.64	-2.00	0.16	0.18/-0.05	1.56	-0.93	-1.42	0.04
云南	-0.07	0.47	0.09	0.20	0.01	0.05/-0.04	0.45	0.14	-2.27	0.25
陕西	0.16	-1.16	0.52	-0.73	0.16	0.38/0.14	0.37	0.06	0.39	0.14
甘肃	0.04	-1.04	-0.03	0.24	0.00	0.03/0.07	0.57	-0.27	1.15	0.43
宁夏	-0.05	2.75	0.54	-0.25	-0.76	3.05/-0.20	-0.56	0.24	-2.00	-0.15
新疆	0.24	-2.67	1.88	-1.67	0.10	-0.24/-0.11	0.11	0.01	2.93	-0.08
内蒙古	0.33	0.49	0.76	-0.26	0.03	0.44/0.13	-0.06	-0.13	-0.17	1.38

3. 技术密集型产业的空间转移

根据前文所述的研究安排，这里计算出技术密集型产业的区位熵，并得到其增量 ΔLQ，用于分析这一产业的空间转移问题（见表9-7）。

表9-7　　　　各区域技术密集型产业 ΔLQ 值

区域	技术密集型产业整体及分行业 ΔLQ 值							
	C_{35}	C_{36}	C_{37}	C_{39}	C_{40}	C_{41}	C_{42}	
东部地区	-0.05	0.02	0.03	0.04/0.02	-0.05	-0.13	0.04	-0.13
东北地区	-0.07	-0.55	-0.36	0.01/0.24	-0.16	-0.08	0.01	0.11
中部地区	0.18	0.13	-0.10	-0.15/0.01	0.25	0.42	0.13	0.17
西部地区	0.10	-0.05	-0.32	-0.33/-0.26	0.02	0.55	-0.03	0.36

（注：C_{37} 中的第1列为2007—2012年交通运输设备制造业的 ΔLQ 值，第2列为2013—2017年汽车制造业和铁路、船舶、航空航天和其他运输设备制造业的 ΔLQ 值）

首先分析技术密集型产业在全国四大区域间的转移趋势。根据表9-7，东部和东北地区的技术密集型整体上向中、西部地区发生了空间转移。分行业来看，通用设备制造业（C_{35}）在东、中部地区的 ΔLQ 值大于0，在东北和西部地区小于0，表明此类行业有向中部地区转移的趋势，主要的转出地为东北地区；专用设备制造业（C_{36}）的 ΔLQ 值在东部地区大于0，在其他地区均小于0，说明此类行业在东部地区集聚发展；工艺品及其他制造业（C_{42}）与专用设备制造业的空间转移趋势相反，发生了从东部地区向全国范围内的扩散式空间转移；电气机械及器材制造业（C_{39}），通信设备、计算机及其他电子设备制造业（C_{40}）从东部、东北地区明显向中、西部地区转移，在东部、东北地区 ΔLQ 值小于0，在中、西部地区大于0；仪器仪表及文化办公用机械制造业（C_{41}）在西部地区的 ΔLQ 值小于0，表明此类行业并没有向西部地区转移；交通运输设备制造业（C_{37}）的空间转移趋势在统计口径发生变化前后略有变动，但整体而言，此类行业并未出现向中、西部地区转移的趋势，东部、东北地区的 ΔLQ 值均大于0。

再分析技术密集型产业在省域间的转移趋势。根据表9-8，东部和东北地区中天津、福建、山东、海南、辽宁和黑龙江技术密集型产业的 ΔLQ 值

第 9 章
中国制造业空间转移趋势及其动力机制研究

小于 0，中部及大部分西部省份的 ΔLQ 值大于 0，再次表明技术密集型产业发生了从东部、东北地区向中、西部地区的转移，并且中部各省承接能力较强。分行业来看，辽宁、吉林和黑龙江的通信设备、计算机及其他电子设备制造业（C_{40}）的 ΔLQ 值均小于 0，在中、西部地区大部分省份其值大于 0，其中山西、河南、江西、广西、重庆和贵州的 ΔLQ 值明显大于其他地区，表明这些省、市为此类行业的主要转入地，东北地区为主要转出地。虽然表 9-7 的结果表明东北地区多数技术密集型产业的 ΔLQ 值小于 0，但表 9-8 显示吉林除交通运输设备制造业（C_{37}）及通信设备、计算机及其他电子设备制造业（C_{40}）的 ΔLQ 值小于 0 外，其他各行业的 ΔLQ 值均大于 0，综合表 9-7 和表 9-8 可以判断，大部分技术密集型产业的转出仅发生在辽宁和黑龙江，吉林是许多技术密集型产业的转入地；从西部各省份行业 ΔLQ 值的变化来看，其对技术密集型产业的承接也存在差异，其中甘肃承接能力较强，所承接的主要行业为铁路、船舶、航空航天和其他运输设备制造业、电气机械及器材制造业（C_{39}）及工艺品及其他制造业（C_{42}），广西、内蒙古、贵州对通用设备制造业（C_{35}）的承接能力较强。

表 9-8　　　　　　　各省域技术密集型产业 ΔLQ 值

省域	技术密集型产业整体及分行业 ΔLQ 值							
	C_{35}	C_{36}	C_{37}	C_{39}	C_{40}	C_{41}	C_{42}
北京	0.13	0.01	-0.19	2.17/0.84	0.07	-1.29	-0.10	0.10
天津	-0.26	0.19	0.53	-0.31/1.79	-0.09	-1.37	-0.67	1.01
河北	0.17	0.12	0.12	0.31/0.42	0.19	0.06	0.05	0.34
上海	0.08	-0.07	-0.02	1.01/-0.07	-0.18	-0.43	0.03	-0.21
江苏	0.08	-0.03	0.14	0.02/-0.36	0.41	-0.28	1.29	0.11
浙江	0.07	0.04	-0.17	0.13/-0.41	0.11	0.11	0.18	-0.86
福建	-0.21	0.07	-0.17	-0.25/-0.17	-0.08	-0.38	-0.34	-1.54
山东	-0.02	-0.06	-0.07	-0.07/0.06	-0.26	0.03	0.22	1.28
广东	0.01	0.27	-0.03	-0.03/-0.16	-0.41	0.51	-1.24	-1.33
海南	-0.21	-0.01	-0.04	-1.38/-0.01	0.16	-0.06	0.19	0.98
辽宁	0.07	-0.59	-0.52	0.68/1.24	-0.18	-0.06	0.12	-0.25

续表

省域	技术密集型产业整体及分行业 ΔLQ 值						
	C_{35}	C_{36}	C_{37}	C_{39}	C_{40}	C_{41}	C_{42}
吉林	-0.17	0.20	0.29	-0.35/0.19	0.09	-0.01	0.15	0.48
黑龙江	-0.33	-0.98	-1.04	-0.15/-1.21	-0.25	-0.01	-0.24	0.32
山西	0.24	-0.06	-1.13	0.17/-0.32	0.21	0.99	0.05	0.29
河南	0.17	0.14	-0.37	-0.03/0.20	0.21	0.52	0.14	-0.69
湖北	-0.01	-0.27	0.27	-0.58/0.08	0.12		-0.05	0.55
湖南	0.01	0.20	0.06	0.02/0.09	0.15	0.42	0.20	0.99
江西	0.17	0.24	0.14	-0.32/-0.35	0.33	0.51	0.11	-0.14
安徽	0.15	0.35	0.25	-0.35/-0.04	0.00	0.44	0.16	0.53
广西	0.06	0.05	-0.86	-0.45/0.06	0.07	0.60	0.15	-0.28
重庆	0.12	-0.08	-0.19	-2.51/-1.95	-0.11	1.88	-0.41	0.95
四川	0.10	-0.15	-0.29	0.03/0.15	-0.16	0.50	-0.07	0.44
贵州	0.16	0.04	-0.17	-0.35/-0.16	0.01	0.76	-0.11	0.82
云南	0.06	-0.11	-0.16	0.13/-0.02	0.00	0.16	0.43	0.10
陕西	-0.15	-0.32	-0.44	-0.95/-0.96	-0.03	0.09	-0.44	0.33
甘肃	0.03	-0.06	-0.25	-0.06/0.08	0.05	0.15	0.03	1.84
宁夏	0.00	-0.49	-0.11	0.00/-0.02	0.22	0.01	0.31	-0.35
新疆	0.01	-0.06	-0.01	-0.02/0.01	0.22	-0.06	-0.04	0.05
内蒙古	-0.06	0.17	-0.63	-0.19/-0.12	0.21	-0.17	0.08	0.06

总体来说，东部地区劳动密集型产业的 ΔLQ 值为 -0.12，下降趋势明显，东北、中部地区劳动密集型产业的 ΔLQ 值分别为 0.27、0.05，出现了明显的增长，西部地区劳动密集型产业的 ΔLQ 值为 -0.01，有轻微的下降，说明劳动密集型产业从东部地区向东北、中部地区进行转移。对于资本密集型产业，东部地区的 ΔLQ 值仍在上升，其他 3 个地区均下降，并且东北地区下降趋势明显，其 ΔLQ 值为 -0.37，表明资本密集型产业仍在东部地区集聚，向东北、中西部地区的转移并不明显。对于技术密集型产业，东部地区的 ΔLQ 值为 -0.05，东北地区 ΔLQ 值为 -0.07，均下降；中部地区的 ΔLQ

值为 0.18，西部地区为 0.10，均上升，这种此消彼长的趋势说明技术密集型产业发生了从东部、东北向中西部地区的转移。通过对 3 类产业整体及分行业 ΔLQ 值的分析可知，3 类产业及其分行业在中国四大区域间和区域内的空间转移路径不尽相同。劳动密集型产业主要从东部地区向东北、中部地区进行转移，其中北京、上海、浙江和广东的农副食品加工业，饮料制造业，纺织业，皮革、毛皮、羽毛（绒）及其制品业，木材加工及木竹藤棕草制品业，印刷业和记录媒介复制业的转出趋势明显，而黑龙江、湖北和山西均有转入，此外天津与福建也是大部分行业的转入地，说明东部地区劳动密集型产业在转出的同时伴随着转入，除了区域间的转移外，还存在区域内的转移。资本密集型产业仍在东部地区集聚，向东北、中西部地区转移趋势不明显，但橡胶制品业、黑色金属冶炼及压延加工业的 ΔLQ 值在东部的各省、市之间呈现出此消彼长的特征，表明此类行业的空间转移区域主要集中在东部的各省、市之间；技术密集型产业发生了从东部、东北地区向中、西部地区的转移，主要的转出地为上海、福建、广东、海南和黑龙江，转出行业主要为电气机械及器材制造业和通信设备、计算机及其他电子设备制造业，中部各省基本能承接所有行业的转入，西部地区的各省、市、区承接能力存在较大的差异。

9.3.3 制造业空间转移模型的估计与分析

本章选取 2007—2017 年除青海、西藏和港澳台以外的 29 个省份的面板数据建立计量模型。为探索各因素对不同类型产业空间转移的影响作用，将被解释变量分为 3 类：劳动密集型产业的区位熵、资本密集型产业的区位熵、技术密集型产业的区位熵，模型分别记为 Mode 1 Ⅰ、Mode 1 Ⅱ、Mode 1 Ⅲ。由于 2013 制造业行业分类标准发生了变化，导致橡胶制品业、塑料制品业、交通运输设备制造业的统计口径发生了变化，因此没有将这 3 个行业入样。

根据 hausman 和 BSJK 检验结果，选择个体随机效应的 SLM 模型，对于空间计量模型，采用普通最小二乘法估计是有偏差的，这里选择极大似然估计，估计结果如表 9-9 所示。

表 9-9　　　　　　　　　　全样本模型估计结果

变量	Model I		Model II		Model III	
	估计值	p 值	估计值	p 值	估计值	p 值
Cons	-2.3048	0.000	3.3659	0.000	0.5369	0.161
LnLab	0.1206	0.000	-0.0186	0.386	-0.0298	0.107
LnCap	0.0812	0.179	0.2041	0.005	0.1023	0.022
LnR&D	0.1506	0.102	0.1099	0.033	0.0784	0.000
LnTra	0.1313	0.000	0.1744	0.000	0.1977	0.000
LnEnt	0.1380	0.000	-0.1420	0.002	0.0503	0.078
LnOpen	-0.0108	0.693	0.0545	0.098	0.0807	0.000
ρ	0.2230	0.000	0.1240	0.037	-0.2170	0.000
R^2	0.3496		0.4942		0.6298	
Log-L	162.9597		119.9971		304.1963	
样本量	319		319		319	

对于劳动密集型产业，劳动力要素、交通条件和市场规模是发生空间转移的重要驱动因素，说明劳动密集型产业倾向于劳动力资源丰富、交通便利、市场潜力较大的区域布局。随着西部大开发、中部崛起等战略的提出，劳动力向中西部流动频繁，加之劳动密集型产业对劳动力技能的要求并不高，新流入的劳动力很快能为产业的发展贡献力量，且由前文分析可知，东部地区向广大中西部地区转移的主要是劳动密集型产业，中西部地区劳动力市场并没有达到饱和，因此劳动力发挥了重要的作用。交通条件的完善使运输成本下降，促使生产要素由中心向外围区域扩散，此外市场规模反映了地区的产业基础和配套能力，市场规模越大，越有利于发挥规模经济效应，降低企业的生产成本，使产业向这一地区转移。资本要素的作用不显著，主要原因在于中西部尤其是西部的经济增长是投资拉动型的，投资的影响作用已经达到瓶颈。对外开放水平对其有负影响，说明对外贸易和外部环境的变化会对这一类产业的转移产生反向影响作用，即促使产业由这一区域内向外转出。劳动密集型产业大多属于低端产业，技术创新的影响并不显著。

对于资本密集型产业，资本要素、技术创新、交通条件和对外开放水平对空间转移有显著的正影响。决定相对成本差异的资本要素和技术创新是产

第 9 章
中国制造业空间转移趋势及其动力机制研究

业区位选择的重要因素，资本要素为承接产业转移提供强劲的动力；一个地区技术创新能力的提高可以吸引更多的高技术产业向这一地区转移，同时技术外部性的存在，可提高享受到的技术优势，形成循环优势（Crozet，2004）。此外，交通条件的改善会降低运输成本，提高区域的可达性，促进跨区域的经济贸易合作流动，而对外开放程度的加深会进一步提高地区信息化与市场化程度，较高的信息化和市场化会打破贸易壁垒，降低贸易成本，促进产业转移。因此，东部地区凭借区位优势和早期的政策支持，成为资本密集型产业的主要承接地。市场规模的影响为负，主要原因在于随着东部地区市场规模的扩大，带来规模经济的同时，地租等成本要素持续上升，成本上升的空间大于规模经济效应，从而抵消了其正向影响。劳动力要素的作用不显著，这在一定程度上反映了资本密集型产业逐渐摆脱了依赖低技能劳动力的现状。

对于技术密集型产业，资本要素、技术创新、交通条件、市场规模、对外开放水平对空间转移均有显著的正影响，中西部地区是技术密集型产业的主要承接地。近年来，技术密集类产业正面临着转型升级，技术创新和资本要素发挥着关键作用：一方面创新是其发展的立足点，扩散能够促进部分技术在企业间传递，因此可以节约企业的研发成本；另一方面资本要素为其提供动力，从而推动这一类产业发生空间转移。在市场达到饱和状态之前，市场规模是企业集聚发展的关键所在，因为范围经济可使一些有关联度的企业集聚，进一步形成某一类型产业的产业集群，壮大产业发展。由于中西部地区的市场需求大，交通条件不断完善，故对这一类产业具有重要的影响作用。此外，虽然 2008 年金融危机导致全球需求下降，对产业发展造成了一定冲击，但外需对产业的发展仍有较强的拉动作用。劳动力要素的作用不显著。

一般认为，2013 年是全球金融危机发生后世界经济增长发生根本性转折的起始年，同时也是中国经济发展进入新常态的标志性年份。基于此，我们以 2013 年为界限，将样本数据进行分割，分为 2007—2012 年和 2013—2017 年两组样本，以研究制造业空间转移动力机制的变动作用，分析 2013 年前后各因素对制造业空间转移影响的变化特征（见表 9-10、表 9-11）。

表 9-10　　　　　2007—2012 年样本数据的模型估计结果

变量	Mode I		Mode II		Mode III	
	估计值	p 值	估计值	p 值	估计值	p 值
$Cons$	-2.2397	0.000	3.6342	0.000	0.4379	0.363
$LnLab$	0.1068	0.000	-0.0289	0.315	-0.0190	0.287
$LnCap$	0.0907	0.293	0.2190	0.044	0.1110	0.093
$LnR\&D$	-0.0908	0.112	0.0049	0.016	0.0641	0.029
$LnTra$	0.1510	0.001	0.1597	0.007	0.1966	0.000
$LnEnt$	0.1679	0.001	-0.1402	0.034	0.0554	0.017
$LnOpen$	-0.0093	0.218	-0.0737	0.165	0.0137	0.025
ρ	0.1640	0.069	0.1390	0.081	-0.1450	0.069
R^2	0.3541		0.4986		0.6076	
$Log-L$	-127.3068		165.4067		108.2493	
样本量	174		174		174	

由表 9-10 的结果可知，2007—2012 年，对劳动密集型产业而言，交通条件的影响作用显著增强。由于在早期，交通条件的优劣直接影响产业的区位选择，但近年来，各地区交通条件逐渐趋于均等化，因此交通条件的影响有所下降。对资本密集型产业，技术创新的影响偏小，表明前些年技术创新对产业空间转移的影响相对较弱；此外，对外开放水平不显著，可见 2008 年的全球金融危机对这一类产业的空间转移产生了一定的冲击。对技术密集型产业而言，各因素的作用并未发生明显变化。

表 9-11　　　　　2013—2017 年样本数据的模型估计结果

变量	Mode I		Mode II		Mode III	
	估计值	p 值	估计值	p 值	估计值	p 值
$Cons$	0.3444	0.6946	3.1098	0.005	-0.6827	0.288
$LnLab$	0.1380	0.000	-0.0440	0.691	-0.0399	0.034
$LnCap$	0.2097	0.012	0.1741	0.017	0.0172	0.081
$LnR\&D$	0.0443	0.000	0.0574	0.021	0.2481	0.000
$LnTra$	0.0516	0.000	0.1773	0.009	0.1218	0.002
$LnEnt$	0.4223	0.000	-0.1279	0.202	-0.0932	0.107

续表

变量	Mode 1 Ⅰ		Mode 1 Ⅱ		Mode 1 Ⅲ	
	估计值	p 值	估计值	p 值	估计值	p 值
$LnOpen$	-0.0610	0.178	0.0299	0.067	0.1116	0.000
ρ	0.2760	0.002	0.1260	0.018	-0.3290	0.000
R^2	0.4686		0.4922		0.6910	
$Log-L$	109.8117		-153.9536		203.7357	
样本量	145		145		145	

由表 9-11 的结果可知，2013—2017 年，对劳动密集型产业而言，资本要素和技术创新的作用显著增强。这是因为中国的实体经济正面临着结构调整，传统的劳动密集型产业开始转型升级，因此对资本和技术的需求有所上升。对资本密集型产业而言，市场规模的负影响作用有所弱化。对技术密集型产业而言，技术创新和对外开放水平的影响作用有所提升，市场规模的影响不再显著，表明市场中的竞争作用有所加强，产业空间转移的成本有所上升。

9.3.4 模型稳健性检验

前文从产业集聚变化的视角，考察了各因素对制造业空间转移影响的动力机制，即通过分析各因素对制造业空间转移的作用机制，构建空间计量模型来展示各因素对区位熵变化的影响关系，进而达到分析制造业空间转移动力机制的目的。空间计量模型的分析结果均符合预期，但为保证模型设计的稳健性，须进一步进行检验。为此，这里参考克鲁格曼专业化指数的设计思路，重新构建一个反映产业集聚程度的指标 G，用于替代区位熵，以检验上述模型的稳健性，指标 G 的计算方法为：

$$G_i = \sum_{k=1}^{n} |S_{ik} - S_k| \quad (9-3)$$

其中 S_{ik} 表示 i 地区 k 产业的总产值与这一地区全部产业总产值的比值，S_k 为全国 k 产业总产值占全国总产值的比重。很明显，G_i 越大，表明 i 地区的产业集聚程度越高，G_i 的变化反映了集聚程度的变化，进而代表了产业转移的趋势和转移的强度。限于篇幅，这里将不再展示 G_i 的计算结果。用 G_i 替代模型式（9-2）的区位熵，并对模型式（9-2）进行参数估计，估计结果如表 9-12 所示。

表 9-12　　　　　　　　　　模型稳健性检验结果

变量	Model I		Model II		Model III	
	估计值	p 值	估计值	p 值	估计值	p 值
Cons	-0.0079	0.944	0.7435	0.000	0.7010	0.000
LnLab	0.0148	0.000	-0.0032	0.528	-0.0051	0.354
LnCap	0.0579	0.000	0.0380	0.028	0.0710	0.000
LnR&D	-0.0129	0.033	0.0389	0.000	0.0974	0.023
LnTra	0.1238	0.093	0.0327	0.000	0.0235	0.019
LnEnt	0.2230	0.009	-0.0871	0.000	0.0696	0.000
LnOpen	-0.0167	0.007	0.0159	0.043	0.0016	0.848
ρ	0.2329	0.000	0.2750	0.000	-0.2520	0.000
R^2	0.3372		0.6929		0.3773	
Log-L	420.4274		384.8936		312.9167	
样本量	319		319		319	

观察表 9-12 可以发现，模型参数估计结果在符号、显著性等方面和原估计结果均表现出一致性，参数估计值也没有显著的变化，表明以产业多样化集聚指数为被解释变量的回归结果依然支持前文的结论，因此原模型具有良好的稳健性。

9.4　本章小结与启示

本章通过对中国省际面板数据的分析，探究了 2007—2017 年中国制造业空间转移的特征与趋势，并建立空间计量模型，分析生产要素、区位要素和全球化因素对劳动密集型、资本密集型及技术密集型产业空间转移的影响作用。

首先,借助产业份额的绝对变动,分析了制造业整体空间格局的演变特征,发现东部地区的产业份额下降趋势明显,其中下降最快的为浙江、上海和广东;中部地区有明显的上升趋势,上升最快的为河南、安徽和江西;西部地区虽然在增加的同时伴随着减少,但整体呈现上升趋势,其中四川增长最为明显;东北地区整体有所下降。产业绝对份额的变动表明中国制造业的整体空间格局发生了变化,东部地区的集聚程度明显下降,东部和东北地区的制造业已经向中西部地区发生了空间转移。

其次,利用区位熵的相对变动测度了分行业空间转移的特征。发现劳动密集型产业发生了明显的空间转移,其中区域间主要表现为从东部转向东北和中部地区,并未拓展到整个西部地区;另外,还存在区域内的转移,转入地为福建和天津,转出地主要为北京、上海、浙江、广东,转出行业主要为农副食品加工业、食品制造业、饮料制造业;资本密集型产业大部分仍在东部地区集聚,并未向东北、中西部地区转移,但部分行业的 ΔLQ 值在东部的各省、市之间呈现出此消彼长的特征,表明此类行业的空间转移区域主要集中在东部的各省份之间;技术密集型产业发生了从东部和东北地区向中西部地区的转移,主要的转出地为上海、福建、广东、海南和黑龙江,转出行业主要为电气机械及器材制造业和通信设备、计算机及其他电子设备制造业,中部地区承接能力较强,基本能承接所有行业的转入,西部地区的各省、市、区承接能力存在较大的差异。

最后,由资本要素、劳动力要素和技术创新反映生产要素,通过市场规模、交通条件测度区位要素,用对外开放水平衡量全球化因素,建立了空间计量模型,探索各因素对劳动密集型、资本密集型和技术密集型产业空间转移的影响,结果显示各因素对不同类型制造业空间转移的影响存在差异。

反映区位要素的交通条件是产业空间转移的重要动力;此外,劳动力要素和市场规模是促进劳动密集型产业的重要因素;影响资本密集型产业空间转移的主要因素为资本要素、技术创新和全球化因素;资本要素、技术创新、市场规模和全球化因素均能带动技术密集型产业的空间转移。基于以上结论，本章提出以下政策建议：

第一，营造良好的投资环境，进一步提高中西部地区的产业承接能力。从前文的描述性分析可知，东部和东北地区的产业向中西部地区发生了转移。在新一轮扩大内需、促进区域协调发展的背景下，产业空间转移是产业发展的客观要求。有文献表明，中西部地区存在后发优势，对于产业资本而言预示着中西部地区拥有更多的利润，利润既有利于本地产业的发展，也能吸引更多产业资本的进入，形成产业空间转移。且根据本章的实证分析结果，资本要素对技术密集型产业和资本密集型产业的空间转移有正向作用，因此，对于资本要素相对稀缺的中西部地区，应该完善金融市场，打造良好的投资环境，合理有序地承接产业空间转移，这是中国制造业实现良性发展的客观要求，对中西部地区来说是难得的发展机遇。

第二，以创新驱动为引擎，推动制造业高质量发展。中国经济进入了新常态时期，作为实体经济主体的制造业，其发展模式由高速转向高质量的关键在于产业结构的优化升级和技术创新。创新驱动是引领产业发展的重要引擎，产业结构的优化升级实质在于技术进步给予产业生产的贡献，因此，创新驱动是制造业高质量发展的关键。本章研究发现，技术创新对产业空间转移具有重要影响。中西部地区应借助丝绸之路经济带建设提供的便利条件，增强与发达地区的合作交流，通过技术的辐射效应激发本地的学习动力，为技术创新奠定基础，推动产业的转型升级，积极响应制造业高质量发展的号召。

第三，加强交通基础设施建设，促进区域间的经济贸易合作。一方面，交通基础设施投资流量通过乘数效应促进产业发展；另一方面交通基础设施资本存量通过溢出效应促进产业发展（张志和周浩，2012）。交通条件的改善会降低运输成本，提高区域的可达性，促进跨区域的经济贸易合作流动，带动产业发展。根据本章研究，交通条件的改善能够促进中国制造业的空间转移。中西部尤其是西部地区，交通基础设施贫瘠，交流合作机制不完善，因此，中西部地区需完善当地的交通基础设施建设，激发交通基础设施的空间溢出效应，打破并强化地区间的经济贸易合作保障渠道，以实现对制造业的带动式发展。

第9章
中国制造业空间转移趋势及其动力机制研究

第四，扩大对外合作窗口，实现多元化均衡发展。在经济全球化的背景下，对外开放度对产业发展具有重要影响，不仅要拓宽国际市场，走多元化道路，而且要进一步扩大对外合作窗口，形成多元化均衡发展的模式。本章研究发现，对外开放水平的影响因产业类型的不同而不同。因此，面对"一带一路"倡议等为中国产品参与国际市场提供的重要机遇，一方面应打破市场堡垒，结合区域的发展现状、特色和产业类型等确定主攻方向，充分发挥自身的产业优势及区域优势，积极融入新一轮开放发展大潮，借势推动产业发展。另一方面，深入挖掘对外开放度的潜在力量，积极调整对外贸易战略，在稳固欧洲等重要市场的同时，开拓中东、南亚等市场，实现多元化均衡发展。

第10章 西部地区承接制造业转移能力评价及承接策略研究

认识、适应和引领经济新常态是促进国家和地区经济增长的迫切需要。经济新常态背景下中国东部、西部地区的经济发展呈现出明显的二元结构特征，其中产业发展差距的持续扩大，已成为中国经济发展不平衡的重要体现，也是当前社会主要矛盾的重要原因（程李梅等，2013）。随着经济全球化的持续推进，中国东部地区产业结构调整和转型升级的进程逐渐加快，产业转移和资本、劳动力等在区域间的流动十分活跃。同时，随着西部大开发、区域协调发展等战略及"一带一路"倡议的提出和实质性的推进，西部地区的交通等基础设施建设和招商引资环境不断完善，对外开放水平进一步提高，产业承接能力不断加强，为制造业西移提供了强劲动力。因此，在深刻理解经济新常态的理念和思维、特征和趋势、挑战和机遇、动力和举措的基础上，西部地区如何充分利用自身要素禀赋的比较优势，有前瞻性地承接转移产业，科学合理地打造优势产业集群，以确保制造业实现转型升级，为区域经济发展提供有力保障是对策性、战略性问题研究，是制造业空间依赖和空间转移研究价值的应用和体现。但以产业承接加快工业化进程的道路仍在探索之中，要实现跨越式发展，走"先污染后治理"的盲目承接转移产业的道路是行不通的，需根据区域特色有规划地承接转移产业。目前，对产业转移的研究较多，但将西部各省份作为一个整体研究其产业承接状况的尚不多见，所以牢牢抓住当前产业转移和经济新常态的机遇，以西部地区的产

第 10 章 西部地区承接制造业转移能力评价及承接策略研究

承接能力为支撑,凭借东西部区域间客观存在的产业梯度,积极承接产业转移,对于发展壮大西部地区经济、加强地区间合作交流以及实现区域协调发展具有重要的战略和现实意义。

10.1 承接产业转移研究文献回顾

产业转移和产业承接是产业发展过程中的孪生兄弟,一直以来备受学术界关注。产业转移是指一个国家或地区的某些产业由于生产要素供给或产品市场需求等的变化所引发的向其他国家或地区迁移的现象(陈建军,2002)。产业承接是指产业转入地利用其要素禀赋优势、产业发展潜力及外资吸引力等,推动综合配套改革试验区的建设,促进转入产业与本地原有产业融合发展,从而带动整个地区经济与产业的发展(吴海涛,2012)。

产业转移这一概念是以发展中国家和发达国家间产业的跨国界流动为基础而提出的,并形成了经典的雁型转移模式及产品生命周期理论(龚晓菊和刘祥东,2012)。之后又有学者将全球生产网络、技术等因素纳入其中,开启了从微观层面探索的道路(刘红光等,2011)。随着东西部地区经济发展差距的持续扩大,以范剑勇(2004)为代表的主流观点认为中国区域间已经形成了明显的产业梯度。刘雪颖(2010)认为,持续发展重化工业是中国产业结构转型升级的必然要求,要素禀赋优势的存在对西部地区发展重化工业既是机遇又是挑战,因此西部地区需要牢牢抓住国家产业结构升级的契机,加快西部地区重化工业发展的进程。黄顺魁等(2013)基于 2005—2010 年的省级面板数据,采用了偏离—份额分析方法研究中国制造业空间格局的演变特征,发现制造业开始从东南沿海地区向广大中、西南部地区转移。石奇等(2007)通过对欠发达地区产业承接的相关研究表明,转出地的驱动是产业转移的基础,转入地的吸引是产业转移的保障。但是近年来,部分地区在承接产业转移过程中忽略自身承接能力及区域主体功能的定位,出现了一些负面的问题,因此如何改善这种局面以科学合理地承接产业转移无疑是值得讨论的话题。高云虹等（2012）认为，产业承接一方面需结合承接地自身的要素禀赋、产业配套能力、交通条件及市场潜力等因素；另一方面需综合考虑其承接能力、优势产业和产业发展规划等情况。其中，产业承接能力是基础，优势产业是依托，产业发展规划是标尺。郭丽娟等（2013）研究认为，西部地区应该统筹兼顾承接产业转移和推进产业转型升级，以增强经济发展的内生动力，而不仅仅只是依赖产业转移路径盲目承接。聂正彦等（2015）利用双因素面板数据构建多元线性回归模型，研究影响西部地区承接产业转移的因素发现，交通条件、生产要素成本、人力资源、集聚外部性、对外开放度和财政分权都对西部地区承接产业转移产生了不同程度的影响。一些学者还对产业承接地的承接能力进行了评估，如陶良虎（2010）从产业基础、承接类型等方面论述了中部地区的产业承接能力，以此为基础采用主成分法分析法测度了其产业承接点。叶琪（2014）基于中国中西部18个省（市、区）的数据，采用主成分分析方法测算了承接区域产业转移竞争力，发现地区竞争力存在较大的差异性、整体布局呈现出区域圈层性。孙威等（2015）利用主成分分析法计算了长江经济带125个地市级市、州及直辖市的承接产业转移能力，分析了长江经济带产业承接能力的空间布局和影响因素。此外，贺清云等（2010）基于产业区域集聚指数研究了东部5省1市的产业转移趋势，以中部地区为单元运用产业梯度系数测算了其优势产业，并综合考虑各省的承接能力，得出中部各省承接东部地区的重点行业。韩艳红（2013）对中国产业转移现象和规律进行了系统的分析和研究，揭示了发达地区产业转移的潜在规模，并分析了欠发达地区产业转移的承接能力、产业选择和承接产业转移的社会经济效益。高云虹等（2013）构建了商务成本评估指标体系，采用敏感性分析计算了转移行业对不同地区要素成本和交易成本的敏感程度，并对中西部地区的重点承接产业进行了选择。

　　上述文献对产业转移与承接进行了深入的研究，具有良好的启发性。但我们也发现了现有研究的一些不足。一是对承接地的定量研究中大多研究文献将中西部作为一个整体而讨论，单独分析西部各省（市、区）的研究较少，但由于资源禀赋、地理位置等的差异，中西部地区的承接制造业转移能力及重点承接产业存在较大的差别；对于转出地，大多以东部地区为整体来

第 10 章
西部地区承接制造业转移能力评价及承接策略研究

研究,事实上,东部地区自身也有很大的差异性,以珠三角、长三角、京津冀地区为代表的东部地区的产业结构和转出产业各有不同,故不能一概而论。二是关于产业承接能力的研究多采用截面数据,缺少趋势分析,但随着时间的推移,各地区的产业承接能力也会发生相应的变化。三是鲜有文献讨论承接制造业转移能力的评价机制与评价方法。因此,本章选择 2013—2017 年西部省(市、区)的面板数据,首先综合考虑各方面因素构建西部地区承接制造业转移能力的指标体系,采用熵权 TOPSIS 法对 3 类 1 级指标及综合指标水平进行了测算,并从横向和纵向展开分析以评价西部地区的承接制造业转移能力;其次借助产业梯度系数确定西部各地区的优势产业,在此基础上根据其相对东部地区的相对产业梯度系数,得出西部各地区对应不同东部地区所承接的重点产业。最后基于经济新常态的背景给出相应的政策建议。

10.2 承接制造业转移能力评价指标体系设计

承接制造业转移能力的影响因素具有多样性和复杂性,为科学合理地评价西部地区承接制造业转移能力,需对一系列影响承接能力的重要指标分层次,使评价指标体系具有清晰的层次结构。根据指标的系统性、可比性和适用性原则,本章主要从产业吸引拉力、产业支撑动力、产业发展潜力 3 个层次构建承接制造业转移能力评价指标体系,进行科学合理的评估,以考察经济新常态背景下西部地区的承接制造业转移能力。

承接制造业转移能力是指一个国家或地区基于一定的自然、历史和技术组织条件发展外来转入的制造业,进而优化域内制造业及相关产业的空间布局,促进区域产业协调发展,提升经济发展质量的能力。对于承接地来说,拥有承接制造业转移能力就是这一承接地对相关的制造业要有一定的吸引力,能够把相关制造业"拉进来",同时要有一定的基础条件能够使其生存下来,并拥有持续发展的潜力。因此我们认为,承接制造业转移能力包括 3

个方面，即产业吸引拉力、产业支撑动力及产业发展潜力。其中，承接地的资源禀赋、产业规模、市场活力、优惠政策、投资利润及对外开放度决定了其对转移制造业的吸引力，能将相关制造业拉进来；产业支撑动力是承接制造业得以生存的能力，要将转移制造业引入区域、融入区域经济并使其生存下来，就要充分考虑承接地的交通基础设施、通信基础设施、政府公共服务及环境承载力等因素；产业发展潜力是转入的制造业与本区域原有产业融合发展促进产业结构优化升级，并使区域特色产业链不断加长，进而形成竞争优势的能力，一般由承接地的相关配套能力、技术创新能力、资本要素、制度环境、产业生产效率和发展效率决定。因此，本章考虑按上述思路设计承接制造业转移能力的评价指标体系。孙威等（2015）也曾作过类似的分析。

10.2.1 产业吸引拉力

根据比较优势理论，产业是根据每个地区所具备的要素禀赋特征发展的，相对成本差异是影响产业区位选择的关键因素。随着中国经济进入新常态，产业发展逐渐呈现高级化的趋势，东部地区尤为明显，但同时其生产要素价格也持续上升，资源密集型和劳动密集型产业的发展受到限制，而西部地区拥有丰富的资源禀赋优势，原材料供应相对充足，为制造业的发展奠定了一定的基础。充分考虑区域特色，全面整合利用要素禀赋是经济新常态下产业发展的新动力特征。因此，自然资源禀赋是西部地区吸引制造业转入的重要拉力。考虑到数据的持续性和可得性，用土地资源及水资源反映自然资源禀赋（韩艳红，2013）。

产业规模、市场活力是集聚外部性产生的根源，空间上的关联为企业的合作和竞争提供了良好的条件，进而为产业提供更多的信息交流机会、产品流通途径以及降低交易的成本。产业规模方面，劳动力作为生产要素之一，为产业的发展提供人力保障，是企业生产规模最直接的体现；制造业总产值代表了一定时期内企业生产的总水平，反映了产业规模的相对大小。市场活力通常由市场规模、市场潜力和市场需求能力来体现：一个地区的工业企业数量与这一地区新进入的企业得到生产要素供给机会具有正相关关系，因而市场规模的大小能够对制造业转入产生吸引拉力；产业倾向于向市场潜力大的地区转移，市场化指数可用于表征市场潜力；西部地区市场需求大、居民消费能力强，东部地区的产业向西部地区转移可以开拓更广阔的市场。因此本章用制造业从业人数、制造业生产总值表征产业规模，以工业企业数、市场化指数和居民消费水平指标表征市场活力。

资本具有逐利性，制造业空间格局的演变随利润轨迹而改变。利润高、有投资效益，制造业企业便会扎根于此，反之制造业就会转出。因此，不同区域利润的变动指引着制造业的转移方向，一个地区的制造业投资利润的升高能够对制造业的转入产生重要的吸引拉力，因此选择资产利润率表征投资利润（刘明，2017），体现利润的吸引作用。

随着经济全球化的发展，对外开放已成为国家或地区经济、产业发展的重要引擎。国外有学者研究发现，对外开放带来的外资会提高本行业从业人员工资水平，同时也会增强行业的竞争力意识，从而提升自身的效率。因此，一个地区的对外开放程度是吸引产业转入的重要信息。从经济学的角度看，资金贸易和货物贸易是国际经济交往的两种主要形式，因此对外开放程度可以用外资开放度和外贸开放度来体现，反映外资开放度和外贸开放度的核心指标即外商直接投资和进出口总额占GDP的比重。

上层的产业政策是影响下层产业布局和市场环境的重要因素，其对产业的发展具有重要作用，但由于数据的可得性和连续性受阻及产业政策衡量标准的不统一，目前较难测度，因此这里暂不考虑。

10.2.2　产业支撑动力

交通基础设施的便利程度直接影响产业的空间布局。一方面，交通基础设施建设的投资流量凭借乘数效应的影响推动本地产业的发展；另一方面交通基础设施建设的资本存量以辐射效应的形式带动产业快速发展。交通条件的改善会降低运输成本，提高区域的可达性，促进跨区域的经济贸易合作流动。因此，交通基础设施对制造业的发展能够形成重要支撑动力。本文拟用公路网密度和铁路网密度表征西部地区交通基础设施状况。

通信水平是产业承接地区基建必不可少的环节,通信水平的高低直接制约着产业的发展与贸易流通的难易程度,高水平的通信是制造业发展的重要支撑动力。这里用邮电业务、互联网普及率及电话普及率统计指标表征通信水平。

政府公共服务在一定程度上反映了承接地的软硬件环境,其大小关系到转入产业生根续存问题。我们借鉴高云虹(2012)等的研究,用人均地方财政收入指标来反映政府公共服务。

环境承载力作为产业发展的基础条件,支撑着产业的发展,此外它还影响着一个国家或地区的产业类型及产业布局等经济活动,无论是国家或地区,在选择发展的产业类型及调整产业布局时必须统筹考虑环境承载力度。对中国当下而言,制造业发展模式与环境承载力的动态平衡是经济新常态的要求,良好的环境承载力度不仅是衡量区域生态效益的关键,也是有效降低制造业转型升级风险的必由之路。本文从污染治理强度、单位产值废气排放量和单位产值废水排放量3个方面度量西部地区环境承载力。

10.2.3 产业发展潜力

产业发展潜力体现着转移进来的制造业能否实现可持续、高质量的发展,反映了转入产业和域内原有产业的协调发展潜力,决定着域内经济的发展前景。制造业转入后首先需要融入域内的第二产业,第二产业的规模反映了制造业发展的相关产业配套能力,也代表着未来发展的潜力,因此这里选择第二产业产值占GDP比重表述其宏观潜力。

中国经济进入新常态,制造业的发展须加快新旧动能转换,技术创新是其发展的新动能,是提高生产效率的根本动力。经济生产中的技术创新活动一方面要关注投入的技术、方法、知识等;另一方面要实现创新成果的转化,以给生产者带来经济效益,因而技术创新是产业发展潜力的重要体现。基于此,这里用研发投入和研发产出来衡量制造业技术创新能力,其核心统计指标分别是R&D投入比重和有效专利发明数量。

第 10 章
西部地区承接制造业转移能力评价及承接策略研究

资本要素是产业发展的根本保障,从企业运转角度来说,物质资本可以反映企业现有的生产经营规模和水平,对企业发展具有直接影响,人力资本积累也会促进劳动力要素的积累及技术的进步,这里选择人力资本和物质资本表征资本要素,对应的统计指标分别为人均受教育年限和资本存量。

中国经济发展及产业结构演变的历程表明,制度环境的优劣性决定产业结构优化升级的方向和进程,而产业结构的优化升级意味着地区的环境制度能够为制造业发展提供良好的外部环境(吴飞飞和谢众,2019),因此制度环境是制造业发展的潜在保障。当前,产权制度改革是经济乃至制造业转型发展中的重要命题,面对结构性产能过剩与市场需求不协调的突出问题,财政分权制度作为我国经济改革中的重要制度,对引领经济新常态具有一定的理论和现实意义。这里选择产权制度和财政分权制度来体现制度环境,分别用非国有企业生产总值占工业生产总值的比重和地方人均财政支出占中央人均财政支出的比重指标来反映。

提高产业效率是促进地区产业发展的重要手段,目前东部地区的部分制造业面临着转移黏性,部分原因在于转入地区生产效率低下,因此西部地区产业效率直接决定了其产业承接能力的强弱,本文用制造业人均产出来表示产业效率。另外,产业发展速度展现了一个企业的产业总产出在一定时期内的变化情况,反映了存续产业持续发展壮大的可能性,也是产业发展潜力的重要体现,这里用制造业产值增长率指标来表征。

10.2.4 西部地区制造业转移承接能力评价指标体系

基于以上制造业转移承接能力测度逻辑,同时兼顾测度指标层次性与数据可得性,构建包括产业吸引拉力、产业支撑动力和产业发展潜力 3 个 1 级指标,15 个 2 级指标以及 28 个 3 级指标的西部地区制造业转移承接能力指标体系,如表 10-1 所示。

表 10-1　西部地区制造业转移承接能力评价指标体系

1级指标	2级指标	3级指标	计量指标	功效
产业承接能力指标	产业吸引拉力	自然资源禀赋	土地资源	耕地面积	+
			水资源	水资源总量	+
		产业规模	制造业从业人数	制造业从业人员总数	+
			制造业总产值	制造业总产值	+
		市场活力	市场规模	规模以上工业企业数	+
			市场化程度	市场化指数	+
			市场需求能力	居民消费水平	+
		投资利润	资产利润率	利润总额/制造业总产值	+
		对外开放度	外商直接投资	外商直接投资总额	+
			进出口总额占GDP比重	进出口总额/GDP	+
	产业支撑动力	交通基础设施	公路网密度	公路里程数/面积	+
			铁路网密度	铁路里程数/面积	+
		通信基础设置	邮电业务	邮电业务总量	+
			互联网普及率	互联网宽带接入用户	+
			电信普及率	移动电话年末用户数	+
		政府公共服务	政府调控能力	人均地方财政收入	+
		环境承载力	污染治理强度	污染治理费用投资/GDP	-
			单位产值废气排放量	二氧化硫排放量/GDP	-
			单位产值废水排放量	废水排放量/GDP	-
	产业发展潜力	宏观潜力	第二产业产值占GDP比重	第二产业产值/GDP	+
		技术创新能力	研发投入	R&D经费投入/GDP	+
			研发产出	规模以上工业企业有效专利发明数	+
		资本要素	人力资本	人均受教育年限①	+
			物质资本	资本存量②	+
		制度环境	产权制度	非国有企业生产总值/工业生产总值	+
			财政分权制度	人均地方财政支出/人均中央财政支出	+
		产业生产效率	制造业人均产出	制造业总产值/人口	+
		产业发展速度	制造业产出增长率	制造业产值增长率	+

注："功效"列中的"+、-"表示在设定衡量方式下这一测度指标为正（负）向指标，越大（小）越优（劣）。

---

① 与现有文献保持一致，将小学、初中、高中和大专及以上的受教育年限分别记为6年、9年、12年和16年。具体算法为：（不识字或识字很少人口数×2年+小学学历人口数×6年+初中学历人口数×9年+高中学历人口数×12年+大专及以上学历人口数×16年）÷6岁及以上人口数。

② 采用永续盘存法进行计算，参考张军（2004）等的研究，将折旧率δ设为9.6%。

10.3 西部地区承接制造业转移能力评价分析

承接制造业转移能力的强弱直接关系到制造业转移的方向及进程、转移产业的后续竞争力、产业承接地的经济发展状况，因此，对产业承接能力进行评价尤为重要。为了对西部各地区承接产业能力进行量化分析，从而对其进行合理的评价，需要建立科学性、统一性和适用性的指标体系。这里首先测度了西部各地区制造业的综合评价指数，从横向和纵向展开分析，用以反映各地区综合承接能力的强弱及随时间的变化趋势；其次从产业吸引拉力、产业支撑动力和产业发展潜力3个层面进行度量，利用ArcGIS中的自然断点方法划分为5种级别，具体分析各地区3类承接能力的强弱，以突显地区的不同优势。

10.3.1 研究方法

熵权TOPSISI法将传统TOPSIS法进行了改进，是熵权法与TOPSIS法两者优势的结合。核心思想是先通过熵权法确定各指标的权重大小，然后依据TOPSIS法的原理对各评价指标进行量化排序（魏敏和李书昊，2018）。熵权法主要利用各指标的相关信息客观地确定其权重，不仅能弱化主观判断造成的误差，较客观地反映各指标在指标体系中的重要程度，而且能体现指标权重随时间变化的情况，因此非常适合西部地区承接制造业转移能力的评价研究；TOPSIS法是根据各测量指标与最优方案和最劣方案的相对距离，度量其与理想方案的相对贴进度，从而将测量指标进行量化排序，能够保证测度结果的合理性和客观性（杜挺等，2014）。熵权TOPSIS法主要的计算步骤如下：

首先，构建西部地区承接制造业转移能力标准化决策矩阵。一般将指标分为正向和负向，正向指标越大越优，负向指标越小越优。为使西部地区承

接制造业转移能力评价体系中的各指标具有一致性及可比性,将各指标X_{ij}使用极差法进行标准化处理:

$$Y_{ij} = \frac{X_{ij} - \min(X_{ij})}{\max(X_{ij}) - \min(X_{ij})} \quad (i = 1, 2, \cdots, n; j = 1, 2, \cdots m) \quad (10-1)$$

$$Y_{ij} = \frac{\max(X_{ij}) - X_{ij}}{\max(X_{ij}) - \min(X_{ij})} \quad (i = 1, 2, \cdots, n; j = 1, 2, \cdots m) \quad (10-2)$$

式(10-1)和式(10-2)中,i代表省份,j代表测度指标,X_{ij}和Y_{ij}分别代表原始的和标准化后的承接制造业转移能力测度指标值,$\max(X_{ij})$和$\min(X_{ij})$分别为同一指标下的最大值及最小值。根据式(10-1)和式(10-2)的标准化结果,构建标准化决策矩阵$F = Y_{ij\, n \times m}$。

其次,采用熵权法确定各指标的权重。这里先要计算西部地区承接制造业转移能力指标体系中各测度指标Y_{ij}的信息熵E_j:

$$E_j = -\frac{1}{\ln(n)} \sum_{i=1}^{n} \left[(Y_{ij} / \sum_{i=1}^{n} Y_{ij}) \ln(Y_{ij} / \sum_{i=1}^{n} Y_{ij}) \right] \quad (10-3)$$

再计算西部地区承接制造业转移能力指标体系中各测度指标Y_{ij}的权重W_j:

$$W_j = (1 - E_j) / \sum_{j=1}^{m} (1 - E_j) \quad (10-4)$$

进而构建西部地区承接制造业转移能力测度指标的加权矩阵R:

$$R = (r_{ij})_{n \times m}$$

其中,
$$r_{ij} = W_j \times Y_{ij} \quad (10-5)$$

最后,计算各测度方案和理想方案的相对贴近度。根据加权矩阵R确定最优解Q_j^+和最劣解Q_j^-:

$$Q_j^+ = (\max r_{i1}, \max r_{i2}, \cdots, \max r_{im}) \quad (10-6)$$

$$Q_j^- = (\min r_{i1}, \min r_{i2}, \cdots, \min r_{im}) \quad (10-7)$$

据此计算各测度方案与最优解和最劣解的欧式距离:

$$d_i^+ = \sqrt{\sum_{j=1}^{m} (Q_j^+ - r_{ij})^2} \quad (10-8)$$

$$d_i^- = \sqrt{\sum_{j=1}^{m} (Q_j^- - r_{ij})^2} \quad (10-9)$$

第 10 章
西部地区承接制造业转移能力评价及承接策略研究

其中，$i = 1, 2, \cdots, n$；$0 \leq d_i^+ \leq 1$，$0 \leq d_i^- \leq 1$。

最终得出综合评价得分 UT_i：

$$UT_i = \frac{d_i^-}{d_i^+ + d_i^-}, \quad UT_i \in [0, 1] \quad (10-10)$$

各地区承接制造业转移能力与最优解 d_i^+ 的距离越小越好，与最劣解 d_i^- 的距离越大越好，因此 UT_i 的值越大表明 i 省份的承接制造业转移能力越强，反之，i 省份的承接制造业转移能力越弱。

10.3.2 实证分析

首先确定研究的时空范围。时间上，本章选择 2013—2017 年这一时间段，以把握现阶段西部地区承接制造业转移能力的现实状况，这一时间段也和中国经济新常态相吻合；空间上，本章重点研究西部地区，而对于西部地区包括的省域学术界没有明确的界定，由于本章关注的侧重点在空间区位上，因此选择经济地理视角下有关西部地区的界定，即重庆、四川、贵州、云南、西藏、陕西、甘肃、青海、宁夏、新疆 10 个省域。基础数据均来源于《中国统计年鉴》《中国环境统计年鉴》《中国能源统计年鉴》《中国分省份市场化指数报告》及各省（市、区）的统计年鉴。由于文教体育用品制造业（C24）、化学纤维制造业（C28）、废弃资源和废旧材料回收加工业（C43）的数据缺失严重，暂不考虑。另外，由于青海省和西藏自治区统计数据缺失严重，为避免分析偏差，这里亦未对此两个省份展开研究。我们采用熵权 TOPSIS 法测度西部地区的承接制造业转移能力，其中承接制造业转移能力综合评价指数 UT_i 的大小反映了各地区承接制造业转移能力的强弱（见表 10-2）。

表 10-2　　　　2013—2017 年西部地区制造业综合评价得分

地区	2013 年	2014 年	2015 年	2016 年	2017 年
重庆	0.5984	0.8828	0.8878	0.8167	0.8082
四川	0.6825	0.7627	0.8702	0.9709	0.9246
贵州	0.0915	0.1237	0.2648	0.3626	0.1811

续表

地区	2013年	2014年	2015年	2016年	2017年
云南	0.1022	0.1991	0.2301	0.2571	0.2526
陕西	0.8369	0.7431	0.7438	0.7504	0.7489
甘肃	0.0817	0.1104	0.1001	0.0836	0.0224
宁夏	0.3007	0.2969	0.3710	0.3759	0.4191
新疆	0.2729	0.2961	0.3498	0.3462	0.3491

横向来看，2013年UT值最大的两个地区为四川和陕西，说明这两个省份承接能力强；其次是重庆，其承接能力较强；宁夏和新疆承接能力中等；云南承接能力较弱；贵州和甘肃承接能力弱，其中承接能力最强的四川和承接能力最弱的甘肃的UT值相差0.7551。到2017年，四川、陕西、重庆的UT值遥遥领先于其他省份，说明这3个省份承接能力强；宁夏的UT值次之，承接能力较强；新疆和云南的承接能力中等；贵州承接能力较弱；甘肃UT值与其他省份差别较大，特别是四川，两者之间相差0.9022，承接能力弱。表明西部各省份承接制造业转移能力具有差异性，其中承接能力强的省份和承接能力弱的省份间差距较为明显。

纵向来看，2013—2017年间，四川、重庆的UT值上升趋势最为明显，表明这两个省份后发优势明显，承接能力显著增强；云南、贵州、宁夏和新疆的UT值存在较为明显的上升趋势，表明这4个省份有一定的制造业发展潜力、承接能力逐渐在增强，但相对而言，贵州、云南和新疆的承接能力依旧较弱；陕西和甘肃的UT值整体而言存在下降趋势，说明随着时间的推移其承接能力在持续减弱。以上分析表明大部分省份的UT值基本呈现上升趋势，这意味着西部省份的承接制造业转移能力在增强，这与近年来中国部分制造业行业从中心转向外围区域形成印证。

下面从产业吸引拉力、产业支撑动力和产业发展潜力3个方面对西部省份承接制造业转移能力进行结构性分析。为节约篇幅，同时也为了更好地体现出变动特征，这里重点分析2013年和2017年的状况。

1. 产业吸引拉力

横向来看，2013 年吸引拉力强的两个省份为四川和陕西，UT 值大于 0.3752；其次是宁夏和新疆，UT 值介于 0.3084—0.3752 之间，吸引拉力较强；云南吸引拉力中等，UT 值为 0.3084；贵州的吸引拉力较弱；甘肃、重庆的吸引拉力弱，UT 值均小于 0.2923。2017 年，吸引拉力强的省份仍为四川和陕西，UT 值均大于 0.3796；重庆吸引拉力较强；新疆、宁夏的 UT 值介于 0.2126—0.3475，吸引拉力中等；云南吸引拉力较弱；甘肃、贵州的 UT 值小于 0.2126，吸引拉力弱。

纵向来看，2013—2017 年，四川、重庆的 UT 值均呈现上升趋势，表明这两个省份吸引拉力持续增强；陕西的 UT 值基本保持不变，说明陕西的吸引拉力并未发生显著的变化；云南、宁夏和新疆的 UT 值存在较小幅度的下降，甘肃和贵州的下降趋势明显，表明这些省份的吸引拉力不但没有增强反而有所减弱，可见省份间的产业吸引拉力存在一定的差异。

2. 产业支撑动力

横向来看，2013 年重庆和陕西的产业支撑动力 UT 值大于 0.5218，支撑动力较强；其次是四川，支撑动力较强；新疆的支撑动力中等；贵州、云南和宁夏的 UT 值介于 0.3364—0.3594，支撑动力较弱；甘肃的支撑动力弱，UT 值为 0.3364。2017 年，支撑动力强的地区为重庆，其 UT 值为 0.6818；四川、陕西的 UT 值介于 0.4554—0.6391，支撑动力较强；云南、贵州的 UT 值介于 0.3560—0.4554，支撑动力中等；宁夏的支撑动力较弱；甘肃、新疆的 UT 值小于 0.3560，支撑动力弱。

纵向来看，2013—2017 年，陕西和新疆的产业支撑动力 UT 值呈下降趋势，表明这两个省份的支撑动力逐渐减弱；重庆的 UT 值基本保持不变，即产业支撑动力能力无明显的变化；其他省份的 UT 值均呈现上升趋势。总体而言，西部省份的产业支撑动力 UT 值呈增长趋势，说明产业支撑动力有进一步增强的空间。

3. 产业发展潜力

横向来看，2013年发展潜力强的两个省份为四川和重庆，产业发展潜力 UT 值大于 0.4714；其次是陕西和宁夏，UT 值介于 0.3531—0.4714，发展潜力较强；新疆发展潜力中等；甘肃和贵州的发展潜力较弱，UT 值在 0.1736—0.2800；云南的发展潜力偏弱。2017年，发展潜力强的省份仍为四川和重庆，UT 值均大于 0.5226；宁夏发展潜力较强；新疆和陕西的 UT 值介于 0.2214—0.4379，发展潜力中等；云南发展潜力较弱；甘肃和贵州的 UT 值小于 0.2214，发展潜力偏弱。

纵向来看，2013—2017 年间，宁夏的产业发展潜力 UT 值呈现上升趋势且增幅较明显，表明宁夏发展潜力持续增强；此外，云南和新疆的 UT 值也有不同程度的增加，表明这两个省份的发展潜力也有所增强；四川的 UT 值基本保持不变，说明四川的发展潜力并未发生显著的变化；重庆、陕西、贵州和甘肃的 UT 值均呈现下降态势，特别是甘肃，下降幅度较大，表明这些省份的发展潜力有所减弱，进一步可以发现各省份间的产业发展潜力存在一定的差异性。

从综合承接能力上看，西部大部分省份承接能力呈现上升趋势，特别是重庆、四川和云南上升幅度较大；与此同时省份间存在显著的差距，其中四川、重庆、陕西的承接能力显著强于其他省份，特别是甘肃和贵州。此外，由于要素禀赋、地理位置、产业布局和地区经济发展状况等的不同，各省份的产业吸引拉力、产业支撑动力和产业发展潜力也存在一定的差距。

10.4 西部地区承接重点产业的选择

由前文的分析可知，经济新常态以来西部地区的制造业承接能力有所增强，这为承接产业转移提供了强劲动力。但西部各省份由于产业吸引拉力、产业发展潜力和产业支撑动力等方面有所不同，所能承接的产业也会有所差异。若盲目地承接转移产业，不仅会造成生产效率低下、资源浪费等问题，还会引发政府间的恶性竞争、生产成本上升、产业结构优化升级受阻及规模经济效应损失等不良后果。因此根据各省份的比较优势，结合东部地区具有转移趋势的产业，确定西部各省份承接的重点产业，并依托其重点产业进行承接，能够发挥自身承接能力的优势，进而提高转入产业的存活率和正向效应，为经济的高质量发展奠定基础。这里以西部地区的综合承接能力为基础，进一步通过产业梯度系数测度西部各省份的优势产业，并结合东部地区的转移产业得出西部地区承接的重点产业。

10.4.1 西部地区的产业梯度系数及优势产业分析

产业梯度转移理论，最早起源于产品生命周期理论，之后被引入区域经济学。从区域经济学的视角来看，梯度是地区间经济发展水平差异在空间上的展示（龚晓菊和刘祥东，2012）。虽然梯度理论受到部分学者的质疑，但就中国经济发展现实来看，中国区域经济符合梯度理论的表述，因而梯度理论得到了多数学者的认可。戴宏伟（2006）对产业梯度的内涵进行了明确的界定，认为产业梯度是国家或地区间由于资源禀赋、产业基础、技术水平等的差距及产业分工差异在产业结构上引发的阶梯状差距，主要受技术创新和产业集中度的影响，因此，将产业梯度水平用比较劳动生产率和区位熵的乘积加以表示。关于产业转移与承接的研究多采用区位熵，但区位熵仅仅反映了产业的专业化水平，在产业梯度系数的测算中引入了比较劳动生产率，可以有效避免仅依赖区位熵测算带来的误差，因此被广泛用于优势产业选择的研究中。本章使用产业梯度系数来确定西部地区的优势制造产业，i 省份 j 产业的产业梯度系数表示为：

$$IG_{ij} = LQ_{ij} \times CPOR_{ij} \qquad (10-11)$$

其中，LQ_{ij} 为 i 省份 j 产业的区位熵，$LQ_{ij} = \dfrac{y_{ij} / \sum_{j=1}^{m} y_{ij}}{\sum_{i=1}^{n} y_{ij} / \sum_{j=1}^{m} \sum_{i=1}^{n} y_{ij}}$，表示 i 省份 j 产业总产值占本省份 m 个产业总产值的份额与全国 j 产业总产

值占全国 m 个产业总产值的份额之比。$CPOR_{ij}$ 为比较劳动生产率，$CPOR_{ij} = \dfrac{y_{ij}/\sum_{i=1}^{n} y_{ij}}{x_{ij}/\sum_{i=1}^{n} x_{ij}}$，表示 i 省份 j 产业总产值占全国 j 产业总产值的比重与 i 省份 j 产业的从业人数占全国 j 产业的从业人数的比重之比。产业梯度系数的大小反映了该省份产业的竞争优势，如果 $IG_{ij} > 1$，表示 i 省份 j 产业具有一定的竞争优势，是这一地区的相对优势产业。

西部地区凭借其优势产业进行承接可以充分发挥承接能力，从而提升制造业转移的成功率和正向效应，带动地区的经济发展。由表10-3可知，西部地区的产业梯度系数不高，具有优势的产业主要为劳动密集型产业和原材料加工产业，尤其是原材料加工产业，它们都是低附加值产业。2013年，整体上四川、贵州和陕西的优势产业数目相对较多，产业发展基础较好；其次是云南和甘肃；重庆、宁夏和新疆的优势产业数目相对较少。具体来看，梯度系数大于10的有：云南的橡胶和塑料制品业（$C29$）和烟草制品业（$C16$），甘肃和新疆的石油加工、炼焦和核燃料加工业（$C25$）；梯度系数介于5—10的有：陕西的烟草制品业（$C16$），甘肃的其他制造业（$C41$）；梯度系数在1—5的行业，重庆有6个，四川有9个，贵州有11个，云南有6个，陕西有12个，甘肃有6个，新疆有4个。到2017年，整体上四川、贵州和宁夏的优势产业数目相对有所增加，云南、新疆和重庆基本保持不变，甘肃明显减少。具体而言，梯度系数大于10的有：四川的计算机、通信和其他电子设备制造业（$C39$），贵州的酒、饮料和精制茶制造业（$C15$），云南的烟草制品业（$C16$），甘肃和新疆的石油加工、炼焦和核燃料加工业（$C25$）；梯度系数介于5—10的有：重庆的汽车制造业（$C36$），计算机、通信和其他电子设备制造业（$C39$），四川的酒、饮料和精制茶制造业（$C15$），甘肃的有色金属冶炼和压延加工业（$C32$），宁夏的纺织业（$C17$）和仪器仪表制造业（$C40$）；梯度系数在1—5的行业，重庆有两个，四川有12个，贵州有13个，云南有6个，陕西有11个，甘肃有两个，宁夏有6个，新疆有4个。通过以上分析可知，2013—2017年，西部大部分地区的优势产业数目在增加，说明西部地区的后发优势逐渐被释放，产业发展的环境

第 10 章
西部地区承接制造业转移能力评价及承接策略研究

有所改善,但省份间及行业间的差异较大。

表 10 – 3　　　　西部地区优势制造产业及其产业梯度系数[①]

地区	2013 年	2017 年
重庆	$C20(1.01)$；$C22(1.06)$；$C23(1.30)$；$C36(2.79)$；$C37(4.15)$；$C38(1.17)$	$C30(1.12)$；$C36(7.73)$；$C37(4.30)$；$C39(9.83)$
四川	$C13(1.04)$；$C14(1.19)$；$C21(1.51)$；$C23(1.49)$；$C27(1.32)$；$C30(1.07)$；$C34(1.26)$；$C36(1.07)$；$C41(1.35)$	$C13(1.07)$；$C15(6.72)$；$C21(1.40)$；$C23(1.82)$；$C25(1.00)$；$C26(1.02)$；$C27(1.12)$；$C29(1.10)$；$C30(1.38)$；$C31(1.45)$；$C34(1.66)$；$C35(1.35)$；$C39(16.30)$；$C41(1.18)$
贵州	$C14(1.12)$；$C15(4.45)$；$C16(1.07)$；$C20(2.03)$；$C26(1.12)$；$C27(3.08)$；$C29(1.48)$；$C30(2.36)$；$C31(1.09)$；$C37(1.46)$；$C41(2.17)$	$C14(1.51)$；$C15(15.79)$；$C16(2.78)$；$C18(1.19)$；$C19(1.04)$；$C21(1.85)$；$C23(1.82)$；$C26(1.63)$；$C27(2.40)$；$C29(1.92)$；$C30(4.02)$；$C33(1.20)$；$C37(2.28)$；$C39(1.48)$；$C41(5.55)$
云南	$C15(4.69)$；$C16(18.59)$；$C23(1.05)$；$C26(3.26)$；$C29(16.98)$；$C30(1.90)$；$C31(1.69)$；$C32(3.19)$	$C15(1.13)$；$C16(22.46)$；$C25(1.00)$；$C26(1.11)$；$C27(1.32)$；$C31(1.38)$；$C32(2.25)$
陕西	$C13(1.04)$；$C14(1.77)$；$C15(1.37)$；$C16(5.68)$；$C25(3.33)$；$C27(1.54)$；$C30(1.35)$；$C31(1.19)$；$C32(2.12)$；$C35(1.11)$；$C37(1.79)$；$C40(1.07)$；$C41(1.13)$	$C13(1.24)$；$C14(1.37)$；$C15(2.37)$；$C23(1.72)$；$C25(2.07)$；$C26(1.64)$；$C27(1.73)$；$C30(1.24)$；$C32(1.69)$；$C35(1.32)$；$C37(1.98)$

---

① 根据国家统计局发布的《国民经济行业分类》国家标准（GB/T 4754 – 2011），分类如下：$C13$：农副食品加工业；$C14$：食品制造业；$C15$：酒、饮料和精制茶制造业；$C16$：烟草制造业；$C17$：纺织业；$C18$：纺织服装、服饰业；$C19$：皮革、毛皮、羽毛及其制品业和制鞋业；$C20$：木材加工和木、竹、藤、棕、草制品业；$C21$：家具制造业；$C22$：造纸和纸制品业；$C23$：印刷和记录媒介复制业；$C24$：文教、工美、体育和娱乐用品制造业；$C25$：石油加工、炼焦和核燃料加工业；$C26$：化学原料和化学制品制造业；$C27$：医药制造业；$C28$：化学纤维制造业；$C29$：橡胶和塑料制品业；$C30$：非金属矿物制品业；$C31$：黑色金属冶炼和压延加工业；$C32$：有色金属冶炼和压延加工业；$C33$：金属制品业；$C34$：通用设备制造业；$C35$：专用设备制造业；$C36$：汽车制造业；$C37$：铁路、船舶、航空航天和其他运输设备制造业；$C38$：电气机械和器材制造业；$C39$：计算机、通信和其他电子设备制造业；$C40$：仪表仪器制造业；$C41$：其他制造业；$C42$：废弃资源综合利用业；$C43$：金属制品、机械和设备修理业。

续表

地区	2013 年	2017 年
甘肃	C15(1.29); C16(1.28); C25(12.86); C30(1.08); C31(2.65); C32(3.48); C38(1.75); C41(6.29)	C16(5.25); C25(14.97); C32(6.50); C41(3.57)
宁夏	C14(3.32); C17(3.30); C25(2.78); C32(2.04); C41(1.55)	C14(3.56); C15(1.69); C16(1.41); C17(6.00); C25(4.60); C26(1.85); C32(1.84); C40(7.30)
新疆	C14(1.38); C25(20.39); C31(1.58); C32(1.55); C38(3.41)	C25(24.36); C26(1.60); C31(1.40); C32(3.85); C38(1.93)

10.4.2 西部地区承接制造业转移的行业选择

西部各地区的优势产业既是各省份具有竞争力的产业，也是有能力承接东部地区转移产业并得以发展壮大的主导性产业，但能否承接东部地区同类产业，还要综合考虑这一产业在东部地区是否也是优势产业，是否存在转移趋势，因此需进一步比较东部地区与西部地区这一产业的相对情况。这里借鉴贺曲夫（2011）等的相对转移梯度法来确定西部地区重点承接东部地区转出的产业，即筛选出东部3个经济圈和西部各省份的产业梯度系数大于1的产业，将同一行业的梯度系数相除，得到东部3个经济圈对西部各省份的相对产业梯度系数，若其大于1，表明这一产业具备从东部地区向西转移的动力。结合西部地区自身的优势得出从长三角、珠三角和京津冀3个区域重点承接的转移行业见表10-4。

表10-4　　　　西部地区对东部地区承接的重点产业

地区	长三角地区	珠三角地区	京津冀地区
重庆	C30; C36; C37; C39	C27; C30; C36; C37; C39	C36; C37; C39
四川	C13; C14; C15; C21; C23; C27; C30; C35; C36; C39; C41	C13; C14; C15; C17; C21; C23; C27; C30; C31; C41	C15; C16; C39; C41

续表

地区	长三角地区	珠三角地区	京津冀地区
贵州	$C14$；$C15$；$C16$；$C20$；$C27$；$C29$；$C30$；$C32$；$C41$	$C14$；$C15$；$C16$；$C20$；$C26$；$C27$；$C29$；$C30$；$C32$；$C41$	$C15$；$C16$；$C20$；$C27$；$C30$；$C32$；$C41$
云南	$C13$；$C15$；$C16$；$C23$；$C30$；$C31$；$C32$	$C15$；$C16$；$C26$；$C30$；$C31$；$C32$；$C41$	$C15$；$C16$；$C20$；$C27$；$C30$；$C41$
陕西	$C13$；$C14$；$C15$；$C23$；$C25$；$C27$；$C30$；$C32$；$C35$；$C37$；$C41$	$C13$；$C14$；$C15$；$C16$；$C27$；$C30$；$C32$；$C34$；$C35$；$C36$；$C37$；$C40$；$C41$	$C15$；$C16$；$C27$；$C32$；$C37$
甘肃	$C15$；$C16$；$C25$；$C30$；$C32$；$C41$	$C15$；$C16$；$C25$；$C30$；$C32$；$C41$	$C15$；$C16$；$C25$；$C32$；$C41$
宁夏	$C13$；$C14$；$C15$；$C17$；$C19$；$C21$；$C25$	$C14$；$C17$；$C19$；$C26$；$C32$	$C14$；$C17$；$C25$
新疆	$C14$；$C25$；$C30$；$C31$；$C32$；$C38$	$C14$；$C15$；$C16$；$C25$；$C31$；$C32$；$C38$	$C15$；$C16$；$C25$；$C32$；$C38$

承接产业的重点行业选择既与转入地的产业承接能力直接相关，又与转出地的转出类型密切相关。由表10-4可知，重庆作为西部地区唯一的直辖市，承接3个经济圈的产业相对均衡，重点承接的产业数目虽然较少，但具有较强的竞争力。其中主要有汽车制造业（$C36$），铁路、船舶、航空航天和其他运输设备制造业（$C37$），计算机、通信和其他电子设备制造业（$C39$）等技术密集型产业。四川、陕西重点承接的产业数目相对较多，且主要来自长三角和珠三角地区，多为农副食品加工业（$C13$），食品制造业（$C14$），酒、饮料和精制茶制造业（$C15$），印刷和记录媒介复制业（$C23$）等劳动密集型产业。此外四川承接的重点产业还有非金属矿物制品业（$C30$）、黑色金属冶炼和压延加工业（$C31$）等原材料加工产业和医药制造业（$C27$），专用设备制造业（$C35$）、计算机、通信和其他电子设备制造业（$C39$）等技术密集型产业；陕西重点承接的原材料加工产业主要为石油加工、炼焦和核燃料加工业（$C25$），非金属矿物制品业（$C30$），有色金属冶

炼和压延加工业（$C32$）；技术密集型产业主要有专用设备制造业（$C35$）、铁路、船舶、航空航天和其他运输设备制造业（$C37$），仪器仪表制造业（$C40$）等。贵州、云南和甘肃承接3个经济圈的产业相对较均衡，承接的重点行业主要为酒、饮料和精制茶制造业（$C15$），烟草制品业（$C16$）等劳动密集型产业和黑色金属冶炼和压延加工业（$C31$）、有色金属冶炼和压延加工业（$C32$）等原材料加工产业。宁夏的重点承接行业以长三角和珠三角地区的食品制造业（$C14$）、纺织业（$C17$）、皮革毛皮羽毛（绒）及其制品业（$C19$）等劳动密集型产业为主。新疆的重点承接产业除典型的劳动密集型产业外，也有石油加工、炼焦和核燃料加工业（$C25$），黑色金属冶炼和压延加工业（$C31$），有色金属冶炼和压延加工业（$C32$）等原材料加工产业。

综上所述，西部地区承接东部地区的产业转移主要集中在原材料加工产业和劳动密集型产业，这也符合西部地区资源要素禀赋的现实要求。根据新结构经济学的观点，资源禀赋是决定经济发展的重要因素，发展低附加值产业是实现西部经济发展的必经阶段，因此当前西部地区依据自身优势发展相对优势产业是进一步实现西部经济高质量发展的必由之路。根据表10-4的结果我们也能发现下述问题：一是西部各省份重点承接的产业具有较高的相似性，从而在产业西移的过程中可能形成刚性竞争，这会引发省间的政府竞争，因此需要加强西部省份政府间的沟通与合作；二是西部地区承接的原材料加工产业大多会产生生态成本，可能会对生态环境造成不利影响，因此各省份政府须结合本省份生态环境特征来选择相关产业；三是承接过多的低附加值产业不利于制造业结构的快速转型升级，因而在产业引入和发展过程中须注重新旧动能转换问题。

10.5 本章小结与启示

本章基于2013—2017年西部地区面板数据，首先，从产业吸引拉力、

第 10 章
西部地区承接制造业转移能力评价及承接策略研究

产业支撑动力和产业发展潜力视角出发构建西部地区承接制造业转移能力的指标评价体系，采用熵权 TOPSIS 法测度了经济新常态背景下西部地区承接制造业转移的能力，并从横向和纵向进行了分析；其次，利用产业梯度系数计算了各地区的优势产业，在此基础之上通过比较其与东部地区（长三角地区、珠三角地区、京津冀地区）的相对产业梯度系数，并结合各地区的要素禀赋、产业发展规划等得出了西部各地区重点承接东部地区的转移产业。从制造业综合承接能力来看，随着时间的推移，西部大部分省份的承接能力有所增强，其中重庆、四川和云南最为明显，但同时省份间的差距较大，四川、陕西和重庆的承接能力明显强于其他省份，特别是甘肃和贵州。此外，由于地理位置、产业规划、基础设施等的差异，各省份的产业吸引拉力、产业支撑动力和产业发展潜力也有一定的差别，横向来看，四川、重庆和陕西的 3 类承接能力较强，甘肃、贵州较弱；纵向来看，各省份 3 类承接能力的变化趋势不尽相同。通过产业梯度系数的测算发现，西部地区的产业梯度系数整体并不高，优势产业数目相对较少，只有云南的橡胶和塑料制品业（$C29$）和烟草制品业（$C16$），甘肃和新疆的石油加工、炼焦和核燃料加工业（$C25$），四川的计算机、通信和其他电子设备制造业（$C39$）和贵州的酒、饮料和精制茶制造业（$C15$）在全国范围内具有明显的竞争优势。但随着时间的推移，大部分省份的优势产业数目在增加，其中贵州、宁夏、四川的增加最为明显，说明西部地区的后发优势逐渐被释放，产业发展的环境有所改善，产业承接能力在增强。由东部 3 个经济圈对西部各省份的相对产业梯度系数可知，云南、重庆、甘肃和新疆承接东部各省份的产业数目相对较均衡；四川、贵州、陕西和宁夏承接长三角、珠三角地区的转移产业较多。此外，各地区重点承接的产业具有较高的相似性，多为低附加值产业。

综合以上研究结论，可以得出如下政策启示：

第一，中央政府应加大宏观调控的力度，引导西部各地承接重点产业。西部地区合理有序地承接转移产业是增强本地经济发展的内生动力，是实现区域协调发展的重要途径，因此西部省份政府有强劲的动力参与产业承接竞争。但西部各省份的优惠政策容易造成产业转移"遍地开花"的重复布局。本章研究发现西部省份承接的产业具有趋同性，从而无法保证各省份承接自己的优势产业，无法实现承接产业带来的规模经济和产业带动效应，还会造成各省份政府间的恶性竞争。因此中央政府可以通过加强宏观调控，制定科学有效的产业政策，充分考虑区位优势，指导和协调西部各省份承接产业选择，因地制宜地进行产业承接。

第二，西部地区地方政府须创新体制机制，凭借区域资源要素禀赋积极合理地承接制造业转移。承接转移是推动西部地区经济发展，实现区域一体化的必由之路。一方面，西部地区应科学合理地开发自然资源，弥补东部地区自然资源匮乏的短板，充分发挥自然资源的总量优势承接制造业转移；另一方面，有针对性地制定东部地区制造业转移的优惠政策，例如加快建设省级开发区建设，对制造业企业实行一定程度的所得税减免政策等，为东部制造业企业转移至西部地区提供更大的吸引力。

第三，各级政府应努力营造好西部地区的投资环境，以提高西部地区产业承接能力。为缓解区域发展不平衡、不充分这一矛盾，促进区域协调发展，产业的空间转移是一条重要途径。本章研究结果显示，西部地区的产业承接能力逐渐在增强，具有良好的发展潜力，这对于产业资本而言预示着西部地区拥有更多的利润，利润既有利于本地产业的发展，也能吸引更多产业资本的入驻。因此，对于资本要素相对稀缺的西部地区，应打造良好的投资环境，合理有序地承接产业空间转移，这是中国制造业实现良性发展的客观要求。

第四，快速平稳地推进西部地区制造业的新旧动能转换，以创新推动制造业高质量发展。中国经济发展进入了新常态，制造业作为实体经济的主体，其发展模式由高速转向高质量的关键在于技术创新。本书研究发现，以技术创新为主的产业发展潜力是衡量产业承接能力的重要尺度。因此，一方面，西部地区应借助"一带一路"经济带建设提供的便利条件，增强与发达地区间的合作交流，通过技术的辐射效应激发本地的学习动力，为技术创新奠定基础；另一方面，加快推动"互联网+工业"的实施，加快产业融合发展，以跨行业、跨产业的技术交流合作为保障，孕育符合经济发展规律的产业发展模式，快速实现制造业高质量发展的要求。

第五，把握好经济新常态背景下经济增长与制造业优化升级的动态平衡。纵观英美等发达国家经济、产业发展的历程，产业结构优化升级是实现经济更高层次增长的必经之路。当前中国西部地区制造业劳动生产率整体较低，同时工资成本有着向东部地区看齐的压力，因而难以承担工资攀升带来的负担。因此，对于西部地区制造业来说，一方面应加大教育投资规模，重视人才的引进和培养，提高农村剩余劳动力的综合素质，进而提高劳动力要素的竞争力，提升劳动生产率，为承接产业的转移提供保障；另一方面，注意避免盲目追求高速度、大范围的承接，应优化升级制造业内部结构及相关产业结构，充分发挥地域的自然条件和空间区位优势，提高资源利用效率，实现制造业转移的平稳过渡。

第 11 章 总结、启示与展望

本章对第 2 章至第 10 章的研究进行总结整理和提炼,从各部分的研究结论中探索中国制造业产业发展过程中的整体性、系统性规律,同时对本书的不足进行讨论,并对制造业空间效应研究的发展方向进行展望。

11.1 研究结论

由第 2 章至第 10 章的研究结果,可以总结出如下的研究结论:

1. 中国制造业发展整体良好,空间块状特征明显

中国制造业近年来发展迅速,虽然经历了全球金融危机的影响,但随着经济的复苏表现出了良好的发展态势。从空间层面上来看,通过对制造业的投入类指标、产出类指标、相对强度类指标和盈利类指标的分析发现,中国制造业在空间上具有不均衡性,空间块状分布的特征明显,基本上形成了华东地区长三角制造业圈、华南地区珠三角制造业圈和华北地区京津制造业圈 3 个明显的制造业发展经济圈;在西部地区的成都—重庆及周边省域的制造业发展也较为突出,形成了西部的成渝制造业圈;西北地区和东北地区的制造业发展块状结构亦有显现。通过对比历史研究发现,中国制造业的上述空

第 11 章
总结、启示与展望

间特征近10年来未发生本质性的改变。本书对各省份制造业的各类指标进行了初步的分析,一方面可以认清和把握各省份制造业发展状况和中国制造业整体发展状况;另一方面,通过结合地域空间信息,展示了中国制造业空间分布的基本信息。

2. 中国制造业空间异质性特征突出

通过 Moran's I 指数和 LISA 指数的分析表明,中国制造业各主要指标在省域层面上都呈现出空间相关性,且相关密切程度和相关范围在逐步扩大;制造业空间地理加权生产函数表明,资本对制造业产出影响程度较大的地区主要集中在华北和东北,资本对产出影响程度较小的地区主要集中在华东和华南,劳动要素对制造业产出影响程度较大的区域集中在华东、华南和西南等人口密度普遍较大的地区。研究还发现,中国制造业在中等发达区域的规模经济效应明显,因此有向中部地区转移的内在要求。

3. 中国制造业空间集聚度在下降

本书设计的基于空间区域面积而修正的 Ellison 和 Glaeser 的 γ 指数的分析证实,省域层面的中国制造业空间集聚度呈下降趋势。制造业空间消散的动力是资本的逐利性,这在利润的数据分析中得到了验证。中国制造业的 γ 指数在减小,产业正在由中心区域向外围区域形成消散之势,在经济新常态背景下,由于产业内部发展和产业所处外部环境等诸多原因,中国制造业发展进入了缓速阶段。

4. 中国制造业的发展存在空间溢出效应

中国制造业发展过程中的溢出效应可以使用我们设计的方法度量。在中国制造业空间溢出效应问题研究方面,本书在 C-D 生产函数的基础上设计了中国制造业投入要素空间溢出效应模型,并对模型进行了估计。在模型估计过程中,考虑到经济发展的背景及数据自身的特征,将样本分为金融危机期间的 2007—2012 年和经济新常态的 2013—2017 年。通过两组样本数据对制造业空间溢出效应模型的估计和分析发现,在金融危机发生期间的 2007—

2012年和在经济新常态的2013—2017年，中国制造业投入要素对产出产生的空间溢出效应都是存在的，但存在形式明显不同。本书进一步对制造业空间溢出效应进行了分解，并作了进一步的分析研究，综合可得下述几点结论。在要素层面上，一是中国制造业的空间溢出效应主要体现在资本投入要素上，员工技能要素对制造业的产出亦存在空间溢出效应，但在经济新常态时期明显减弱，并且研究发现在经济新常态时期，中国制造业的资本投入要素变量对产出产生的空间溢出效应为负，即存在虹吸效应；二是研发投入、公路铁路等基础设施要素对制造业产出产生影响的空间溢出效应有待于进一步扩大。在空间层面上，一是中国制造业的空间溢出效应主要存在于相邻区域（地域接壤）之间，非直接相邻区域的空间溢出效应不明显；二是制造业的空间溢出效应主要体现为相邻区域间的溢出，即相邻溢出，迂回溢出效应以及更复杂路径的溢出效应相对较弱。总体来看，投入要素对产出的空间溢出效应是一种正的外部性效应，就制造业来说，这种正外部性的空间溢出效应可以带动周边区域制造业的发展，实现相关投入要素的高效利用，有效促进制造业的空间集聚和收敛，进而有利于实现制造业的区域协调发展和共同进步。因此，提升制造业空间溢出效应有助于推进中国制造业的整体发展。

5. 中国制造业存在收敛性

本书分别从 σ 收敛、Barro 和 Sala-I-Martin 的时间 β 收敛以及在时间 β 收敛基础上进一步设计的空间 β 收敛和时空 β 收敛4个角度开展研究。在时间 β 收敛问题研究中，人们通常把经济发展水平低的区域和现实中经济落后的区域联系起来，形成了一种空间研究视角的错觉，而事实上，时间 β 收敛问题的研究并未对空间区位问题作出既定假设。因此，时间 β 收敛的研究仅是从时间维度对收敛性问题开展分析探索。本书在 β 收敛的基础上，将时间维度转换为空间维度，从而设计了基于空间视角的收敛模型，即空间 β 收敛模型。由于空间 β 收敛模型并未考虑时间变动问题，因而也是一类静态模型，它展示了经济或产业发展的空间状态，从区位的角度刻画了空间区域经济或产业发展的依赖关系。时空 β 收敛模型则将发展速度引入到空间 β 收敛模型中，既包含空间维度，也包含时间维度，可以全面展示研究对象收敛状

第 11 章
总结、启示与展望

态的空间依赖关系和动态演进过程。综合书中 4 个角度的研究过程和研究结果不难发现，在不同区域的研究中，由于考虑了时间因素，时空 β 收敛模型研究结果和时间 β 收敛模型研究结果更为接近，同时时空 β 收敛模型研究结果和空间 β 收敛模型研究结果差异性亦较小。就实证研究的整体结果来看，在 2007—2017 年的样本期中，中国制造业发展整体上呈现出明显的收敛趋势，同时新常态时段的收敛速度低于金融危机时段。就局部区域来看，虽然 4 类角度的研究结果略有差异，但主体结论仍是清晰的。首先，长三角经济圈制造业在金融危机时段和经济新常态时段都显示出明显的收敛状态，4 类研究视角的研究结果均支持这一结论。其次，珠三角经济圈制造业在金融危机时段和经济新常态时段也均呈现收敛状态，尤其是空间 β 收敛模型和时空 β 收敛模型研究结果显示支持这一结论，同时时间 β 收敛模型也显示，进入经济新常态以来珠三角经济圈制造业呈现出收敛性特征。再者，京津冀经济圈制造业的收敛性不甚明显，尤其是进入经济新常态以后。空间 β 收敛模型和时空 β 收敛模型显示，在金融危机时段京津冀经济圈制造业呈现出一定的收敛性，但进入经济新常态以后，时间 β 收敛模型以及时空 β 收敛模型均显示这一区域的制造业收敛速度有所下降。最后，川陕渝经济圈制造业发展的收敛性状在逐步体现。研究表明，在金融危机时段川陕渝经济圈的制造业几乎没有收敛的迹象，但进入经济新常态以来，包含时间视角的研究均认为这一区域制造业出现收敛性特征，且收敛的趋势在日趋增强。

6. 中国制造业存在产能过剩现象

本书用协整法对中国除西藏和港澳台以外的 30 个省份制造业的产能利用率进行测度，并在此基础上，引入空间因素构建空间动态面板模型研究各地区产能利用率的影响因素。研究认为，中国制造业的产能利用率具有明显的时空异质性：从时间上看，2008 年以前，中国制造业的产能过剩表现为一般性、局部性和周期性；2008 年以后，受到全球金融危机的冲击，出现结构性的变化，从此制造业产能过剩呈现出长期性、全局性和复杂性的特点；从空间上看，东部省份制造业的产能利用率最高，东北、中部地区次之，西部地区制造业产能利用率最低；另外，制造业产能利用率的空间差异性并没有随时间的推移而减小，而是在区域间不断扩大；总体而言，新常态背景下的制造业产能过剩问题更为复杂、更需引起重视。中国制造业产能过剩主要受到出口比重、政府干预程度、企业投资行为、研发投入以及产业高级化的影响，而且研究发现中国制造业产能过剩在省份间存在空间溢出效应。具体而言，出口比重对产能利用率有正向的拉动作用，说明提高出口比重，鼓励企业"走出去"战略有利于缓解中国制造业的产能过剩问题；国有经济比重和企业固定资产投资对产能利用率的影响均为负，说明政府的不当干预对产能过剩的调控效果不佳，甚至会加剧其过剩程度；企业的固定资产投资导致制造业产能过剩，说明中国大量投资是低效率和低质量的。产业高级化对产能利用率的影响是正向的，说明高新技术制造行业的产品越多、质量越高，产能利用率相应越高；从理论上讲，研发投入对产能利用率具有正向显著影响，但实证结果表明，研发投入对产能利用率的影响与理论相反且不显著，为进一步探究创新驱动发展化解产能过剩提供了思路。

7. 中国制造业产业结构调整优化过程中存在空间效应

在空间分布方面，制造业产业结构出现了北京、上海、广东及重庆4个优化省份，并以4个优化省份为中心，形成了4个制造业产业结构优化板块，空间分布特征明显。换句话说，中心省份的制造业产业结构优化带动了周边省份的产业结构优化，空间影响及辐射效应明显。在所构建的旨在探索制造业产业结构调整影响因素的产业结构演化模型中，空间影响效应不可忽略，并且发现对外开放程度是影响制造业产业结构调整的重要因素，对外开放程度越高，产业结构越趋于优化；同时也发现R&D投入也是促使制造业产业结构优化的重要因素；人力资源结构对制造业产业结构变动产生的影响并不明显，但对于人力资源的优化调整刻不容缓。

8. 中国制造业存在空间转移现象

中国制造业的空间转移在不同的省份、不同的行业中转移力度不同，各类因素对制造业空间转移的影响也各异。本书通过对中国省际面板数据的分析，探究了2007—2017年中国制造业空间转移的特征与趋势，并建立空间

第 11 章
总结、启示与展望

计量模型，分析生产要素、区位要素和全球化因素对劳动密集型、资本密集型及技术密集型产业空间转移的影响作用。首先，借助产业份额的绝对变动，分析了制造业整体空间格局的演变特征，发现东部地区的产业份额下降趋势明显，其中下降最快的为浙江、上海和广东；中部地区有明显的上升趋势，上升最快的为河南、安徽和江西；西部地区虽然在增加的同时伴随减少，但整体呈现上升趋势，其中四川增长最为明显；东北地区整体有所下降。产业绝对份额的变动表明，中国制造业的整体空间格局发生了变化，东部地区的集聚程度明显下降，东部和东北地区的制造业已经向中西部地区发生了空间转移。其次，利用区位熵的相对变动测度了分行业空间转移的特征。劳动密集型产业发生了明显的空间转移，其中区域间主要表现为从东部转向东北和中部地区，并未拓展到整个西部地区；另外，还存在区域内的转移，转入地为福建和天津，转出地主要为北京、上海、浙江及广东，转出行业主要为农副食品加工业、食品制造业和饮料制造业；资本密集型产业大部分仍在东部地区集聚，并未向东北和中西部地区转移，但部分行业区位熵增量值在东部的各省份之间呈现出此消彼长的特征，表明此类行业的空间转移区域主要集中在东部的各省份之间；技术密集型产业发生了从东部和东北地区向中西部地区的转移，主要转出地为上海、福建、广东、海南和黑龙江，转出行业主要为电气机械及器材制造业和通信设备、计算机及其他电子设备制造业，中部地区承接能力较强，基本能承接所有行业的转入，西部地区的各份之间承接能力存在较大的差异。最后，由资本要素、劳动力要素和技术创新反映生产要素，通过市场规模、交通条件测度区位要素，用对外开放水平衡量全球化因素，建立了空间计量模型，探索各因素对劳动密集型、资本密集型和技术密集型产业空间转移的影响，结果显示各因素对不同类型制造业空间转移的影响存在差异。反映区位要素的交通条件是产业空间转移的重要动力；此外，劳动力要素和市场规模是促进劳动密集型产业的重要因素；影响资本密集型产业空间转移的主要因素为资本要素、技术创新和全球化因素；资本要素、技术创新、市场规模和全球化因素均能带动技术密集型产业的空间转移。

9. 西部地区近年来承接制造业转移的能力在增强，各省份承接的产业相似度较高

从制造业综合承接能力来看，随着时间的推移，西部大部分省份的承接能力有所增强，其中重庆、四川和云南最为明显，但同时省份间的差距较大，四川、陕西和重庆的承接能力明显强于其他省份，特别是甘肃和贵州。此外，由于地理位置、产业规划、基础设施等的差异，各省份的产业吸引拉力、产业支撑动力、产业发展潜力也有一定的差别，横向来看，四川、重庆、陕西的3类承接能力较强，甘肃、贵州较弱；纵向来看，各地区3类承接能力的变化趋势不尽相同。通过产业梯度系数的测算发现，西部地区的产业梯度系数整体并不高，优势产业数目相对较少，只有云南的橡胶和塑料制品业（$C29$）和烟草制品业（$C16$），甘肃和新疆的石油加工、炼焦和核燃料加工业（$C25$），四川的计算机、通信和其他电子设备制造业（$C39$）和贵州的酒、饮料和精制茶制造业（$C15$）在全国范围内具有明显的竞争优势。但随着时间的推移，大部分省份的优势产业数目在增加，其中贵州、宁夏和四川最为明显，说明西部地区的后发优势逐渐被释放，产业发展的环境有所改善，产业承接能力在增强。由东部三大经济圈对西部各省份的相对产业梯度系数可知，云南、重庆、甘肃和新疆承接东部地区的产业数目相对较均衡；四川、贵州、陕西和宁夏承接长三角、珠三角地区的转移产业较多。此外，各省份重点承接的产业具有较高的相似性，多为低附加值产业。

综合上述研究结论，可以发现中国制造业在2007—2017年的产业发展进程中，尤其是进入经济新常态以来，呈现出空间扩散（集聚度降低）—空间溢出减小—空间收敛速度降低—产能过剩问题存在—产业结构优化—空间转移速度加快—西部地区承接转移能力增强这一发展路径。这一发展路径有其内在的科学性，各环节间并不存在矛盾。从发现中国制造业存在扩散现象开始，制造业的马歇尔外部性在减小，这必然伴随着空间溢出效应的降低。空间溢出效应的降低意味着区域间发展的空间带动作用在减小，进而使得空间收敛速度降低。从产业发展的角度看，产能过剩问题的出现必然促使产业出现转移以消化过剩产能，此时便和制造业的空间扩散现象形成印证。同

第 11 章
总结、启示与展望

时,针对产能过剩问题,政府层面的政策(如供给侧结构性改革)和市场层面的诱导作用(如追逐利润)会进一步促进制造业结构优化,且引导制造业的空间转移。产业转移和产业承接是相辅相成的,西部地区承接制造业转移策略是值得关注的方面。

11.2 经济新常态下中国制造业发展的对策思路

在具体的章节中,针对中国制造业发展相关问题的研究结论,已提出相应的对策建议。这里将根据全书的研究结果,对经济新常态下中国制造业发展的对策思路进行系统总结和提炼,这也是实现中国制造业良好发展的重要路径。

1. 从生产要素的角度分析

一是进一步扩大资本要素、人力资源尤其是高层次人才在区域间的流动。资本要素的流动可以带动资本运作模式、生产资料以及生产技术在不同地域间的转移,可以促进企业间互相学习与借鉴,从而形成空间溢出效应;人力资源的流动,尤其是高层次人才的流动可以促进管理模式、生产技术和创新能力在区域间的流动,进而形成空间溢出效应。因此,可以通过制定相关的政策法规,进一步扩大制造业的资本、人才等要素的流动,尤其是由发达地区向欠发达地区的流动,有效实现对产出的正外部性作用,形成空间溢出效应,促进中国制造业更快发展。

二是努力激发研发投入、基础设施的空间溢出效应。诸多经济学研究文献及经济发展现实均显示,研发投入、基础设施等要素对相邻区域的经济发展均存在空间溢出效应,虽然本研究报告的研究发现中国制造业的研发投入、基础设施等要素的溢出效应并不明显,但这并不意味着这些溢出效应不存在,而是存在更大的待激发和拓展的空间,例如加强省际研发项目合作和产学研合作,加大省际铁路公路乃至航运的投资建设力度等。因此,可以通过激发研发投入和基础设施的空间溢出效应，以实现对中国制造业的带动式发展。

三是激发制造业企业有效投资，避免企业投资的"潮涌现象"。本书研究结果表明，企业的低效率及低质量投资是导致产能过剩的重要原因。因此要激发企业有效投资的动机、优化企业的投资结构以及提高企业的投资质量，有效缓解制造业产能过剩问题。

四是加大研发投入，优先促进高端制造业发展，进而促进制造业的产业结构优化。研发投入的主要流向是高端产业，可以加快高端产业的发展，因而可以促进制造业产业结构优化，同时加大研发投入本身是提高产业生产效率、促进产业高端化的必要之举。

五是引进外资、扩大开放，以提升资本密集型制造业、高端制造业的比重。外资的进入不仅是资本的流入，也伴随着技术的升级，在相关政策的鼓励引导下，引进外资扩大开放可以有效促进制造业产业结构优化。

六是加大人力资本投入，优化人力资本，提高人力资源素质。高端制造业的发展需要高知识、高技术和高水平人才，同时，提高人力资源素质也能促使产业结构的调整优化，提高人力资源素质对于制造业发展乃至整体经济的发展来说都是"功在当代、利在千秋"之举措。

2. 从市场环境和产业发展的角度分析

各市场主体可以做好以下方面的工作，以促进新常态下中国制造业的快速健康发展：

一是积极应对风险，主动适应并参与变革。由本书分析结果可以看出，中国制造业发展收敛速度有下降趋势，进入经济新常态以来更为明显。这意味着经济欠发达区域和外围区域的制造业对发达区域和中心区域的追赶速度在减小，后发优势有所下降。因此，非中心城市及相对落后地区制造业企业应更加重视进入经济新常态以来经济发展动力转换所带来的风险。这些区域的制造业企业应积极应对这一阶段的风险，顺应国家相关产业政策和市场发展趋势，主动适应并参与供给侧改革，坚持创新发展，努力提升产品质量和生产制造效率，进而提升产品附加值和企业竞争力，以适应并引领经济新

第 11 章
总结、启示与展望

常态。

二是发挥自身优势，实现协调发展。各大经济圈应结合自身发展优势，利用好国家发展战略平台，实现区域内部协调发展。就局部区域来看，长三角和珠三角经济圈作为中国改革开放和经济发展的前沿阵地，制造业发展的收敛性状在一定程度上也表明这两个区域的中心区域对外围区域的辐射效应和拉动效应是明显存在的，这是一种中心—外围区域相互促进的发展模式，已取得了良好的发展成效。长三角和珠三角经济圈应继续保持自身的传统优势，并利用好国家级中心城市、海上丝绸之路等一批国家重点发展战略，在实现自身发展的同时，带动周边区域制造业快速发展。京津冀和川陕渝经济圈也应结合自身现状学习长三角和珠三角经济圈的制造业发展模式，释放更大的辐射效应和对周边地区的拉动效应，以进一步缩小发展差距，实现制造业发展收敛。当前，国家正实施京津冀一体化发展战略，这一战略发展的重心区域正是本书中所述的京津冀经济圈的重心区域，通过本书研究对京津冀经济圈制造业发展的收敛性研究结果来看，中心区域带动外围区域发展并实现外围区域向中心区域的追赶，是区域经济协调发展的有效途径。因此，京津冀经济圈可借助国家战略优势推进制造业整体发展。对于川陕渝经济圈而言，相对于中国经济发展的整体，位于西部的川陕渝经济圈本身就属于经济欠发达地区，除了全国东中西部均衡发展的问题之外，川陕渝经济圈内部也存在均衡发展问题。就本书中制造业收敛性研究结果来看，川陕渝经济圈制造业在进入经济新常态以来出现了收敛发展的趋势，为保持这一良好发展势头，除了积极吸收东部发达地区的发展成果外，也需要借助丝绸之路经济带建设这一国家级发展战略平台，坚持全方位开放，充分发挥后发优势，实现川陕渝经济圈制造业的协调发展。

三是进一步优化制造业产业结构。本书研究结果表明，产业的高级化有利于化解产能过剩。中国制造业产能过剩的根本原因还是在于供给大于需求，供需结构出现矛盾而导致供需不平衡。一方面，供给的产品趋于同质化，没有那么多的需求来消化，从而导致产能过剩；另一方面，中国的制造业大而不强，很多地区的制造业拘泥于传统制造行业，从事的是低端代工等，没有自己的技术和品牌，满足不了中国以及国外的高端需求市场。因此，要优化制造业产业结构，加大研发投入和技术创新，生产高端产品，刺激并带动国内外需求，让中国由制造业大国向制造业强国转变，实现中国制造2025目标。

四是积极构建非相邻区域间的多重经济联系，加强区域间的合作，扩大非相邻区域间的空间溢出效应。本书研究发现，中国制造业产能过剩在区域间存在空间溢出效应，即一个地区的产能过剩不仅受到本地区的影响，还会受到相邻或其他周边地区的影响，因此，制造业产能过剩的治理需要各地区政府间的协调合作。

五是坚持"走出去"，尤其要鼓励中西部地区的企业大力发展对外投资贸易，提高出口比重。把握全球产业分工和产业格局再调整的机遇，深化与"一带一路"沿线国家的产能合作，推进互联互通，建设经济走廊，发展经贸产业合作园区，打破发展瓶颈，更好融入全球价值链、产业链和供应链之中，通过国际产能合作方式化解产能过剩。

六是以创新驱动为引擎，推动制造业高质量发展。中国经济发展进入了新常态，制造业作为实体经济的主体，其发展模式由高速转向高质量的关键在于技术创新。创新驱动是引领制造业高质量发展的重要引擎，其实质在于技术进步为产业生产给予的贡献。本书研究发现，以技术创新为主的产业发展潜力是衡量产业承接能力的重要尺度。因此各地区一方面应借助"一带一路"倡议所提供的便利条件，增强与发达地区间的合作交流，通过技术的辐射效应激发本地的学习动力，为技术创新奠定基础；另一方面，加快推动"互联网+工业"的实施，加快产业融合发展，以跨行业、跨产业的技术交流合作为保障，孕育符合经济发展规律的产业发展模式，快速实现制造业高质量发展的要求。

七是把握好经济新常态背景下经济增长与制造业优化升级的动态平衡。纵观英美等发达国家经济和产业发展的历程，产业结构优化升级是实现经济更高层次增长的必经之路。当前中国西部地区制造业劳动生产率整体较低，同时工资成本有向东部地区看齐的压力，因而难以承担工资攀升带来的负担。因此，对于西部地区制造业来说，一方面应加大教育投资规模，重视人才的引进和培养，升级农村剩余劳动力的综合素质，进而提高劳动力要素的竞争力，提升劳动生产率，为承接产业的转移提供保障；另一方面，注意避免盲目追求高速度、大范围的承接，应以优化升级制造业内部结构及相关产业结构为标尺，充分发挥各自地域的自然条件和空间区位优势，提高资源利用效率，实现制造业转移的平稳过渡。

八是积极构建非相邻区域的多重经济联系，扩大非相邻区域间的空间溢出效应。发达省份可以扩大对落后省份的投资开发，加强对落后省份的人才培育力度和其他各类帮扶力度，落后省份也可以增加对发达省份的劳动力输出，通过诸如此类的帮扶合作方式来构建发达省份和落后省份等非相邻区域之间的经济联系，来实现和扩大非相邻区域间的空间溢出效应，以促进中国制造业的区域协调发展。

九是扩大对外合作窗口，实现多元化均衡发展。在经济全球化的背景下，对外开放度对产业发展具有重要影响，不仅要拓宽国际市场，走多元化道路，而且要进一步扩大对外合作窗口，形成多元化均衡发展的模式。本研究发现，对外开放水平的影响因产业类型的不同而不同。因此，面对"一带一路"倡议为中国产品参与国际市场提供的重要机遇，一方面应打破市场堡垒，结合区域的发展现状、特色和产业类型等确定主攻方向，充分发挥自身的产业优势及区域优势，积极融入新一轮开放发展大潮，借势推动产业发展。另一方面，深入挖掘对外开放度的潜在力量，积极调整对外贸易战略，在稳固欧洲等重要市场的同时，开拓中东、南亚等市场，实现多元化均衡发展。

3. 从政府的角度分析

第一，加大地方政府支持力度。加大对中西部地区制造业的投资及相关政策的支持力度，是实现制造业区域协调发展的重要途径。中国制造业的发展存在收敛性，因此中西部地区的后发优势是存在的，利用好后发优势可以实现制造业发展的有效追赶甚至赶超。借助后发优势及政策层面上的支持，积极靠近并对接国家"一带一路"发展战略，加大基础设施建设投入，改善投资环境，以提高中西部地区制造业的投资回报率，这有助于改善制造业发展空间不均衡的局面，促进制造业区域协调发展。

第二，制定适宜政策，发挥区域优势。认清东、中、西部经济发展实际，因地制宜地制定制造业发展政策，突出区域自身优势，实现制造业健康发展。本书研究表明，在经济发达程度不同的地区，制造业的收敛性特征也有较大差异，西部地区的收敛性更为明显。因此我们认为，各地区应根据自身的经济发展实际和相关产业发展状况，制订并实行差异化的制造业发展策略，以充分发挥各自的产业优势和区域优势，避免全国一刀切。各省份应结合自身发展特点，审时度势，科学合理地确定自己的主导产业，积极培育符合自身发展的优势产业。同时，地方政府需要处理好两类关系：一是制造业与其他产业的配比关系，这是产业结构问题，影响着制造业乃至经济整体的发展；二是制造业的空间分布关系，这关系到制造业发展空间布局的优化。

第三，以创新驱动为引擎，推动制造业高质量发展。中国经济进入了新常态时期，作为实体经济主体的制造业，其发展模式由高速转向高质量的关键在于产业结构的优化升级和技术创新。创新驱动是引领产业发展的重要引擎，产业结构的优化升级实质在于技术进步给予产业生产的贡献，因此，创新驱动是制造业高质量发展的关键。本书研究发现，技术创新对产业空间转移具有重要影响。中西部地区应借助丝绸之路经济带建设提供的便利条件，增强与发达地区的合作交流，通过技术的辐射效应激发本地的学习动力，为技术创新奠定基础，推动产业的转型升级，积极响应制造业高质量发展的号召。

第四，加强交通基础设施建设，促进区域间的经济贸易合作。一方面，交通基础设施投资流量通过乘数效应促进产业发展；另一方面交通基础设施资本存量通过溢出效应促进产业发展。交通条件的改善会降低运输成本，提高区域的可达性，促进跨区域的经济贸易合作流动，带动产业发展。根据本书研究发现，交通条件的改善能够促进中国制造业的空间转移。中西部尤其是西部地区，交通基础设施贫瘠、交流合作机制不完善，因此，中西部地区需完善当地的交通基础设施建设，激发交通基础设施的空间溢出效应，打破并强化地区间的经济贸易合作保障渠道，以实现对制造业的带动式发展。

对于中国西部地区而言，政府可以从以下方面采取措施以促进西部地区制造业快速健康协调发展。第一，中央政府应加大宏观调控的力度，引导西

第 11 章
总结、启示与展望

部各地承接重点产业。西部地区合理有序地承接转移产业是增强本地经济发展的内生动力,是实现区域协调发展的重要途径,因此西部地区政府有强劲的动力参与产业承接竞争。但西部各省份的优惠政策容易造成产业转移"遍地开花"的重复布局,本书研究发现西部地区承接的产业具有趋同性,从而无法保证各地承接自己的优势产业,无法实现承接产业带来的规模经济和产业带动效应,还会造成地方政府间的恶性竞争。因此中央政府可以通过加强宏观调控,制定科学有效的产业政策,充分考虑区位优势,指导和协调西部各省份承接产业选择,因地制宜地进行承接。第二,西部地区地方政府须创新体制机制,凭借区域资源要素禀赋积极合理地承接制造业转移。承接转移是推动西部地区经济发展,实现区域一体化的必由之路。一方面,西部地区应科学合理地开发自然资源,弥补东部地区自然资源匮乏的短板,充分发挥自然资源的总量优势承接制造业转移;另一方面,有针对性地制定东部地区制造业转移的优惠政策,例如加快建设省级开发区建设,对制造业企业实行一定程度的所得税减免政策等,为东部制造业企业转移至西部地区提供更大的吸引力。第三,营造良好的投资环境,进一步提高西部地区产业承接能力。在新一轮扩大内需、促进区域协调发展的背景下,产业空间转移是产业发展的客观要求。本书研究结果显示,西部地区的产业承接能力在逐渐增强,具有良好的发展潜力,这对于产业资本而言预示着西部地区拥有更多的利润,利润既有利于本地产业的发展,也能吸引更多产业资本的入驻。因此,对于资本要素相对稀缺的西部地区,应该完善金融市场,打造良好的投资环境,合理有序地承接产业空间转移,这是中国制造业实现良性发展的客观要求,对西部地区来说也是重要的发展机遇。第四,优化产业成长环境,积极承接产业转移。现有文献表明,产业转移对于转出方和承接方都是有益的,是实现产业良性发展的重要途径。因此,改善中西部地区产业发展环境,作好承接制造业转移的准备,有益于西部地区制造业的发展。根据本书的实证研究结果,制造业收敛性的存在意味着落后地区后发优势的存在,对于产业资本来说预示着落后地区拥有更多的利润。利润一方面促进当地产业的发展,另一方面也会吸引更多产业资本的进入,形成制造业转移。因此,中西部地区尤其是西部地区应进一步改善制造业发展的环境,作好承接制造业转移的准备，实现本地区制造业的良性发展。就中国制造业发展的实际来看，制造业向中西部地区转移也是产业发展的客观要求，合理、有序地承接制造业转移对中西部地区来说是难得的发展机遇。

11.3 研究不足与展望

1. 研究不足

本书的研究不足主要有3个方面。其一，对于中国制造业空间问题的研究，本书使用的是从省域层面收集的公开数据。这里的问题是，使用省域层面数据会使得省域内部的制造业空间信息丢失，这就可能导致研究结论有偏差和发现不足。如果能从县区级层面和企业层面来研究中国制造业的空间效应，研究结论必定会更加丰富和可靠。但县市级制造业的多数数据是不公开的，没有此类数据便无法展开研究；企业数据目前只有2000—2012年的，不符合本书关于经济新常态背景的研究要求。为尽可能避免数据方面的不足，本书在研究时，一方面尽可能多地展示了制造业发展过程中指标的变动信息与特征，尽可能地分析制造业发展过程中的空间信息与规律；另一方面在必要时分析研究制造业各子行业的数据，以提高分析结论的可靠性。其二，样本数据存在一定的时滞。由于本书相关研究工作的提前以及统计数据的时滞，样本数据最新更新到2017年，这导致对制造业的最新发展状况研究不足。样本数据时滞问题是由于相关统计制度造成的，本书数据主要来源于《中国统计年鉴》以及各省市区的统计年鉴，从年鉴的内容看，目前2017年数据是最新数据，年鉴数据的调查和公布存在时间滞后性，这对本研究产生了一定的影响，但这种影响是可控的。其三，空间统计分析方法研究不足。本书在空间统计分析方法研究方面存在一定的突破，例如空间收敛模型、空间溢出效应的测度和空间集聚的测度等方面，但这些对于统计学学科的基金项目来说还稍显薄弱，后续研究须在这方面进一步加强。

第 11 章
总结、启示与展望

2. 研究展望

本书属于基础性应用研究，存在很大的进一步探索空间。首先针对 11.3.1 节中提及的研究不足问题进行改进，同时对其他产业和其他经济体的空间问题进行研究，可以实现本书研究方法在其他产业和其他经济体中的应用。另外，可以进一步对本书样本数据之外的数据（例如 2017 年以后）进行研究，继续探索中国制造业的空间溢出效应、空间集聚度和空间收敛变动规律，为中国制造业发展提供新的策略支持。还可以以本书研究为基础，展开进一步的应用研究，例如讨论中国制造业空间动态布局问题以及如何实现制造业的区域协同发展等。这些都是有价值的探索方向。

参考文献

[1] 王业强, 魏后凯. 产业特征、空间竞争与制造业地理集中——来自中国的经验证据 [J]. 管理世界, 2007 (4): 68~77.

[2] 王俊松. 长三角制造业空间格局演化及影响因素 [J]. 地理研究, 2014 (12): 2312~2324.

[3] 金春雨, 程浩. 环渤海城市制造业集聚的经济增长溢出效应与拥挤效应——基于面板门限模型的实证分析 [J]. 经济问题探索, 2015 (6): 130~136.

[4] 周文良. 区域一体化背景下的制造业集聚、扩散趋势——基于广东省的分析 [J]. 经济问题探索, 2007 (3), 54~62.

[5] 韩中. 中国制造业空间集聚的特征研究 [J]. 兰州商学院学报, 2010 (4): 18~22.

[6] 张明倩, 赵彦云. 产业集聚对创新活动空间差异的影响——基于中国制造业数据的实证研究 [J]. 统计与信息论坛, 2008 (3), 43~47.

[7] Krugman, P. & Venables, A. J.. Globalization and the Inequality of Nations [J]. *Quarterly Journal of Economics*, 1995, CX (4): 857~880.

[8] Martin, P. & Ottaviano, G.. Growth and Agglomeration [J]. *International Economic Review*, Vol. 42, Issue 4, 2001 (11), 947~968.

[9] Baldwin, R. E., et al. Global Income Divergence, Trade and Industrialization: The Geography of Growth Take-off [J]. *Journal of Economic Growth*,

2001, 66 (5): 147~154.

[10] Ottaviano, G. & Pinelli, D.. Market Potential and Productivity: Evidence from Finnish Regions [J]. *Regional Science and Urban Economics*, 2006 (36): 636~657.

[11] Crozet, et al. The Cohesion vs Growth Tradeoff: Evidence from EU Regions [Z]. Mimo, University of Paris, 2007.

[12] Brulhart, M. & Sbergami, F.. Agglomeration and Growth: Cross – country Evidence [J]. *Journal of Urban Economics*, 2009, 65 (1): 48~63.

[13] Mossay, P. A theory of rational spatial agglomerations [J]. *Regional Science and Urban Economics*, Vol. 43, 2013 (3), 385~394.

[14] Ellison, G. & Glaeser, E. L.. Geographic Concentration in U. S. Manufacturing Industries: A Dartboard Approach [J], *Journal of Political Economy*, 1997, vol. 105, No. 5, 889~927.

[15] Martin, Ph. & Ottaviano, G. I. P.. Growing Locations: Industry Location in a Model of Endogenous Growth [J]. *European Economic Review*, 1999 (43): 281~302.

[16] Baldwin, R. E. & Forslid, R.. Trade Liberalization and Endogenous Growth: A Q – theory Approach [J]. *Journal of International Economics*, 2000, 50: 497~5171.

[17] 王业强, 魏后凯. 产业特征、空间竞争与制造业地理集中——来自中国的经验证据 [J]. 管理世界, 2007 (4): 68~77.

[18] 路江涌, 陶志刚. 中国制造业区域聚集及国际比较 [J]. 经济研究, 2006 (3): 103~114.

[19] 杨洪焦, 孙林岩, 吴安波. 中国制造业聚集度的变动趋势及其影响因素研究 [J]. 中国工业经济, 2008 (4): 64~72.

[20] 朱英明. 产业空间结构与地区产业增长研究——基于长江三角洲城市群制造业的研究 [J]. 经济地理, 2006, 26 (3): 387~390.

[21] 马国霞, 石敏俊, 李娜. 中国制造业产业间集聚度及产业间集聚机制 [J]. 管理世界, 2007 (8): 58~65.

[22] 赵伟,张萃. FDI 与中国制造业区域集聚:基于 20 个行业的实证分析 [J]. 经济研究, 2007 (11): 82~90.

[23] 刘修岩,殷醒民,贺小海. 市场潜能与制造业空间集聚:基于中国地级城市面板数据的经验研究 [J]. 世界经济, 2007 (11): 56~63.

[24] 刘修岩,何玉梅. 集聚经济、要素禀赋与产业的空间分布:来自中国制造业的证据 [J]. 产业经济研究, 2011 (3): 10~19.

[25] 谢品,李良智,赵立昌. 江西省制造业产业集聚、地区专业化与经济增长实证研究 [J]. 经济地理, 2013, 33 (6), 103~108.

[26] 赵璺,石敏俊,杨晶. 市场邻近、供给邻近与中国制造业空间分布——基于中国省区间投入产出模型的分析 [J]. 经济学(季刊), 2012 (4): 1059~1077.

[27] 陈莉,陈凤桂,张虹鸥. SSM 空间模型及其在珠三角制造业发展中的应用 [J]. 经济地理, 2012, 32 (9): 91~96.

[28] 王燕,徐妍. 中国制造业空间集聚对全要素生产率的影响机理研究——基于双门限回归模型的实证分析 [J]. 财经研究, 2013 (3): 135~144.

[29] 孙元元,张建清. 中国制造业省际间资源配置效率演化:二元边际的视角 [J]. 经济研究, 2015 (10): 89~103.

[30] 陈长石,吴晶晶,刘和骏. 转型期中国制造业产业集聚分布特征及动态演进——兼论 EG 指数衡量产业集聚的有效性 [J]. 财经问题研究, 2016 (1): 25~33.

[31] Keller, M.. International Technology Diffusion [J]. *Journal of Economic Literature*, 2004, 42 (3): 752~782.

[32] 邓明,钱争鸣. 我国省际知识生产及其空间溢出的动态时变特征——基于 Spatial SUR 模型的经验分析 [J]. 数理统计与管理, 2013 (4): 571~585.

[33] D'Uva, M. & Siano, R.. Human Capital and Club Convergence in Italian Regions [J]. *Economics Bulletin*, 2007, 18 (1): 365~384.

[34] 肖志勇. 人力资本、空间溢出与经济增长 [J]. 财经科学, 2010

(3): 61~68.

[35] 张光南, 洪国志, 陈广汉. 基础设施、空间溢出与制造业成本效应 [J]. 经济学 (季刊), 2013 (10): 285~304.

[36] 刘勇. 交通基础设施投资、区域经济增长及空间溢出作用 [J]. 中国工业经济, 2010 (12): 37~46.

[37] 张志, 周浩. 交通基础设施的溢出效应及其产业差异 [J]. 财经研究, 2012 (3): 124~134.

[38] 崔远淼, 谢识予. 资源禀赋与中国制造业出口竞争力——基于省际空间面板数据模型的检验 [J]. 商业经济与管理, 2013 (12): 74~82.

[39] Brun, J. F. & Combes, J. L. & Renard, M. F.. Are There Spillover Effects between the Coastal and Noncoastal Regions in China? [J]. *China Economic Review*, 2002 (13): 161~169.

[40] 潘文卿. 中国的区域关联与经济增长的空间溢出效应 [J]. 经济研究. 2012 (1): 54~65.

[41] Huang, Q. & Chand, S.. Spatial spillovers of regional wages: Evidence from Chinese provinces [J]. *China Economic Review*, 2015, 32 (2): 97~109.

[42] 张红历, 梁银鹤, 杨维琼. 市场潜能、预期收入与跨省人口流动——基于空间计量模型的分析 [J]. 数理统计与管理, 2016 (5): 868~880.

[43] LeSage J. P. & Pace R. K.. Introduction to Spatial Econometrics [M]. CRC Press Inc., Taylor & Francis Group, 2009 (20): 32~33.

[44] Baltagi, B. H., et al. Testing for serial correlation, spatial autocorrelation and random effects using panel data [J]. *Journal of Econometrics*, 2007 (140): 5~51.

[45] Baltagi, B. H., et al. Testing panel data regression models with spatial error correlation [J]. *Journal of Econometrics*, 2003 (117): 123~150.

[46] Williamson, J. G.. Regional Inequality and the Process of National Development: A Description of the Patterns [J]. *Economic Development and Cultural Change*, 1965, 13 (4), 1~84.

[47] Baumol, W. J.. Productivity Growth, Convergence and Welfare: What the Long Run Data Show [J]. *American Economic Review*, 1986, 76 (5): 1072~1085.

[48] Abramovitz, M.. Catching Up, Forging Ahead, and Falling Behind [J]. *Journal of Economic History*, 1986, 46 (2): 385~406.

[49] Amos, O. M.. Unbalanced Regional Growth and Regional Income Inequality in the Latter Stages of Development [J]. *Regional Science and Urban Economics*, 1988, 18 (4): 549~566.

[50] Barro, R. J. & Sala–I–Martin, X.. Convergence across States and Regions [J]. *Brookings Papers on Economic Activity*, 1991, 22 (1): 107~182.

[51] Desdoigts, A.. Patterns of Economic Development and the Formation of Clubs [J]. *Journal of Economic Growth*, 1999, 4 (3): 305~330.

[52] 林毅夫, 刘明兴. 中国的经济增长收敛与收入分配 [J]. 世界经济, 2003 (8): 3~14.

[53] 李金华. 中国产业结构的演变轨迹、σ-收敛性与空间集聚格局 [J]. 财贸研究, 2006, 17 (2): 7~16.

[54] 林光平, 龙志和, 吴梅. 中国地区经济 σ-收敛的空间计量实证分析 [J]. 数量经济技术经济研究, 2006, 23 (4).

[55] 潘文卿. 中国区域经济差异与收敛 [J]. 中国社会科学, 2010 (1): 72~84.

[56] 魏后凯. 中国地区经济增长及其收敛性 [J]. 中国工业经济, 1997 (3): 31~37.

[57] 蔡昉, 都阳. 中国地区经济增长的趋同与差异——对西部开发战略的启示 [J]. 经济研究, 2000 (10): 30~37.

[58] 沈坤荣, 马俊. 中国经济增长的"俱乐部收敛"特征及其成因研究 [J]. 经济研究, 2002 (1): 33~39, 94~95.

[59] 戴觅, 茅锐. 产业异质性、产业结构与中国省际经济收敛 [J]. 管理世界, 2015, 261 (6): 41~53, 69~194.

[60] 吴玉鸣. 中国省域经济增长趋同的空间计量经济分析 [J]. 数量经济技术经济研究, 2006, 23 (12): 101~108.

[61] 张学良. 中国区域经济收敛的空间计量分析——基于长三角1993—2006年132个县市区的实证研究 [J]. 财经研究, 2009 (7): 101~110.

[62] 黄森, 蒲勇健. 区域差异导致经济块状发展的空间机理研究 [J]. 统计研究, 2011 (4): 44~50.

[63] 覃成林, 唐永. 河南区域经济增长俱乐部趋同研究 [J]. 地理研究, 2007 (3): 126~134.

[64] 覃成林, 刘迎霞, 李超. 空间外溢与区域经济增长趋同——基于长江三角洲的案例分析 [J]. 中国社会科学, 2012 (5): 76~94.

[65] 朱国忠, 乔坤元, 虞吉海. 中国各省经济增长是否收敛? [J]. 经济学 (季刊), 2014, 13 (3): 1171~1194.

[66] Chamberlin, E.. The Theory of Monopolistic Competition [M]. Cambridge: Harvard Press, 1947.

[67] Klein, L. R.. Some theoretical issues in the measurement of capacity [J]. *Journal of the Econometric Society*, 1960: 272~286.

[68] Klein, L. R. & Preston, R. S.. Some New Results in the Measurement of Capacity Utilization [J]. *The American Economic Review*, 1967, 57 (1): 34~58.

[69] Berndt, E. R. & Morrison, C. J.. Capacity utilization measures: underlying economic theory and an alternative approach [J]. *American Economic Review*, 1981, 71 (2): 48~52.

[70] Shaikh, A. M. & Moudud, J. K.. Measuring Capacity Utilization in OECD Countries: A Cointegration Method [J]. *The Levy Economics Institute Working Paper*, 2004.

[71] 孙巍, 何彬, 武治国. 现阶段工业产能过剩"窖藏效应"的数理分析及其实证检验 [J]. 吉林大学社会科学学报, 2008 (1): 68~75.

[72] 韩国高, 高铁梅, 王立国, 齐鹰飞, 王晓姝. 中国制造业产能过剩的测度、波动及成因研究 [J]. 经济研究, 2011 (12): 18~31.

[73] 程俊杰. 转型时期中国地区产能过剩测度——基于协整法和随机前沿生产函数法的比较分析 [J]. 经济理论与经济管理, 2015 (4): 13~29.

[74] 董敏杰, 梁咏梅, 张启仔. 中国工业产能利用率: 行业比较、地区差异及影响因素 [J]. 经济研究, 2015 (1): 84~96.

[75] 马军, 窦超. 我国钢铁行业产能利用率的测度及产能过剩影响因素分析 [J]. 经济问题, 2017 (2): 85~90.

[76] 刘磊, 步晓宁, 张猛. 全球价值链地位提升与制造业产能过剩治理 [J]. 经济评论, 2018, No.212 (4): 47~60.

[77] 范林凯, 等. 中国工业产能利用率的测度、比较及动态演化——基于企业层面数据的经验研究 [J]. 管理世界, 2019 (8): 84~96.

[78] Kamien, M. I. & Schwartz. N. L.. Uncertain entry and excess capacity [J]. *American Economic Review*, 1972, 62 (5): 918~927.

[79] Bulow, J. & Klemperer, P. K.. Holding idle capacity to deter entry [J]. *Economic Journal*, 1985, 95 (377): 178~182.

[80] 周黎安. 中国地方官员的晋升锦标赛模式研究 [J]. 经济研究, 2007 (7): 36~50.

[81] 林毅夫. 潮涌现象与发展中国家宏观经济理论的重新构建 [J]. 经济研究, 2007 (1): 126~131.

[82] 林毅夫, 巫和懋, 邢亦青. "潮涌现象"与产能过剩的形成机理 [J]. 经济研究, 2010 (10): 4~19.

[83] 何彬, 范硕. 国有企业投资、需求波动及产能利用率关联性分析——基于模型 [J]. 经济问题, 2013 (9): 23~27.

[84] 钟春平, 潘黎. "产能过剩"的误区——产能利用率及产能利用率的进展、争议及现实判断 [J]. 经济学动态, 2014 (3): 35~47.

[85] 程俊杰. 中国转型时期产业政策与产能过剩——基于制造业面板数据的实证研究 [J]. 财经研究, 2015 (8): 131~144.

[86] 胡荣涛. 产能过剩形成原因与化解的供给侧因素分析 [J]. 现代经济探讨, 2016, 410 (2): 7~11.

[87] 钱爱民, 付东. 信贷资源配置与企业产能过剩——基于供给侧视

角的成因分析 [J]. 经济理论与经济管理, 2017 (4).

[88] Yu, J. H., et al. Qusasi - maximum likelihood estimators for spatial dynamic panel data with fixed effects when both N and T are large [J]. *Journal of Econometrics*, 2008, 146 (1): 118~134.

[89] Elhorst, J. P.. Spatial panel data models In Handbook of Applied Spatial Analysis Econometrics [M]. Springer Berlin Heidelberg, 2014.

[90] 孙焱林, 温湖炜. 中国制造业产能过剩问题研究 [J]. 统计研究, 2017 (3): 76~83.

[91] 温湖炜. 中国制造业产能过剩问题研究 [D]. 华中科技大学, 2017.

[92] 聂飞, 刘海云. 中国对外直接投资与国内制造业转移——基于动态空间杜宾模型的实证研究 [J]. 经济学家, 2015 (7): 35~44.

[93] 高更和, 李小建. 产业结构变动对区域经济增长贡献的空间分析 [J]. 经济地理, 2006, 26 (3).

[94] 王立平, 王健. 中国产业结构变迁对区域经济增长影响分析——基于空间动态面板数据模型 [J]. 统计与信息论坛, 2010, 25 (7).

[95] 高远东, 陈迅. 中国省域产业结构的空间计量经济研究 [J]. 系统工程理论与实践, 2010, 30 (6).

[96] 万庆, 曾菊新. 基于空间相互作用视角的城市群产业结构优化——以武汉城市群为例 [J]. 经济地理, 2013, 33 (7).

[97] 胡森林, 滕堂伟. 江淮城市群产业结构特征及其优化路径研究 [J]. 华东经济管理, 2016, 30 (6).

[98] 艾明晔, 毕克新, 李婉红. 我国制造业发展模式动态演进及产业结构优化研究 [J]. 经济问题探索, 2012 (1).

[99] 曲玥. 制造业劳动生产率变动及其源泉——基于中国2000—2007年规模以上制造业企业数据的估算 [J]. 经济理论与经济管理, 2011 (12).

[100] 张国胜, 杨怡爽. 我国制造业内发生了区域间的产业梯度转移吗——基于"五普"与"六普"的数据比较 [J]. 当代财经, 2014 (11):

92~102.

[101] 刘红光, 刘卫东, 刘志高. 区域间产业转移定量测度研究——基于区域间投入产出表分析 [J]. 中国工业经济, 2011 (6): 79~88.

[102] 范剑勇, 李方文. 中国制造业空间集聚的影响: 一个综述 [J]. 南方经济, 2011 (6): 53~66.

[103] 黄顺魁, 王裕瑾, 张可云. 中国制造业八大区域转移分析——基于偏离—份额分析 [J]. 经济地理, 2013, 33 (12): 90~96.

[104] 胡安俊, 孙久文. 中国制造业转移的机制、次序与空间模式 [J]. 经济学 (季刊), 2014, 13 (4): 1533~1556.

[105] 覃成林, 熊雪如. 我国制造业产业转移动态演变及特征分析——基于相对净流量指标的测度 [J]. 产业经济研究, 2013 (1): 12~21.

[106] 毛琦梁, 王菲, 李俊. 新经济地理、比较优势与中国制造业空间格局演变——基于空间面板数据模型的分析 [J]. 产业经济研究, 2014 (2): 21~31.

[107] 樊士德, 沈坤荣, 朱克朋. 中国制造业劳动力转移刚性与产业区际转移——基于核心—边缘模型拓展的数值模拟和经验研究 [J]. 中国工业经济, 2015 (11): 94~108.

[108] 敖梦娅. 产业集聚、劳动力流动与产业转移 [D]. 西南大学, 2016.

[109] 安树伟, 张晋晋. 2000 年以来我国制造业空间格局演变研究 [J]. 经济问题, 2016 (9): 1~6.

[110] 刘清春, 张莹莹, 李传美. 基于空间杜宾模型的山东省制造业时空分异研究 [J]. 地理科学, 2017, 37 (5): 691~700.

[111] 李伟, 贺灿飞. 劳动力成本上升与中国制造业空间转移 [J]. 地理科学, 2017, 37 (9): 1289~1299.

[112] 原嫄, 李国平, 孙铁山, 吴爱芝. 中国制造业重心的空间分布变化特征与趋势研究——基于 2001 年和 2009 年数据的实证分析 [J]. 人文地理, 2015, 30 (5): 99~105.

[113] Harrigan, J.. Factor endowments and the international location of pro-

duction: Econometric evidence for the OECD, 1970—1985 [J]. *Journal of International Economics*, 1995, 39 (1): 123~141.

[114] 孙久文. 区域经济学 [M]. 北京: 首都经济贸易大学出版社, 2006.

[115] Schumpeter, J. A.. The Theory of Economic Development [M]. Transaction Publishers, 1982.

[116] Vernon, R.. International Investment and International Trade in the Production Cycle [J]. *Quarterly Journal of Economics*, 1996, 80 (2): 190~207.

[117] 金煜, 陈钊, 陆铭. 中国的地区工业集聚: 经济地理、新经济地理与经济政策 [J]. 经济研究, 2006 (4): 79~89.

[118] 吴天宝. 中国装备制造业技术进步及其影响因素分析 [D]. 合肥工业大学, 2009.

[119] Figlio, D. N. & Blonigen, B. A.. The Effects of Foreign Direct Investment on Local Communities [J]. *Journal of Urban Economics*, 2000, 48 (2).

[120] 石奇, 孔群喜. 实施基于比较优势要素和比较优势环节的新式产业政策 [J]. 中国工业经济, 2012 (12): 70~82.

[121] Crozet, M.. Do Migrants Follow Market Potentials? An Estimation of a New Economic Geography Model [J]. *Journal of Economic Geography*, 2004, 4 (4): 439~458.

[122] 程李梅, 庄晋财, 李楚, 陈聪. 产业链空间演化与西部承接产业转移的"陷阱"突破 [J]. 中国工业经济, 2013 (8): 135~147.

[123] 陈建军. 中国现阶段的产业区域转移及其动力机制 [J]. 中国工业经济, 2002 (8): 37~44.

[124] 吴海涛. "承接产业转移示范区"概念解读 [N]. 运城日报, 2012-06-14 (2).

[125] 龚晓菊, 刘祥东. 产业区域梯度转移及行业选择 [J]. 产业经济研究, 2012 (4): 89~94.

[126] 刘红光, 刘卫东, 刘志高. 区域间产业转移定量测度研究——基

于区域间投入产出表分析 [J]. 中国工业经济, 2011 (6): 79~88.

[127] 范剑勇. 长三角一体化、地区专业化与制造业空间转移 [J]. 管理世界, 2004 (11): 77~84+96.

[128] 刘雪颖. 调整结构进程中的西部重化工业发展的思考——以重庆重化工业发展为例 [J]. 西南大学学报（社会科学版）, 2010, 36 (6): 111~114.

[129] 黄顺魁, 王裕瑾, 张可云. 中国制造业八大区域转移分析——基于偏离—份额分析 [J]. 经济地理, 2013, 33 (12): 90~96.

[130] 石奇, 张继良. 区际产业转移与欠发达地区工业化的协调性 [J]. 产业经济研究, 2007 (1): 38~44.

[131] 高云虹, 王美昌. 中西部地区产业承接的重点行业选择 [J]. 经济问题探索, 2012 (5): 131~136.

[132] 郭丽娟, 邓玲. 我国西部地区承接产业转移存在的问题及对策 [J]. 经济纵横, 2013 (8): 72~76.

[133] 聂正彦, 张学丽. 西部地区承接产业转移的测度及影响因素研究 [J]. 开发研究, 2015 (6): 10~13.

[134] 陶良虎. 国内外产业转移与中部地区产业承接问题研究 [J]. 理论月刊, 2010 (1): 5~11.

[135] 叶琪. 我国区域产业转移的态势与承接的竞争格局 [J]. 经济地理, 2014, 34 (3): 91~97.

[136] 孙威, 李文会, 林晓娜, 王志强. 长江经济带分地市承接产业转移能力研究 [J]. 地理科学进展, 2015, 34 (11): 1470~1478.

[137] 贺清云, 蒋菁, 何海兵. 中国中部地区承接产业转移的行业选择 [J]. 经济地理, 2010, 30 (6): 960~964, 997.

[138] 韩艳红. 我国欠发达地区承接发达地区产业转移问题研究 [D]. 吉林大学, 2013.

[139] 高云虹, 任建辉, 周岩. 中西部地区产业承接的重点行业选择——基于商务成本的视角 [J]. 财经科学, 2013 (11): 84~92.

[140] 吴天宝. 中国装备制造业技术进步及其影响因素分析 [D]. 合肥

工业大学，2009.

[141] 刘明. 空间集聚与中国制造业增长——基于2008—2013年省域数据 [J]. 经济问题探索，2017（5）：182~190.

[142] Figlio, D. N. & Blonigen, B. A.. The Effects of Foreign Direct Investment on Local Communities [J]. *Journal of Urban Economics*，2000，48（2）.

[143] 李锦飞，张娜. 制造业转移承接能力的评价研究 [J]. 技术经济与管理研究，2013（7）：91~95.

[144] 郐娜，等. 基于生态承载力的产业布局优化研究进展述评 [J]. 生态经济，2015，31（5）：21~25.

[145] SChumpeter, J. A.. The Theory of Economic Development [M]. Transaction Publishers，1982.

[146] 吴飞飞，谢众. 制度环境影响中国高技术产业发展的门槛效应分析 [J]. 中南大学学报（社会科学版），2019，25（3）：96~104.

[147] 金祥荣，茹玉骢，吴宏. 制度、企业生产效率与中国地区间出口差异 [J]. 管理世界，2008（11）：65~77.

[148] 魏敏，李书昊. 新时代中国经济高质量发展水平的测度研究 [J]. 数量经济技术经济研究，2018，35（11）：3~20.

[149] 杜挺，等. 基于熵权TOPSIS和GIS的重庆市县域经济综合评价及空间分析 [J]. 经济地理，2014，34（6）：40~47.

[150] 戴宏伟. 产业梯度产业双向转移与中国制造业发展 [J]. 经济理论与经济管理，2006（12）：45~50.

[151] 贺曲夫，刘友金. 基于产业梯度的中部六省承接东南沿海产业转移之重点研究 [J]. 湘潭大学学报（哲学社会科学版），2011，35（5）：71~75.